古代歷史文化研究輯刊

十 編

王明蓀 主編

第 35 冊

歷史時期京津地區城市體系演變研究

陳喜波 著

國家圖書館出版品預行編目資料

歷史時期京津地區城市體系演變研究／陳喜波 著 ─ 初版 ─
新北市：花木蘭文化出版社，2013〔民 102〕
目 2+268 面；19×26 公分
（古代歷史文化研究輯刊 十編；第 35 冊）
ISBN：978-986-322-364-1（精裝）
1. 都市地理學 2. 中國
618 102014509

ISBN-978-986-322-364-1

古代歷史文化研究輯刊
十 編 第三五冊 ISBN：978-986-322-364-1

歷史時期京津地區城市體系演變研究

作 者 陳喜波
主 編 王明蓀
總 編 輯 杜潔祥
出 版 花木蘭文化出版社
發 行 所 花木蘭文化出版社
發 行 人 高小娟
聯絡地址 235 新北市中和區中安街七二號十三樓
　　　　 電話：02-2923-1455／傳眞：02-2923-1452
網 址 http://www.huamulan.tw 信箱 sut81518@gmail.com
印 刷 普羅文化出版廣告事業
初 版 2013 年 9 月
定 價 十編 35 冊（精裝）新台幣 62,000 元

歷史時期京津地區城市體系演變研究

陳喜波　著

作者簡介

陳喜波，男，漢族，吉林省梨樹縣人，1971 年 10 月生。2006 年畢業於北京大學城市與環境學院歷史地理學專業，獲理學博士學位。主要研究方向為區域與城市歷史地理，曾參與國家自然科學基金、國家社會科學基金等多項國家級和省部級研究課題，發表學術論文 20 餘篇。目前在北京物資學院從事教學科研工作。

提　要

　　京津地區歷史悠久，區域城市體系很早出現並逐漸發展。優越的地理區位、相對獨立的自然環境以及曲折的發展歷程使區域城市體系呈現出獨具特色的發展道路與演化模式。從時間演變來看，京津地區的城市體系在發展時序上呈現出明顯的節律性。京津地區城市體系形成于戰國中後期，初步奠定了區域城市體系發展的基本骨架。秦漢至北朝時期是京津地區城市體系的整合發展階段，表現為中心城市從遊移狀態到最終確立，城市等級規模變動頻繁，職能組合結構較為鬆散，此時山前地帶城市發展最為活躍；隋至金時期是京津地區城市體系的持續發展階段，表現為中心城市極化式發展，並成為支配區域城市體系發展的主導力量，城市等級規模變動較大，職能組合結構日益緊密，此時近海地帶城市發展最為活躍；元明清時期是京津地區城市體系穩定發展階段，表現為中心城市發展持續穩定，城市等級規模變動相對較少，職能組合結構日益合理，此時瀕海地帶城市發展最為活躍。清代中後期以來，區域城市體系由單中心格局向雙中心格局轉變，各中心城市與其周邊城市群聯繫日益緊密，在空間上形成雙「點－環」分佈結構。從空間佈局演變來看，京津地區城市體系表現為由山前地帶向近海地帶，再由近海地帶向瀕海地帶梯度推移的發展規律。

目

次

第一章 緒 論

一、研究背景與意義

城市是人類未來主要的居住地。作為人類文明的產物和文明的象徵，城市在社會生活中扮演著極其重要的作用。社會的不斷進步將使越來越多的人進入城市生活、工作，城市成為人們日益關注和研究對象。隨著區域－經濟－社會的聯繫日益緊密與協調發展，城市研究和城市規劃必須置於區域社會的發展框架之內，因此，加強區域城市體系的研究成為當前社會發展之必需。京津地區既是中國北部和環渤海地區的經濟核心區，也是中國城市化程度最高的地區之一，對於京津地區的主要城市、城市群或城市體系的研究，學術界也予以特別的關注並成為當下的研究熱點之一。

長期以來，學術界針對京津冀、首都圈的城市或區域城市群的研究一直熱度不減，研究成果也蔚為大觀，可謂汗牛充棟，但是絕大部分研究都注重北京或天津城市本身的研究，或者單純從現代區域城市之間的分工協作關系來研究區域城市體系，忽視了對於北京和天津城市成長起巨大作用的社會空間領域內城市支撐體系的歷史發展邏輯的規律性探索。要深入認識北京或天津的城市發展現狀，不能僅僅從北京或天津單體城市這個「點」入手，而是要從北京或天津及其周邊有著密切關係的城市組成群體的這個「面」來展開，即從北京和天津所在的區域城市體系的發展演變中尋求更全面的答案，從更大的時間和空間範圍來看以京津為首的城市群如何相互作用，相互聯繫，並不斷發展演化以至於形成今天的城市分佈狀態與發展格局的。侯仁之先生說：「歷史時期的地理既然處在經常不斷的變化中，那麼只想瞭解他的

今天，不不過問它的『昨天』和『前天』，顯然是不夠的。因為只有瞭解了它的『昨天』和『前天』，才能更好地瞭解它的今天。」〔註1〕

城市地理學是我國當前地理學研究中非常活躍的一個研究領域。追其根源，就在於社會發展尤其是當前城市化發展潮流對地理學的巨大挑戰。作為地理學重要組成部分，歷史地理學對於城市地理學這一重要研究領域自然責無旁貸。侯仁之先生早就指出：「歷史地理學作為現代地理學的一個分支，在城市地理的研究上，對一個城市的起源、城址的演變、城市職能以及城市面貌的形成和發展，都應該看作是研究範圍以內的事。特別是在我國，歷史悠久的重要城市為數甚多，結合城市規劃的要求，進行這方面的研究，尤其是當務之急」〔註2〕。城市體系的理論研究是直接為城市體系規劃服務的，京津地區城市體系發展規劃也迫切需要城市地理學的深入研究並提供理論支撐。當前城市體系規劃往往局限於現行的行政建置框架內進行編制，忽視歷史發展形成的區域內城市之間的經濟、文化聯繫，以及區域內城市體系發展演變規律，這樣的城市體系規劃顯然是短視的和缺乏全局眼光的。因此，加強歷史時期城市體系的研究，闡述歷史上促成區域城市體系發展演變的驅動力，釐清不同時期影響區域城市發展的主要因素，區域城市間的組合規律、分工協作關係以及城市群的空間布局演變等，從歷史地理學角度得出區域城市體系發展演變的規律性，不僅有助於認識今天區域城市體系發展階段特點，也有助於解釋區域城市體系形成的原因，還有助於預測未來城市體系發展趨勢，從而為城市體系的理論研究和規劃提供有益的啓示和借鑒。

儘管當前對於京津地區城市的研究十分廣泛，但是從歷史地理角度來探索整個京津地區城市體系發展演變的研究則微乎其微。「要想深刻地理解城市的現狀，我們必須掠過歷史的天際線去考察那些依稀可辨的蹤迹，去瞭解城市更遠古的結構和更原始的功能，這應成為我們城市研究的首要任務。」〔註3〕基於此，本書擬從時空演變的動態視角，深入研究京津地區城市體系發展過程和時序、各個發展階段城市體系的等級規模變化、職能結構組合特

〔註1〕 侯仁之：《歷史地理學芻議》，載侯仁之《歷史地理學四論》，中國科學技術出版社，1994年。第4頁。
〔註2〕 侯仁之：《城市歷史地理的研究與城市規劃》，載侯仁之《歷史地理學四論》，中國科學技術出版社，1994年。第61～62頁。
〔註3〕 〔美〕芒福德·劉易斯著，倪文彥、宋峻嶺譯：《城市發展史——起源、演變和前景》，中國建築工業出版社，1989年。第1頁。

點以及空間布局演變規律，闡明區域城市體系發展演變的時空特點及規律性。從這一點來說，研究京津地區城市體系的發展與演變，顯然具有相當的理論與實踐意義。

二、研究內容與方法

1、研究內容

本書的研究內容是以京津地區城市體系的發展與演變過程為主，著重探討歷史時期京津地區城市體系的發展分期、城市等級規模變化、城市職能組合結構特點以及城市體系的空間布局演變規律。由於京津地區歷史久遠，區域政治經濟格局屢經調整變動，在不同發展階段，區域城市體系的等級規模、職能組合、空間分佈均有所變化，並呈現出明顯的發展節律和演變規律。具體來說，本書的研究內容主要包括：（1）區域城市體系的形成時間問題。一個地區的城市體系並非隨著城市的出現而出現，而是區域社會經濟發展到一定程度的產物。同樣，雖然京津地區古代城市萌芽的時代很早，但區域城市體系的出現則與京津地區早期政治、經濟和社會發展直接相關。（2）區域城市體系發展分期以及各個時期發展演變特點。京津地區城市體系在歷史上呈現出階段發展特徵，本書將根據區域中心城市與州（郡）縣城市的發展演變特點進行劃分，以此確定各個時期城市體系發展階段以及該時段內城市體系的演變特點。（3）各時期城市體系的等級規模結構、職能組合結構特點。在區域城市體系發展分期劃分的基礎上，首先梳理各時期城市體系的等級規模變化趨勢，分析等級規模結構；其次，分析各時期區域城市體系內各個城市所承擔的功能及其相互之間的組合關係，確定區域城市體系的職能組合結構，進而分析區域城市體系的職能組合結構的演變規律和特點。（4）探討歷史時期區域城市體系空間布局演變特點。通過截取不同時期區域城市體系的空間布局的歷史剖面，進行前後對比分析，進而揭示出區域城市體系發展演變的空間布局演化規律。

2、研究方法

（1）文獻分析

京津地區歷史悠久，相關文獻資料也比較豐富。研究歷史時期城市體系，必須要搜集和運用大量的歷史文獻資料。「歷史地理學家必須研究原始史料，

而不能局限於引證歷史研究的現成著作。因此，文獻工作是這個專業的專家的基本工作形式之一」〔註4〕。研究歷史時期城市的文獻資料主要包括正史、會要、實錄、編年史、地方志、檔案材料、遊記、筆記、文集、金石考古資料等。儘管資料浩如煙海，但涉及到區域城市的記錄支離破碎，殘缺不全，這就爲復原歷史時期區域城市體系帶來了一定的困難。因此，在研究古代城市時，必須佔有大量的資料，盡可能從中搜集有關區域城市的每一條記錄，由於古人對於城市多敘述性描述，缺乏翔實的記錄，所以使用前要進行分析甄別，然後才能應用。

（2）系統分析

「系統並不是一個眞實的世界，而只是觀察眞實世界的一種方式」〔註5〕。城市體系是指在一個相對完整的區域或國家中，由不同職能分工、不同等級規模，聯繫密切，相互依存的城市群體。它以一個區域內的城鎮群體爲研究對象，而不是把一個城市當作一個區域系統來研究〔註6〕。城市體系首要的一個條件是要有一個相對完整的地理區域，在此基礎上重點分析城市體系的等級，主要包括城市規模和職能兩個方面；城市體系在空間上分佈有序，形成一定的網絡和格局。城鎮體系在時間上呈現動態變化，在不同時期，城市體系的等級規模和職能組合結構以及地域空間結構均呈現出不同的格局。城市體系本身也是一個具有多層次且互相重疊的開放系統，級別低的城市體系總是包括在高一級的城市體系之中。

（3）野外考察

野外考察可以彌補文獻的不足，獲得直觀的感性認識，這對於理解歷史文獻的記載是十分有益的，同時也是核實和驗證文獻記載正確與否的可靠方法。對於野外地理環境的考察，可以更深入地理解區域城市發展、演變的地理背景，有助於分析和解決問題。野外考察包括兩個方面，一是訪問調查，二是實地觀察〔註7〕。通過訪問調查，可以獲得許多口碑資料，實地考察則可以觀察城市所在的地理區位，自然狀況，人文景觀等等第一手資料，這些往

〔註4〕 〔蘇〕熱庫林著，韓光輝譯，左少興校：《歷史地理學：對象和方法》，北京大學出版社，1992 年。第 74 頁。

〔註5〕 Castells M. *The Informational City: Informational Technology, Economic Restructing and the Urban Regional Process.* Basil Blackwell, Oxford,1989.

〔註6〕 周一星：《城市地理學》，商務印書館，1999 年。第 395 頁。

〔註7〕 尹鈞科：《北京郊區村落發展史》，北京大學出版社，2001 年。第 10 頁。

往是文獻中所缺乏的。

（4）統計方法

古代文獻對於城市的記錄都是泛泛的描述，無法作出的精確的判斷。因此，應用數學統計十分有利於分析問題。例如在分析京津地區不同地帶城市分佈狀況時，僅從城市數量上分析無法說明問題，這時就可以利用計算機對地圖上不同地帶的面積進行測算，然後分別計算出各地帶的城市分佈密度，通過數據對比，就可以分析不同地帶城市空間分佈與演變的規律。

（5）縱向敘述和橫向剖面分析

本書將按照時間順序敘述城市體系在各個歷史時期的發展狀況，它的興盛與衰落，發展與轉型，幅員的漲縮與變動，這樣的敘述我們只能瞭解城市體系的一般發展狀況，還無法瞭解具體的等級規模、職能組合結構與城市的空間分佈狀況。因此，本書在區域城市體系的每一個發展的繁榮穩定階段，都截取一個剖面，對城市體系內城市的等級規模、職能組合結構進行分析，並以圖表或地圖來表現其地域空間結構。這樣我們既能瞭解區域城市體系的歷史演變過程，又可以掌握各個歷史階段的具體情況。

三、研究地域範圍和時間界定

1、研究地域及確定原則

本書研究地域主要包括北京市、天津市、河北省廊坊市以及涿州市所確定的地域。

研究區雖然依據行政區劃定，但在自然地理上卻是一個相對獨立的地域單元。該區域主要以平原為主，東南瀕渤海，西邊是太行山脈，北邊是燕山山脈，東部是冀東丘陵平原區，而南部自保定向東一直到天津一線在地質構造上是凹陷區，因此這一帶地勢低窪，分佈著許多河流湖泊，如大清河、白洋淀、文安窪等，因而也是一條重要的自然地理分界線。清代人早就指出該線南北不同的自然生產條件，保定以南地區，「地土皆膏腴，而農工亦周到」；保定以北「順天、天津、河間，地多瘠硬，沿海一帶雜沙城，……農工亦苟簡。」〔註8〕在人文地理格局上，研究區內的絕大部分城市在歷史上都和北京有傳統隸屬關係，如涿州自遼以後長期屬於北京管轄範圍。天津、靜海也因

〔註8〕〔清〕黃可潤：《畿輔見聞錄》。

漕運和北京關係甚密。研究區域的劃定就是從上述兩個方面來考慮的。

圖 1-1　研究區範圍

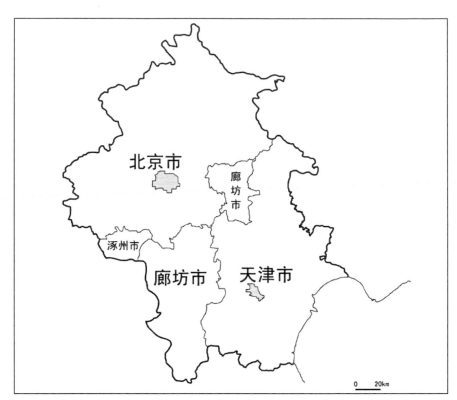

（2）研究區域的地帶的劃分

根據京津地區的自然地理環境特徵，本書將研究區域劃分為三個地帶，這將有助於直觀地分析區城市體系的空間演變規律。京津地區有三條重要的等高線，即 100 米等高線、20 米等高線和 5 米等高線。100 米等高線是山地與平原的分界線；100 米等高線至 20 米等高線之間的山前平原，以沖積物和洪積物為主，地勢較陡，農業生產條件好；20 米等高線至 5 米等高線之間為近海平原，以河流沉積為主，並分佈適宜農耕的古河道，古河道之間的低窪地帶，則農業生產條件差。瀕海平原地帶海拔在 5 米以下，地勢低窪，鹽土分佈廣泛，農業生產條件很差。京津地區在地貌上主要以平原為主，並且絕大多數城鎮都分佈在平原地區。根據京津地區自然地貌和城市分佈的實際情況，本書把京津地區劃分為三個地帶，即 20 米等高線以上的包括山地和山前

平原的山前地帶，20 米至 5 米等高線之間的近海地帶和 5 米等高線以下的瀕海地帶。這三個地帶由於自然地理環境和農業生產條件的不同，對於不同歷史時期區域城市的發展演化有很大影響。山前地帶地形以山地和山前平原爲主，總面積 11663 平方公里，由於歷史上京津地區絕大多數城市分佈在平原地區，只有少數城市分佈在淺山地帶，絕大部分山區沒有城市出現，因此在考慮山前地帶城市演變時，需要扣除一部分山地面積，由此得到山前地帶城市所佔有的實際有效面積是 8937 平方公里，本書在後面章節進行統計時，即以此數據爲準。近海地帶地形地貌以平原爲主，總面積爲 13738 平方公里。瀕海地帶地形地貌也以平原爲主，現狀總面積爲 9814 平方公里。由於瀕海地帶海岸線在歷史上不斷向外推移，因此瀕海地帶的面積在不同歷史時期是不同的，其具體數值是按照譚其驤《中國歷史地圖集》不同歷史時期海岸線的推移狀況進行測算的。

圖 1-2　研究區地理環境

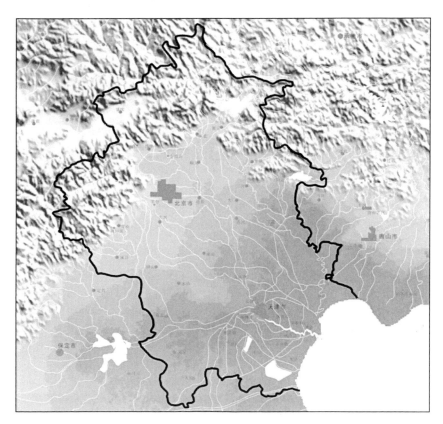

圖 1-3　京津地區三大地帶的劃分

二、研究時限及確定原則

　　從時間尺度來說，京津地區城市體系研究的上限是從戰國時期燕國統一燕山南北開始的。因為在燕國統一燕山南北地區之前，區域城市體系尚在孕育過程之中，只有在燕國統一後，京津地區的城市才被納入到統一社會經濟背景之下，城市之間初步建立起政治經濟聯繫，區域城市體系開始初步形成。秦統一中國，京津地區的城市納入到統一國家的管理之中，郡縣制的設立又從制度上使區域城市體系得以完善。此後，區域城市體系在歷史發展的進程中發展演變，一直延續到清朝末期。京津地區城市體系研究的下限定在清末的 1908 年。因為在這一年，清王朝頒佈了《城鎮鄉地方自治章程》並開始在全國推廣。從此，中國結束了歷史上數千年的城鄉不分的社會局面，開始了城鄉分治，近代意義的城市開始出現。與此相適應，近代意義的城市體系也開始逐步形成並發展起來，從而揭開了近現代城市體系發展的序幕。因此，京津地區城市體系研究的時間範圍包括自戰國時期區域城市體系初步形成一直到清末近代城市體系萌芽這一歷史時期內京津地區城市體系的發展演變過程。

四、相關概念及說明

1、城市概念的界定

　　城市是人類社會發展到一定階段的產物，它是社會政治、經濟、文化的

聚合體。中國古代的城市總體上來說是城鄉一體化的社會單位，一般沒有單獨的城市市政機構。城市是區域人口、權力、財富、工商業與文化的集合之地。儘管如此，古代中國的城市在整個社會發展進程中，並沒有完全脫離農業，城市中往往有相當數量的農業人口存在。這是由於中國城市深深地植根於農業社會，與農業經濟有著密切的聯繫，因此對鄉村具有極大的包容性。中國古代城市最大的特點，就是其作為政治領域的工具，從性質上來說，是封建王朝社會控制和地域控制的政治節點。正如張光直所說：「中國初期的城市，不是經濟起飛的產物，而是政治領域中的工具。」〔註9〕基於中國古代城市的性質，本書所指的城市，就是指各個歷史時期的建制城市，即各級行政區的治所所在地。

根據京津地區城市發展的獨特歷程以及相互組合關係，本書將城市劃分為兩個類型：

一、中心城市。京津地區是中國封建社會後期的政治、經濟以及文化的核心區，北京長期作為國都，城市發展在區域城市體系中扮演著極為重要的作用。另外，明清時期天津的崛起，迅速改變了京津地區城市體系的單核心結構，開始向雙核心城市體系轉變。在京津地區城市體系的發展進程中，隨著中心城市地位的不斷上升，其對區域城市體系的發展越來越起著主導與支配作用。

二、普通州（郡）縣城市。州（郡）縣城市京津地區城市體系的主體，也是最基本的城市類型。作為城市體系的主要組成部分，州（郡）縣城市的數量是區域人口和經濟發展的重要指標，其等級規模結構反映了區域內不同規模城市構成比例及組合特點，職能組合結構反映了區域內城市之間的分工協作關係，其空間分佈的演變則是地域開發時序的結果。

此外，本書還要對鎮進行論述。嚴格來說，鎮還不能算作城市，但是鎮與城市的關係十分密切。在京津地區，鎮至少出現於唐末五代，遼金時期隨著社會經濟的發展，一些鎮上升為縣城，同時隨著政區的調整，一些縣城也降為鎮。因此，鎮與縣城之間的這種互動關係使我們不能忽視鎮上升為城市的巨大潛力。鎮的大量出現始自明末，至清代活躍發展。但是，由於受到北方地區經濟發展程度低的制約，絕大多數鎮的經濟職能並不顯著。只是在清末時鎮才出現興旺發展的勢頭。由於歷史時期京津地區的鎮在區域城市體系

〔註9〕張光直：《關於中國初期「城市」這個概念》，《文物》1978年第2期。

中所佔份量不多，並且其在城市體系中作用也相對比較小，不是本書重點論述之內容。故本書在題目的命名上沒有採用通常使用的「城鎮體系」，而是使用了「城市體系」一語。

2、中國古代城市體系及其特點

一般說來，城市體系（或城鎮體系）是指一定地域範圍內由若干大小不等，性質不同的一組城市組成，城市之間存在著等級規模關係，在城市職能上彼此分工協作，從而形成互相聯繫、互相依賴的地域城市群。儘管中國古代城市體系在內容上、性質上乃至形式上都與現代城市體系表現出較大的差別，但是從中國古代城市的性質來看，城市是統治集團為控制社會而在各地設立的各級權力中心，是王朝行政網絡的重要節點。因此，就其政治屬性來說，中國古代城市體系很早就出現了。另外，特定地區的城市群，由於歷史上地處一個完整的區域社會經濟系統之中，城市之間在職能上彼此有著自然分工，因此必然會產生相互聯繫、相互作用的關係。顧朝林認為，在某一地域內擁有一定數量的城市，且具有一定的城市等級－規模關係，其城市職能比較多樣，尤其是城市之間存在著一定程度的互相聯繫，互相作用關係，這是區域城市體系產生的標誌〔註10〕。京津地區恰恰滿足這樣的條件，其一，京津地區是連接中原地區、蒙古地區以及東北地區的交通樞紐，交通的發達決定了區域社會經濟對外交往程度較高，這自然有利於區域城市之間的交往與交流。其二，京津地區並非是農業發達之地，經濟上缺乏獨立性，這決定了區域內的城市必然要在內部或者與外部城市產生經濟聯繫。再者，京津地區地理環境多樣，區域內部擁有農業、漁鹽業、礦冶業乃至手工業等多種經濟形式，經濟的自然分工程度較高，互補性強，這決定了區域城市之間必然建立較為密切的政治、經濟聯繫。京津地區正是由於其地理條件的特殊性，因而區域城市體系很早就產生並緩慢發展。

中國封建社會特殊性質也決定了中國古代城市體系的特點，這表現在以下幾個方面：

1、城市體系的等級規模是中國道德型社會的表現形式之一

中國自古以來就是一個講究宗法的道德型社會，禮制在社會生活中扮演

〔註10〕顧朝林：《中國城鎮體系——歷史、現狀、展望》，商務印書館，1992年。第24頁。

著極其重要的角色。社會生活中的長幼有序、尊卑有別的等級秩序在城市等級上也有所體現。早在西周時期，等級森嚴的城市等級制度就建立起來。《周禮·考工記》將城邑分爲王城、諸侯城、都三個等級，城邑的門阿、宮隅、道路均有不同的等級差別，從而形成城市等級系列。西周以後，歷代王朝都遵循禮制，城市建設嚴格按照相應的等級制度進行，城市根據行政級別的高低而具有相應的營建等級與規模，這是中國宗法制度在城市體系上的外射。可以說，中國古代城市體系在社會經濟層面闡釋了中國傳統的倫理道德體系。

2、城市體系與行政建置關係密切

中國古代的城市是中國歷代王朝在全國各地設立的不同級別的統治中心，是遍及全國的國家統治網絡的重要行政節點。作爲各級行政區的治所所在地，城市與行政建置的變動存在密切的關係，這在兩個方面表現出來。首先，行政建置的增設與省並往往涉及到治所所在地的存亡，這會影響到區域內城市的數量；其次，行政級別的調整往往會導致城市地位的升降，這會影響到區域內城市的等級規模結構。

3、城市體系的職能突出表現爲政治性與軍事性

中國古代，各級治所城市是各級行政區的權力中心，是中央王朝控制地方的政治據點。因此，城市體系在職能上突出表現爲政治特性。此外，古代城市的軍事職也十分突出，無論是作爲控制社會的工具，還是作爲護衛地方的堡壘，古代城市的形制與修建都與軍事職能密切相關。與城市政治職能伴隨而生的是城市的文化職能。作爲中國社會的各級權力中心，城市也在文化方面獲得了優先發展的機會。在封建社會，自給自足的自然經濟占主導地位，這導致中國古代城市的經濟職能很弱，且城市之間的經濟交流程度很低，因此經濟職能十分有限。

五、區域自然和人文地理概況

1、位置與範圍

本書所提到的京津地區的地理範圍大致在北緯 38.5°～41°，東經 115.5°～118.2°之間，總面積約 3.66 萬平方公里，人口 3800 多萬。該地區北以燕山山脈爲界，西抵太行山脈，南至子牙新河，東界薊運河，東南臨渤海，基本上是以永定河流域、北運河流域、薊運河流域和海河下游爲主要研究範圍。

2、自然地理概況

（1）地　形

該地區除了西部和北部爲連綿的山脈之外，地形主要以平原爲主，平原的海拔高度多在 50 米以下。區內西部山地屬於太行山脈，海拔一般在 1000～1500 米，向南海拔逐漸降低至 500 米。東部山地屬於燕山山脈，是鑲嵌若干山間盆地的斷塊山地，海拔多在 500～1000 米之間。長城以南是海拔 100～500 米的丘陵山區。平原地區自太行山麓向東一直延伸至海濱，基本上可以劃分爲山前平原區、近海平原區和瀕海平原區三個部分。山前平原主要爲海拔 100 米等高線至海拔 20 米等高線之間的地帶，地面坡降較大，以沖積、洪積平原爲主，土質多爲沙壤土，地下水豐富，排水條件良好，是主要的農耕地區。近海平原爲海拔 20 米等高線至海拔 5 米等高線之間的地帶，地勢由西北向東南傾斜，該地帶歷史上長期爲黃河、永定河以及海河等河流攜帶泥沙沉積而成，因此分佈有許多古河道，古河道分佈地帶地勢較高，土壤質地輕、地下水礦化度低，適宜農耕。而古河道之間的低窪地帶，多分佈粘土或者亞粘土，地下水埋藏淺，水質的礦化程度高，土壤有不同程度的鹽漬化，耕作條件差。瀕海平原地帶海拔在 5 米以下，地勢低平，地下水埋藏淺，土壤含鹽量高，因此瀕海平原廣泛分佈著鹽土，農業生產條件很差。僅在古河道等地勢較高地帶水土條件校好，適宜農業耕作。西部和北部爲山地丘陵，多爲海拔 200～500 米的山地丘陵和 800～1500 米的中山，均呈北東－南西走向。群山之中有許多天然峽谷，成爲溝通華北地區與蒙古高原和東北地區的孔道，這些孔道不僅是歷史上重要的軍事關隘，也是南北物質文化交流的重要通道。從山麓到海濱的平原地區，依次分佈著褐土、潮褐土、潮土、鹽化潮土、沼澤土、瀕海鹽土。在海拔 30～50 米的洪積沖積平原地帶，主要分佈著褐土，肥力高，是農業生產條件較好的地區。

（2）氣　候

京津地區處於暖溫帶半濕潤季風大陸性氣候區。四季分明，春季乾旱多風沙，夏季酷暑炎熱，秋季天高氣爽，冬季寒冷乾燥。年平均溫度爲 10～12℃，全年無霜期一般在 180～200 天左右。該區域年平均降水量爲 550～690毫米左右，並且雨量季節分配不均勻，降水主要集中在夏季，約 80%的降水集中在 6～9 月。而多春季節雨雪稀少，常有春旱發生。降水總量總的來說，可以滿足旱作農業的需要，但是由於降水年內分配不均，年變化率大，因此

不能保證農業的穩定發展；並且由於區域內地勢傾斜和降水集中，區域內河流在夏秋季節易於泛濫，造成水土流失和洪澇災害，對沿河區域的經濟社會發展造成重大影響。

（3）水資源

京津地區河流眾多，水資源豐富。永定河、潮白河、北運河、御河、薊運河、拒馬河等大小河流均屬於海河水系，彙聚於天津一帶入海，並呈扇形分佈。這些河流大多自西北向東南流，不僅塑造了區域內的平原，還因為歷史上水量充沛而具有航運和灌溉之利。其中北運河由於潮白河、溫榆河的注入，水量豐沛，歷史上曾作為漕運要道，溝通了北京與南方的聯繫，也促進了北京城的發展。永定河是區域內最大的河流，也是對區域影響最大的河流。永定河最初稱為清泉河，後來隨著上游植被的破壞和土地的不合理利用，水土流失加劇，河水泥沙含量增加，隨著永定河、潮白河流出山地進入平原，流速頓減，泥沙迅速淤積，加之降水集中，形成區域內河流善淤善決的特點，導致歷史上京津地區洪澇災害頻繁發生，這是影響區域城市體系正常發展的一個主要因素。此外，歷史上京津地區還有許多湖泊存在，北京東南部地區地勢低窪，地面易於積水，從而形成無數大大小小的湖泊。如在今通州南部歷史上曾有延芳淀存在，《遼史·地理志》云延芳淀方圓數百里，後來逐漸淤積成陸，至明代僅僅廣數百畝，至清代中後期延芳淀從地面完全消失了。歷史上這些湖泊的存在，對於區域城市體系也產生了一定的影響，如遼代潞陰縣的設置，就是由於遊獵文化對於湖泊進行利用的結果。

（4）植 被

京津地區的地帶性植被是暖溫帶落葉闊葉林併兼有溫性針葉林的分佈。京津地區西北部和北部是太行山和燕山山脈的前緣地帶，地貌多樣，地形複雜，氣候溫暖，水份充足，十分有利於植物的生長。由於地理位置的關係，這裏動植物具有過渡性特點，並且類型多樣。山地主要分佈著暖溫帶性的山地落葉闊葉林、針葉林和多種落葉闊葉灌叢。歷史時期，本區山地 80%以上的面積為原始森林所覆蓋，在平原地區森林植被也廣為分佈。遼金以後，原始森林植被開始受到人類活動的干擾和破壞，長期的亂砍濫伐與開荒墾地，原始森林已經砍伐殆盡，植被分佈稀疏。區域內的天然森林全部為次生林和次生灌叢所代替，森林面積很小，植物群落類型單純，結構簡單，覆蓋度極低。樹種以遼東櫟林面積最大，其次是油松林。在幾個山區縣中，以懷柔、

延慶，密雲三縣的森林面積最大。京津地區共有維管植物 2056 種（包括栽培植物），分屬 869 屬，169 科。其中，蕨類植物有 20 科，30 屬，75 種；裸子植物 9 科，18 屬，37 種；被子植物 104 科，821 屬，1944 種。從植物區系組成分析，自生被子植物中，以菊科、禾木科、豆科和薔薇科的種類最多，其次是百合科、莎草科、傘形科、毛茛科、十字花科和石竹科，反映區系成分以華北成分爲主。此外，在平原地區還有歐亞大陸草原成分，如蒺藜、豬毛菜、檉柳、城蓬等，深山區保留有歐洲西伯利亞成分，如華北落葉松、雲杉、圓葉鹿蹄草、舞鶴草等；同時，有熱帶親緣關係的種類在低山平原也普遍存在，如臭椿、酸棗、荊條、黃草、白羊草等。這些反映了組成京津地區植被區系成分的複雜多樣。

3. 人文地理概況

（1）人口和民族

京津地區總人口有 3850 多萬人，漢族人口爲 3724 萬人，占總人口數的 96.3%，少數民族人口約爲 126 萬人，占總人口的 3.7%。其中北京市常住人口超過 2000 萬人，人口密度爲 1230 人／平方公里；天津市常住人口 1350 多萬人，人口密度爲 1100 人/平方公里；廊坊和涿州常住人口 500 多萬，人口密度爲 700 人/平方公里。京津地區擁有全國所有 56 個民族，其中北京市擁有 56 個少數民族，少數民族人口 80 多萬，占全市總人口 4.1%；天津市擁有 54 個少數民族，少數民族人口爲 33 多萬人，占全市總人口的 2.4%。廊坊和涿州擁有 48 個少數民族，少數民族人口約 13 萬人，占總人口的 2.6%。除漢族外，排在前五位的是滿族、回族、蒙古族、朝鮮族和土家族。居民信仰的宗教主要是佛教、道教、伊斯蘭教、天主教、基督教，其中佛教、道教和伊斯蘭教對京津地區的歷史、文化、藝術產生過較大的影響。

（2）交　通

京津地區地處東北地區、西北地區和中原地區的結合部，是聯絡全國各地的樞紐地區，同時作爲國家政治中心區，還是與世界各地交通往來的樞紐，因此交通十分發達。北京是全國鐵路、民航交通的總樞紐，有京廣、京滬、京九、京哈、京包、京原、京承等鐵路通往全國各地。天津處於京滬鐵路、津山鐵路兩大傳統鐵路幹線的交彙處，是北京通往東北和上海方向的重要鐵路樞紐。北京首都國際機場是亞洲第一大國際機場，目前已開通 200 多條國

際國內航線，通往世界主要國家及地區和國內大部分城市。天津濱海國際機場是國內幹線機場、國際定期航班機場、國家一類航空口岸，中國主要的航空貨運中心之一。天津港是世界等級最高、中國最大的人工深水港、吞吐量世界第四的綜合性港口，服務和輻射京津冀及中西部地區的 14 個省市自治區，是蒙古國等內陸國家的主要出海口，航線通達世界 180 多個國家和地區的 500 多個港口。

（3）經　濟

京津地區是中國最發達的經濟區之一，是環渤海經濟圈的核心區，經濟發展水平在全國處於領先地位。北京是綜合性產業城市，綜合經濟實力保持在全國前列，人均創造的國民收入在全國各省市中名列前茅。工業門類齊全，其中有機化工、文教藝術用品，以及電子、毛紡、工業設備製造、日用電器、工藝美術等的生產在全國位居前列地位。近年來，北京的旅遊業、商業、金融業、信息業等也發展很快，並已經成爲全國最大的消費市場和進出口岸之一。天津工業發達、門類齊全，是中國近代工業的發祥地，民國時期和計劃經濟時期，天津的工業發展水平在中國僅次於上海。改革開放以後，天津經濟發展迅速，自濱海新區成爲國家綜合配套改革試驗區以來，天津開始採取依靠重大工業項目拉動的策略優化產業結構，已經形成航空航天、石油化工、裝備製造、電子信息、生物醫藥、新能源、新材料、國防工業等八大新興支柱產業。近年來，天津市以濱海新區爲載體成爲中國金融企業、金融業務、金融市場和金融開放等方面的重大改革的先試先行的示範區。天津商貿中心的作用不斷加強，成爲全國南北物資交流的重要樞紐和輻射東北、西北、華北地區的商品集散地。

（4）文化教育

京津地區是全國文化教育最發達的地區。北京是全國最大的科學技術研究基地，也是全國教育最發達的地區。京津地區是中國教育科研實力最強的地區，僅北京重點高校占全國的 1／4，北京市有北京大學、清華大學、中國人民大學、北京師範大學等著名學府，而天津也擁有天津大學、南開大學等30 多所高等院校和國家級研究中心。北京擁有世界第三、亞洲第一大圖書館：中國國家圖書館。中國科學院圖書館、北京大學圖書館躋身全國五大圖書館，門類眾多的博物館已超過百家。

第二章　京津地區城市的早期發展和城市體系的初步形成

第一節　京津地區城市的早期發展

一、原始社會時期京津地區的人類遺存

　　京津地區是世界古人類發祥地之一。20 世紀 20 年代，人們就在北京西南房山周口店發現了古人類遺址。建國以來，隨著考古工作的不斷進行，京津地區發現了大量的古人類遺址。按照考古學的分期方法，原始社會可以劃分為舊石器時代和新石器時代。舊石器時代的古人類遺址，在京津地區比較少，主要是北京房山區周口店龍骨山的舊石器時代早期的「北京人」遺址和舊石器時代中期的「新洞人」遺址以及屬於舊石器時代晚期的山頂洞人遺址。距今一萬年左右，京津地區開始進入新石器時代。這個時期是原始社會經濟大發展時期，人口數量顯著增加，人類活動範圍越加廣泛，考古發掘的屬於新石器時代的考古遺址遍佈全國各地。京津地區也分佈著眾多的新石器時代遺址，在北京市域，分佈有平谷上宅遺址〔註1〕、平谷北埝頭遺址〔註2〕、門頭溝東胡林遺址〔註3〕、房山鎮江營遺址、昌平雪山遺址、密雲

〔註1〕 北京市文物研究所、北京市平谷縣文物管理所上宅考古隊：《北京平谷上宅新石器時代遺址發掘簡報》，《文物》，1898 年第 8 期。

〔註2〕 北京市文物研究所、北京市平谷縣文物管理所北埝頭考古隊：《北京平谷北埝頭新石器時代遺址調查與發掘》，《文物》，1898 年第 8 期。

燕落寨遺址〔註4〕；在天津市域，分佈有寶坻縣牛道口遺址〔註5〕、薊縣圍坊遺址〔註6〕；在河北省境內分佈有三河縣孟各莊遺址等〔註7〕。值得注意的是，京津地區的新石器時代遺址在地理分佈上具有一定的規律性。早期的遺址處於山區河谷臺地，中期的遺址或處於山麓地帶，或處於山前平原的河岸臺地上，晚期的遺址更向平原推進。據此可以推知，在距今四五千年至一萬年左右，生活在京津地區的新石器時代的古人，是由山區河谷向山麓地帶、再向山前平原近河臺地、又向平原深處逐步遷移的〔註8〕。

　　新石器時代，人們學會了製造比較精細的磨製石器工具，畜牧業和原始的農業逐漸代替了狩獵和採集。上宅遺址中發現有與農業生產有關的工具，同時在地層中發現禾穀類花粉，說明京津地區農業開始萌芽。農業的發展使古人的食物來源變得穩定，人口逐漸增多，京津地區的原始居民開始從游牧生活逐漸轉向農業和畜牧業，並往靠近山麓的平原遷徙，在這些地區出現了原始的農業和畜牧業，並且出現了原始的村落。北埝頭遺址中發現的與農業相關聯的房屋居住遺址，說明原始人開始了定居生活。現在發現的新石器時代的農村聚落，最重要的都分佈在北京小平原的山前臺地或沿河二級階地上。聚落的產生爲城邑的出現奠定了基礎。

二、古史傳說中的城市萌芽

　　早期的人類活動在京津一帶的古史傳說中也得到反映。如京津地區就流傳著中華始祖黃帝、炎帝的傳說。《史記‧五帝本紀》說：「黃帝死，葬橋山。」《太平寰宇記》在「嬀州懷戎縣」下說：「橋山，山有祠，黃帝葬此。」〔註9〕今北京平谷縣也有黃帝陵的傳說，《大明一統志》記載：「魚子山在平

〔註3〕　周國興、尤玉柱：《北京東胡林人的新石器時代墓葬》，《考古》1972年第6期。

〔註4〕　北京市文物研究所：《北京考古四十年》，北京燕山出版社，1990年。第18～24頁。

〔註5〕　天津市歷史博物館考古部：《1979～1989年天津文物考古新收穫》，《文物考古工作十年》，文物出版社，1991年。第15頁。

〔註6〕　天津市文物考古所考古隊：《天津薊縣圍坊遺址發掘報告》，《考古》1983年第10期。

〔註7〕　河北省文物管理處、廊坊地區文化局：《河北三河縣孟各莊遺址》，《考古》1983年第5期。

〔註8〕　尹鈞科：《北京郊區村落發展史》，北京大學出版社，2001年。第49頁。

〔註9〕　〔宋〕樂史：《太平寰宇記》卷71《河北道二十》。

谷縣東北一十里，上有大塚，云軒轅黃帝陵也。唐陳子昂詩：『北登薊丘望，求古軒轅臺』，疑即謂此。山下有軒轅廟，見存。」〔註10〕明蔣一葵在《長安客話》中記載：「世傳黃帝陵在漁子山。今平谷縣東北十五里，崗阜窿然，形如大塚，即漁子山也。其下舊有軒轅廟云。」〔註11〕另外，廊坊為古安墟。《長安客話》記載：「古安墟，黃帝制天下以立萬國，始經安墟，合符釜山，即此。」〔註12〕《光緒順天府志》記載：東安縣「西北四十里舊州鎮，……又曰常道鄉，即（三國）魏常道城也。……元置東安州，故名舊州。黃帝時安墟即此。」〔註13〕

　　城邑的萌芽與先人們的活動聯繫在一起。歷史記載，黃帝經過「阪泉之戰」和「涿鹿之戰」分別打敗炎帝與蚩尤後，南征北戰，「北逐葷粥，合符釜山，而邑於涿鹿之阿。」這是有關京津地區城邑的最早傳說。《括地志》曰：「涿鹿山在嬀州東南五十里，山側有涿鹿城，即黃帝、堯、舜之都也」〔註14〕，此處嬀州指唐初的嬀州，治所在懷戎縣，故城在今涿鹿縣西南保岱村。其東50里的涿鹿山，在今涿鹿縣東南的礬山鎮南，山北有一古城村，就是古涿鹿城的遺跡。《大明一統志》說：「軒轅城在（保安）州城東南四十里，今名古城，其中舊有軒轅廟基。」〔註15〕據《天府廣記》記載：「今保安州西南九十里有涿鹿山，黃帝破蚩尤於此。州東南四十里有軒轅城。」〔註16〕《水經注・涿水》記載：「涿水出涿鹿山，世謂之張公泉。東北流，逕涿鹿縣故城南，王莽所謂祅陸也。黃帝與蚩尤戰於涿鹿之野，而邑於涿鹿之阿，即於是也。」

　　黃帝「邑於涿鹿之阿」，標誌著人類社會進入了一個新的發展階段。從當時的社會形勢來看，黃帝征戰不息，「遷徙往來無常處，以師兵為營衛」〔註17〕，這個位於「涿鹿之阿」的城邑從功能上一開始就蒙上了濃厚的軍事色彩。京津地區古史傳說中的另一個城市是涿州，孫承澤在《天府廣記》

〔註10〕〔明〕李賢纂修：《大明一統志》卷1。
〔註11〕〔明〕蔣一葵《長安客話》卷5《畿輔雜記》
〔註12〕〔明〕蔣一葵《長安客話》卷5《畿輔雜記》
〔註13〕《光緒順天府志・地理志九・村鎮一》。
〔註14〕〔唐〕李泰等著，賀次君輯校：《括地志輯校》卷2。
〔註15〕《大明一統志》卷5。
〔註16〕〔清〕孫承澤：《天府廣記》卷3。
〔註17〕《史記》卷1《五帝本紀》。

中記載涿州城「相傳昔顓頊時所築。」〔註18〕顓頊爲黃帝之孫，屬於黃帝後裔。在今密雲縣，還有一個傳說中的城邑，即舜流放共工於幽陵之地所居龔城。《括地志》記載：「故龔城在檀州燕樂縣界，故老傳云舜流共工幽州，居此城。」〔註19〕黃帝「邑於涿鹿之阿」、顓頊建涿州城以及共工所居龔城的傳說，均反映了京津地區遠古時期城市的萌芽。

古史傳說當中，還有兩個地名與北京有重要關係，即幽州和幽都的傳說。根據記載，帝堯時，「其地南至交趾，北至幽都」〔註20〕，並派和叔去管理幽都，即「申命和叔，居北方，曰幽都」〔註21〕；帝舜時，「流共工於幽州。」〔註22〕幽州與幽都，都無法確指其地，多數人認爲位於北方。《呂氏春秋‧有始覽》「北方爲幽州，燕也」，《爾雅》：「燕曰幽州」。這種觀念的產生恐怕與古人對自然的認識有關。在古人的經驗世界圖景中，太陽在早晨從東方升起，中午在南方運行到最高處，在傍晚沒於西方，伴隨著黑夜的到來太陽隱於北方的地下，這樣人們就把黑暗同方位聯繫起來，認爲北方代表著幽暗。《淮南子‧地形訓》云：「北方幽晦不明，天之所閉也，寒水之所積也」。宋蔡沈在《書經集釋》曾解釋到：「日行至是，則淪於地中，萬象幽暗，故曰幽都」。幽州、幽都的傳說，賦予了北京更深的文化含義，後世漢代幽州的設置以及唐代設置幽都縣，皆受此傳說影響。

從地理空間來看，古史傳說中有關黃帝及其後裔的主要活動地域集中分佈在北京所在的燕山南北一帶，黃帝、炎帝是中華民族的始祖，他們在京津地區的活動傳說與歷史遺迹無疑說明了京津地區歷史文化根基的久遠。從文獻記載來看，京津地區是多民族聚居地。相傳舜「流共工於幽陵，以變北狄。」〔註23〕京津地區在古代分佈著幾個不同的部族和方國，如肅慎、燕亳、孤竹、山戎等等。《史記》記載帝舜撫有四海，「北山戎、發、息慎。」〔註24〕多民族分佈格局使京津地區自古就呈現出多元文化交彙的特點，這對京津地區城邑的產生以及後來發展都產生了深遠的影響。

〔註18〕〔清〕孫承澤：《天府廣記》卷3。
〔註19〕〔唐〕李泰等著，賀次君輯校：《括地志輯校》卷2。
〔註20〕《韓非子‧十過篇》。
〔註21〕《史記》卷1《五帝本紀》。
〔註22〕《尚書‧堯典》。
〔註23〕《史記》卷1《五帝本紀》。
〔註24〕《史記》卷1《五帝本紀》。

三、商周時代京津地區城邑的出現

1、京津地區是商族重要的活動區域之一

新石器時代晚期龍山文化以後，京津地區開始進入了青銅文化時代。京津地區的青銅文化，考古學界稱之爲「夏家店下層文化」。考古學將內蒙古赤峰市境內夏家店出土的文化遺物定爲夏家店下層文化，它所代表的時代相當於歷史上的夏商時代。夏家店下層文化的分佈範圍很廣，北起西喇木倫河，南至海河，西起桑乾河上游，東到遼河流域。分佈於京津地區的夏家店下層文化遺址有昌平雪山文化三期〔註25〕，昌平下苑〔註26〕、豐臺榆樹莊、房山琉璃河〔註27〕、密雲燕落寨〔註28〕、平谷劉家河〔註29〕、天津薊縣張家園〔註30〕、薊縣圍坊〔註31〕、河北大廠大坨頭〔註32〕等。這一時期，京津地區的社會生產力有了明顯的進步，開始出現階級分化，統治者爲了鎮壓被剝削者和保護財產的需要，開始修築城池。琉璃河殷商古城遺址就說明當時社會正向城郭時代發展。

古籍中有商人的祖先曾經在幽燕地區活動的記載。傳說中的夏代中期，商族的祖先王亥「立帛牢，服牛馬，以爲民利。」〔註33〕《山海經》：「王亥託於有易、河伯僕牛。有易殺王亥取僕牛。」根據王國維的考證，有易在易水流域〔註34〕。王亥率領商人放牧於京津地區南部的易水旁，這說明當時京津地區已經是商人的重要活動區域之一。鄭紹宗撰文指出：「認爲商之

〔註25〕 北京市文物局考古隊：《建國以來北京市考古和文物保護工作》，《文物考古工作三十年》，文物出版社，1979 年。第 1 頁。

〔註26〕 王武鈺：《昌平張營發現一處商代遺址》，《北京考古信息》1990 年 1 期 3 版。

〔註27〕 北京市文物管理處、中國科學院考古研究所、房山縣文教局：《北京琉璃河夏家店下層文化墓葬》，《考古》，1976 年第 1 期。

〔註28〕 北京市文物研究所編：《北京考古四十年》，北京燕山出版社，1990 年。第 21～22 頁。

〔註29〕 北京市文物工作隊：《北京平谷劉家河遺址調查》，《北京文物與考古》第三輯，1992 年。

〔註30〕 天津市文物管理處：《天津薊縣張家園遺址試掘簡報》，《文物資料叢刊》第一輯，1977 年。

〔註31〕 天津市文物管理處考古隊：《天津薊縣圍坊遺址發掘簡報》，《考古》1983 年第 10 期。

〔註32〕 天津市文物管理處考古隊：《河北大廠回族自治縣大坨頭遺址試掘簡報》，《考古》1966 年第 1 期。

〔註33〕 《管子·輕重戊篇》。

〔註34〕 王國維：《殷卜辭中所見先公先王考》，《觀堂集林》卷 9。

先祖起源於河北太行山麓幽、薊一帶，是有一定根據的。大約在距今 3700
～4000 年之間，商之先世在河北平原西部勢力強盛，並逐漸向北發展，在
京津唐一帶和強大的夏家店下層文化相遇，在冀中南表現為龍山——先商、
在冀北表現為夏家店下層文化和先商的順序。」〔註35〕北京古稱薊，但薊
字始於漢以後，古薊字寫作「郪」。許慎《說文解字》：「周封黃帝之後於郪地，
從契從邑，讀若薊。上谷有郪縣」。段玉裁《說文解字注》說：「郪、薊，古
今字也，薊行而郪廢」。需要注意的是，契是商的始祖，《史記》記載：「殷
契，母曰簡狄，有娀氏之女，為帝嚳次妃。三人行浴，見玄鳥墮其卵，簡狄
取吞之，因孕生契。」〔註36〕「契為商，姓子氏。」〔註37〕商是一個古老
部落，始祖契大約與夏禹同時，被封於商。白壽彝主編《中國通史》認為契
既為商的始祖，那麼郪應該是契的邑〔註38〕。北京最初命名為郪，決不是
一個偶然的事件，這說明京津地區與商族的起源有著密切的關係。

2、商代京津地區的方國

商代燕國的記載在甲骨文當中已經出現。燕字商代甲骨文作匽，西周早
期寫作匽，春秋作匽，戰國時寫作郾，其變化規律由簡到繁，形成匽——匽——
——匽——郾的演變過程。匽是商代方國名稱，即活動於商代的古燕國。商代
卜辭中常出現有關「婦匽」的記載，指匽國嫁到商的婦女，說明匽國與商是
互通婚姻的。卜辭中還有「匽來」之語，是說匽國人來到商朝。甲骨文卜辭
還有「貞，匽乎取白馬氏」。匽地產白馬，並作為向商朝交納的貢物。周武王
滅商之後，為了統治北方，「封召公奭於北燕」〔註39〕，這就是西周的燕國。
侯仁之認為燕「不是周初所封，還在武王滅商以前，燕這個自然生長的國家
已經存在。」〔註40〕故周初召公所封之地，原名叫燕，它是在西周勢力到來
之前就已經存在的一個古國。周初在此建立新的國家，仍採用原來的古稱，
稱作燕國（匽），原來的古燕國（匽）已經滅亡了。

在古燕國之外，還有一個古薊國。《史記·周本紀》：「武王追思先聖王，

〔註35〕鄭紹宗：《河北考古發現研究與展望》，《文物春秋》1992 年增刊。
〔註36〕《史記》卷 3《殷本紀》。
〔註37〕《史記》卷 1《五帝本紀》。
〔註38〕白壽彝總主編：《中國通史》第三卷（下），徐喜辰主編，上海人民出版社，
　　　　1994 年。第 921～922 頁。
〔註39〕《史記》卷 34《燕召公世家》。
〔註40〕侯仁之：《關於古代北京的幾個問題》，《文物》，1959 年第 9 期。

乃褒封神農之後於焦，黃帝之後於祝，帝堯之後於薊，帝舜之後於陳，大禹之後於杞。」《公羊》隱公元年何注：「有土嘉之曰褒，無土建國曰封。」武王褒封之事本身說明，薊是一個土著勢力，本身具有「先聖王」的名義。從人文地理傳說來看，這裏是黃帝族的重要活動地域，因此，黃帝的後裔在此地域居住生活也是合情合理的事。順義縣牛欄山金牛村出土一座西周古墓，其中出土的銅器銘文多有「㠪」字，葛英會考證㠪通薊〔註41〕。如果此說成立，那麼就可以說明薊國的範圍在北京小平原及其北部一帶。

　　商代晚期，京津地區存在著許多部族和方國。見於史書記載的主要有孤竹、令支、無終、土方、肅慎和山戎等。無終是一個古老的土著民族。《水經注・鮑邱水》記載：「（藍）水出北山，東流屈而南，經無終縣故城東」，「其水（指藍水）又南入濡水，濡水又西南入於庚水。」庚水爲薊縣境內的舟河，濡水即淋河，由此可知無終故城在薊縣。在薊縣張家園古文化遺址上層，發現有商周時期的戎狄遺址，考古學者認爲這是古無終國的文化遺存。山戎也是一個強悍部族，過著游牧生活，分佈在燕山南北。從考古發現的遺址來看，京津地區、河北東北部的盧龍、遷安直至遼西一帶爲山戎的勢力範圍。

　　綜上所述，在商代，京津地區分佈著幾個奴隸制的部族和方國。其中，薊與㠪國可能是商王朝的方國，勢力相對比較強大。「國之大事，在祀與戎」，當時通過戰爭來掠奪土地和財富，自然是國家的頭等大事，發生戰爭是經常的事。且商時京津地區分佈著許多的民族，各個方國部族之間征戰不息，因此區域社會環境處於不穩定狀態。

3、關於琉璃河古城的討論

　　考古工作者在琉璃河董家林村曾發現一座古城址。該城東西長 829 米，殘存的東西城牆的北半段長約 300 米，南城牆由於河水侵蝕，具體位置不明，故城牆的南北長度不清。城的結構有主牆、內附牆和城外平臺，主牆寬約 2.6 米，內附牆在主牆內側，緊貼主牆面；城外平臺在主牆外側，低於主牆，呈平面狀。此城爲夯土板築而成。城外除了南部，東、西、北三面都有護城河。據已知的城牆長度和東北角、西北角的位置，推測這座古城的平面應是方形或長方形〔註42〕。考古工作者通過對調查、發掘出土的遺迹、遺物的研究，

〔註41〕葛英會：《燕國的部族及部族聯合》，載陳光彙編《燕文化研究論文集》，中國社會科學出版社，1995 年。第 34 頁。

〔註42〕北京市文物研究所編：《北京考古四十年》，北京燕山出版社，1990 年。第 40

並參照有關文獻的記載，認爲該城址應是《史記》所記西周初年「封召公於燕」的燕國都城遺址，這一論斷在學術界已經獲得廣泛認同。

然而，關於琉璃河古城的年代判斷上出現了學術上的分歧。1978 年，魯琪、葛英會撰文指出琉璃河古城始建於商代〔註43〕。1979 年北京市文物局考古隊在《建國以來北京市考古和文物保護工作》一文中給出了琉璃河古城始建於商代的幾條理由，一是在琉璃河古城遺址曾發現過商代的陶鬲和陶甗；其次在古城址的東北角發現兩座商末周初的墓葬，墓葬穿過城基夯土，建造在城的內側；三是在古城東牆外黃土坡發掘出幾十座墓葬，其中第一期墓的時代屬於商代時期〔註44〕。徐自強〔註45〕、王採枚〔註46〕、郭仁和田敬東〔註47〕等多數學者均認爲琉璃河古城建於商代。該城可能是商代晏國的城市，首先該城的廢棄時間爲商末周初，與晏國活動的時間相符，在西周時又重新被使用並長期作爲西周燕國的都城。與此相反，北京大學李伯謙認爲琉璃河古城的始建年代不能晚於西周早期，主張琉璃河古城跨越商周兩代，西周燕都是商時晏國政治中心的自然延續的觀點是不能成立的〔註48〕。李伯謙的分析入情入理，頗有說服力。可以認爲，琉璃河古城當屬西周初期所建，是迄今爲止京津地區發現的時代最早的古城遺迹。

第二節　西周分封與京津地區城市地理分佈格局

一、周初分封薊、燕

公元前 11 世紀，崛起於關中的周人一舉滅掉了強大的商王朝。爲了有效

頁。

〔註43〕 魯琪、葛英會：《北京市出土文物展覽巡禮》，《文物》1978 年第 4 期。

〔註44〕 北京市文物局考古隊：《建國以來北京市考古和文物保護工作》，《文物考古工作三十年》（1949～1979），文物出版社，1979 年。第 3～4 頁。

〔註45〕 徐自強：《關於北京先秦史的幾個問題》，《北京史論文集》第 1 輯，北京史研究會編，1980 年。第 32～47 頁。

〔註46〕 王採枚：《燕國歷史源流與夏家店下、上層文化》，《北京史論文集》第 1 輯，北京史研究會編，1980 年。第 47～58 頁。

〔註47〕 郭仁、田敬東：《琉璃河商周遺址爲周初燕都說》，《北京史論文集》第 1 輯，北京史研究會編，1980 年。第 61～66 頁。

〔註48〕 李伯謙：《北京房山董家林古城址的年代及相關問題》，載蘇天鈞主編《北京考古集成》（三），北京出版社，2000 年。第 907～912 頁。

地控制新征服的商朝故地，武王在滅商之後，採取了分封制度來確保西周王朝的統治。所謂分封，就是「封建親戚，以蕃屏周。」〔註49〕西周初年，周王朝分封了許多諸侯國家，左傳昭公二十八年記載：「昔武王克商，光有天下，其兄弟之國者十有五人，姬姓之國者四十人。」隨著封建制度的實行，在商朝所在的東方地域出現了為數眾多的諸侯國城邑。在京津地區周王朝先後分封了兩個諸侯國——薊與燕。薊在北，燕在南。其中關於燕、薊分封，史籍中有如下記載：

> 《史記·燕召公世家》：「召公奭與周同姓，姓姬氏，周武王之滅商，封召公於北燕。」

> 《史記·周本紀》：「武王追思先聖王，乃褒封神農之後於焦，黃帝之後於祝，帝堯之後於薊，帝舜之後於陳，大禹之後於杞。」

> 《禮記·樂記》：「武王克殷返商，未及下車而封黃帝之後於薊。」

> 《漢書·地理志》：「武王定殷，封召公於燕，其後三十六世與六國俱稱王。」

召公封燕代表著中原政權對京津地區進行統治的開始，其意義在於從此在政治制度上將京津地區正式納入了中原王朝體系。儘管燕國採用了商代舊國的名稱，但是其代表的政治勢力和文化面貌在京津地區來說都是新的。燕國的出現是周王朝有組織、有計劃的政治行為，其目的是通過分封使周王朝在邊遠的北方地區培植自己的勢力，藉此來控制商王朝的舊地〔註50〕。商時期在北方地區，許多部族方國都是商的與國。晏、孤竹等國都和商王朝保持著密切的交往，因此封召公於燕，正是為了控制這些商人的舊好。至於褒封薊國，則反映了當時在京津地區存在著一個較為強大的地方勢力，周王朝還一時無法征服，因此為了安定北方的局勢，採取了妥協政策，承認了當地的政治勢力，對其進行褒封。史書說褒封對象為「黃帝之後」，反映了這個地方勢力根基久遠，有著輝煌的歷史，在北方也應當是一股頗具影響力的部族。

二、西周初期薊都與燕都並立的地理格局

《史記·周本紀》說：「燕、薊二國俱武王立，因燕山、薊丘為名」。據

〔註49〕《左傳》僖公二十四年。
〔註50〕侯仁之主編：《北京城市歷史地理》，北京燕山出版社，2000年，第22頁。

考證，燕、薊兩個國家基本同時分封，薊國分佈範圍主要在今永定河以北，都城爲薊；燕國的分佈範圍主要在拒馬河流域，都城爲燕。考古學業已證明，京津地區存在著土生的土著文化，夏商時期一直是這個地區文化的主流，並始終保持著獨立發展的體系。而屬於中原商周系統文化，商周之際開始大量湧現，西周至春秋前期和土著文化並存，春秋後期起成爲本地區文化的主流〔註51〕。直至商代後期，京津地區依然呈現一個統一的文化單元，即張家園上層文化。自西周初年始，京津地區開始呈現出南北不同的兩個人文地理單元，周初封薊、封燕正是造成這個分佈格局的原因〔註52〕。周初對薊、燕分封也形成薊城與燕城南北並存的分佈格局，這是京津地區最早的城市地理格局。

周初追思先聖王而褒封黃帝之後於薊，薊成爲西周王朝的賓服之國。據研究，薊城的位置在今北京外城的西北部，戰國時代人們稱之爲薊丘。古時丘又稱作墟、聚，即聚落，薊城也是由原始聚落發展而成的古代都邑〔註53〕。但是，有關商周薊都的文化遺存尚未得到發現。即便如此，也不能輕易否定薊城存在的事實。韓光輝認爲，至今尚未發現薊城的原因有三：其一，京津地區地質運動和永定河河性共同導致的河流泛濫改道對早期文化遺存的沖蝕與掩埋，戰國文化層在宣武區被埋藏地下七米處，距今七八百年的金中都南水門被淤埋在地下五六米的事實，便是很好的說明。其二，自古以來薊城所在地區的開發強度和城市的反復建設是鄰近其它地區無法比擬的，這種開發以及城市拓展帶來的遺址破壞相當嚴重。其三，按商周時期「衣服有制，宮室有度，人徒有數，喪祭械用皆有等宜（儀）」〔註54〕的王制及商代南方方國都城、湖北黃陂盤龍城的規模推測，商代薊都方圓應在二里左右，是一小城，並且爲西周時期的薊國所沿用。這一小城顯然容易遭到破壞和改造〔註55〕。

武王克商之後，封召公於燕，取代了商代的晏國而成爲從屬於周王朝的方伯大國，故有「及武王克商，……肅愼、燕亳，吾北土也」〔註56〕的說法。

〔註51〕韓嘉穀：《京津地區商周時期古文化發展的一點線索》，《中國考古學會第三次年會論文集》，文物出版社，1984年。

〔註52〕侯仁之主編：《北京城市歷史地理》，北京燕山出版社，2000年。第23頁。

〔註53〕北京大學歷史系《北京史》編寫組：《北京史》〔增訂版〕，北京出版社，1999年。第28頁。

〔註54〕《荀子·王制》。

〔註55〕韓光輝：《幽燕都會》，北京出版社，2000年。第10頁。

〔註56〕《左傳》昭公九年。

但是，關於燕的始封地，史籍中提法不一，主要有如下觀點：《史記‧燕召公世家》索隱：「後武王封之北燕，在今幽州薊縣故城是也」。《史記‧周本紀》正義：「《括地志》云：燕山在幽州漁陽縣東南六十里。徐才《宗國都城記》云周武王封召公奭於燕，地在燕山之野，故國取名焉。」《太平寰宇記》卷六十七易州：「廢淶水縣在州北四十二里……按縣地即周公封召公於此也。」上述記載各主一說，認為周初燕國始封地分別是今北京，今薊縣，今淶水，且三地都發現了商周時代的遺迹和遺物。但是考古實踐和文獻記載來看，位於北京西南的琉璃河商周遺址是周初燕國的始封地〔註57〕。如前所述，該城曾被商末周初的墓葬所打破，說明該城建於商代。現城內大部分為民居所覆蓋，宮殿遺址尚未探明，但是由於發現西周時代的板瓦，說明必有宮殿遺存。同時在城外不遠的黃土坡村發現並發掘了一處大規模的西周燕國貴族墓地。在這些墓葬中，出土了一大批帶有「匽侯」銘文的青銅禮器，其中出土的青銅罍與青銅盉銘文有「令克侯於燕」之語，不僅證實了《史記》有關召公受封於燕記載的正確，也說明了商代晏國存在並於周初滅亡的事實。據出土的「堇鼎」銘文記載：「匽侯命堇饟太保於宗周，庚申，太保賞堇貝，用作太子癸寶障䵼𠁩」。這裏的匽侯就是召公就封於燕的第一代燕國國君克，太子癸應是匽侯克的元子，即召公的嫡孫，宗周指西周都城鎬京。銘文中記述了堇（人名）奉匽侯之命，前往鎬京向太保召公貢獻食物，受到太保賞賜，因此鑄造太子癸寶鼎。可見，召公受封後並未就國，卻留在都城輔佐王室，這與《史記‧燕召公世家》的記載相一致。墓葬情況還表明，整個西周時期這裏一直是燕侯活動的中心。從董家林古城遺址的規模和燕國貴族墓地的發掘來看，琉璃河商周遺址是周初燕國的政治文化中心所在，董家林古城遺址應當是當時燕國的都城。這已為學術界所公認。

三、周初分封以來區域城市的不穩定發展

隨著時間的推移，燕、薊兩個封國的發展出現了不同的結果。西周以後，薊國不再見於記載。關於其下落，《史記‧周本紀》正義中有一段記載：「薊燕二國俱武王立，因燕山、薊丘為名，其地足自立國，薊微燕盛，乃並薊居之，薊名遂絕矣。」考古學證實，從新石器時代開始，京津地區就是中原系

〔註57〕郭仁、田敬東：《琉璃河商周遺址為周初燕都說》，《北京史論文集》第1輯，北京史研究會編，1980年。第61～66頁。

統文化與北方系統文化交彙折衝地帶。從新石器時代到早商時代，董家林古城所在地區基本上是在北方系統文化分佈範圍之內。自從召公封燕開始，中原系統的文化類型開始進入京津地區，逐漸改變了北方系統文化在此地的優勢地位。西周早期，以董家林燕都古城爲中心，中原系統的燕文化分佈範圍不超過大約 30 公里以外，至西周中期，燕文化的分佈範圍向東、向北擴大到燕都周圍 70～90 公里的範圍，整個西周時期，燕文化的分佈一直未越出燕都周圍 100 公里開外。春秋時期，燕文化繼續擴展，逐漸排擠、融合直至取代了張家園上層類型〔註58〕，這說明燕國勢力北上並取代薊國的事實。

燕國桓侯時，燕國都城發生一次遷徙。《史記・燕世家・集解》引《世本》說：「燕桓侯徙臨易」。桓侯於公元前 697 年至前 691 年在位，都城遷徙應在此數年間。臨易，位於河北雄縣西北 12 里古賢村（今屬容城縣），《雄縣志》記載爲「易別都」。唐書《括地志》幽州歸義縣條說：「易縣故城在幽州歸義縣東南十五里，燕桓侯遷都臨易是也。」〔註59〕據王仲犖《北周地理志》，「歸義縣舊治在今雄縣西北十五里」，即桓侯遷都之臨易在今雄縣西北，位於容城縣境內。造成這次遷都的原因，應當是由於春秋時期的民族矛盾所致，從當時的地緣政治格局來看，燕國北部的分佈著勢力十分強大的游牧民族山戎。根據記載「山戎病燕」，山戎經常侵略燕國、薊國，甚至一度攻打齊國，《史記・匈奴傳》記載：「山戎越燕伐齊」。《史記・燕召公世家》說：「燕外迫蠻貉，內錯齊晉，崎嶇強國之間，最爲弱小，幾滅者數矣。」正是山戎的不斷南下侵擾，造成燕國數次幾乎亡國的局面，燕國迫於當時軍事形勢，不得不進行遷都。且召公以下九世至惠侯，燕之世系失載，亦可見春秋時期燕國在邦國林立、部族征戰的環境中政局的動蕩不安的事實。

自周初分封以來，燕、薊成了西周王朝重要的封國。但是，京津地區還分佈著許多小的方國和部族，如孤竹、山戎等依舊存在。且由於山戎等少數民族的不斷南下，燕、薊等國不斷受到侵擾，政局不穩，進而影響到城市的穩定發展，如燕國遷都、帝王世系不存、薊城失載，就是明顯例證。

〔註58〕 李伯謙：《張家園上層類型若干問題研究》，《考古學研究》（二），北京大學出版社，1994 年。第 131～143 頁。
〔註59〕 〔唐〕李泰等著，賀次君輯校：《括地志輯校》卷 2。

第三節　燕國統一與京津地區城市體系的初步形成

一、燕國統一與京津地區的中心城市

　　燕國北方分佈著游牧部族山戎，山戎勢力一直威脅著燕、齊等北方國家，隨著齊國的強大和爭霸諸侯的需要，討伐山戎成爲勢所必然。公元前 663 年（燕莊公二十八年），「山戎伐燕，燕告急於齊。」〔註60〕齊桓公應燕莊公之請，遂發兵征討山戎，「齊桓公救燕，遂伐山戎，至於孤竹而還。」〔註61〕根據《國語・齊語》、《管子・大匡》、《管子・封禪》等古文獻記載，桓公打敗了山戎，同時征服了孤竹、令支（離支）、屠何等北方部族。齊桓公北伐的勝利，徹底摧毀了山戎的勢力，來自北方長達數百年的威脅終於解除了。這次北伐的意義是巨大的，首先燕國乘機統一了燕山南北地區，結束了燕山南部邦國林立、部族稱雄的局面，燕山以南都成了燕國的領土。其次，燕國開始「復修召公之政，納貢於周」〔註62〕，後來燕國開始走向強大，成爲「戰國七雄」之一。燕國的統一將京津地區的城市納入到統一的管理模式中，爲燕國遷都於薊掃清了道路，同時也促進了區域城市體系的形成。

　　燕國統一後，薊城很快就發展成爲燕國的都城。「燕襄王（按當爲襄公）以河爲境，以薊爲國。」〔註63〕說明燕襄公時，燕國已經遷都於薊。襄公是莊公之子，在位四十年（公元前 657 年至公元前 618 年）。「以河爲境」，當時黃河下游分兩支入海，齊桓公割地與燕之後，燕國地南境就達到了流經今河北滄州的南支北岸，並維持到戰國時期；「以薊爲國」，即以薊城爲國都。由此可見，燕國自統一京津地區之後，爲適應形勢發展的需要，將都城從臨易遷到薊城。臨易作爲燕國的國都的時間並不長，約半個世紀左右，而薊城從確立爲燕都開始，直至燕國滅亡，歷時長達四百餘年。

　　關於古薊城的位置，考古學提供了重要的線索。1956 年，考古工作者在北京外城西南部發現了一百五十餘座春秋戰國時代和漢代的古陶井，陶井分佈最密集的地區在今宣武門至和平門一帶。1965 年，在北京上、下水道工程

〔註60〕　《史記》卷32《齊太公世家》。據《史記・燕召公世家》，山戎伐燕在燕莊公　　　　　二十七年，即公元前 664 年。
〔註61〕　《史記》卷32《齊太公世家》。
〔註62〕　《史記》卷32《齊太公世家》。
〔註63〕　《韓非子・有度》。

和南護城河加寬工程中，也發現了六十五座陶井，這些陶井分佈在今陶然亭、廣安門內大街、北線閣、白雲觀、南順城街及海王村一帶，最集中的仍是宣武門至和平門一線。考古工作者在這一帶發現的春秋戰國時期的陶井圈，其形狀與河北易縣燕下都遺址所出土的井圈類似，在井底所出陶器殘片上也印有陶文。根據陶井分佈密度情況，可以推測春秋戰國至兩漢時期，薊城的位置應在今宣武門到和平門以南的地區內〔註64〕。

典籍所載，春秋戰國時代，燕有三都，中都、下都之稱見於文獻，上都之稱雖文獻不載，但中下都既為事實，上都的存在是無可懷疑的〔註65〕。陳夢家說：「當紀元前四世紀之後半期，燕都於易水之上的易縣，此為下都。既有下都，其上都可能在漢之薊縣，今北京附近。」〔註66〕關於中都記載，《太平寰宇記》卷六十九幽州良鄉縣條：「在燕為中都，漢為良鄉縣」，《順天府志》卷十三良鄉縣條下引《圖經志書》：「春秋戰國時在燕為中都，西漢置良鄉縣」。漢良鄉縣遺址在北京房山縣竇店鎮西。1959年，此處發現一座古城遺址，考古發掘者認為此城為漢良鄉縣城，燕中都當在這一帶〔註67〕。竇店古城近方形，東西長1230米，南北寬1040米，除去東漢至北魏修建的外城牆和小城，大城的修建不晚於戰國早期，直至戰國晚期仍在不斷地整修和加固。保存較好南牆和西牆最寬達16米，地表城牆高6米。東、西、南牆的中部各有一門，城中主要街道呈「十」字形。此城距琉璃河古城遺址只有3.5公里，琉璃河古城的下限基本到西周。而竇店古城的文化遺存上限在東周初，下限可至漢。兩座古城在時間上基本能夠銜接。說明竇店古城是在琉璃河古城廢毀後向北遷建的〔註68〕。

燕下都遺址位於今河北省易縣境內，在易縣縣城的東南，介於北易水和中易水之間。《水經注·易水注》：「易水又東經武陽城南，……故燕之下都。」《元和郡縣志》卷十八易州易縣條：「武陽故城，縣東南七里，故燕之下都。」關於燕下都的建置年代，史籍中沒有明確的記載，北魏酈道元在《水經注·

〔註64〕 北京市文物研究所：《北京考古四十年》，北京燕山出版社，1990年。第89～90頁。

〔註65〕 葛英會：《燕國的部族及部族聯合》，載陳光彙編《燕文化研究論文集》，中國社會科學出版社，1995年。第34頁。

〔註66〕 陳夢家：《西周銅器斷代》「西周之燕的考察」，載《考古學報》1955年十冊。

〔註67〕 劉之光、周桓：《北京市周口店區竇店土城調查》，《文物》，1959年第9期。

〔註68〕 王玲：《北京與周圍城市關係史》，北京燕山出版社，1988年。第16頁。

易水》記載：「武陽，蓋燕昭王之所城也」，多數人從酈道元之說，認爲燕下都是燕昭王時所建。河北考古工作者認爲：「（燕下都）東城的營建年代，不會晚於燕昭王時期，即戰國中期。」〔註69〕甌燕根據燕下都城址的文化遺存進行考證，認爲戰國時期，隨著社會經濟的增長和軍事勢力的增強，燕國國力大增，爲了爭雄中原，燕國開始加強對南部城市武陽城的營建。燕下都地處南北之間的軍事要衝。燕昭王所營建的下都不是一般的都城，而是遏制南方的一個軍事重鎮〔註70〕。在燕下都遺址中，出土了大量的銅鐵兵器，而且出土兵器數量集中。城中還有製銅、製鐵等手工作坊遺址。在燕下都的23號遺址中，一次出土銅戈108件〔註71〕。戰國時期，中原的齊、楚、秦、韓、趙、魏等諸侯國已經強盛起來，而且相互爭霸稱雄，燕國也開始加入爭霸的行列中去。故位於燕國南邊的趙國、中山，東邊的齊國對燕國都是很大的威脅。因此，燕國營建燕下都是完全適應於當時的政治形勢的需要，城市的軍事職能十分突出。戰國中後期，武陽城已經發展成爲燕南境的政治、經濟、軍事和文化中心。據《水經注》記載，燕下都還有一個重要的作用。燕昭王立志伐齊，振興燕國，於是建黃金臺廣招天下賢士。「故修建下都，館之南垂。」〔註72〕燕昭王禮賢下士，「弔死問孤，與百姓同苦」，形成了「士爭趨燕」〔註73〕的局面，爲此，燕昭王在下都設館招賢，具有一定的政治意義。

二、燕國北方五郡的設立與京津地區城市體系的初步形成

1、京津地區的城市設置與城市體系的雛形

戰國時，燕國疆域廣闊，「東有朝鮮、遼東，北有林胡、樓煩，西有雲中、九原，南有呼沱、易水。」〔註74〕儘管齊國幫助燕國擊敗北方強敵山戎，但是來自北方的威脅並未完全解除。燕昭王時期，燕將秦開擊退東胡千

〔註69〕河北省文化局文物工作隊：《河北易縣燕下都故城勘查和試掘》，《考古學報》1965年第1期。

〔註70〕曹子西主編：《北京通史》第一卷，中國書店，1994年。第84頁。

〔註71〕河北省文物管理處：《燕下都第23號遺址出土一批銅戈》，《文物》1982年第8期。

〔註72〕〔北魏〕酈道元：《水經注》卷11《易水注》。

〔註73〕《史記》卷34《燕召公世家》。

〔註74〕《戰國策・燕策一》。

餘里，在北方修築長城，並設上谷、漁陽、右北平、遼西、遼東五郡，以防禦東胡。燕北長城起自造陽，至襄平止〔註75〕。燕國不但在北部修建了長城，在其南部易水河流域也修建了長城。《戰國策》記載，張儀曾對燕昭王說：「今大王不事秦，秦下甲雲中、九原，趨趙而攻燕，則易水長城非大王之有也。」〔註76〕燕南長城西起河北易縣西北太行山下，經易縣南境，東行經徐水、安新至文安縣止〔註77〕。

燕國在北長城以南設置了上谷、漁陽、右北平、遼西、遼東五郡，以防禦東胡的侵襲。其中漁陽、右北平兩郡的治所位於京津地區。漁陽郡治漁陽，治所在今北京市懷柔縣梨園莊東。右北平郡治無終，治所在今天津市薊縣。在燕國南部，分佈著眾多的軍事城鎮，其中涿、臨樂、平舒、方城幾個城鎮位於京津地區。戰國後期，燕趙兩國戰爭不斷，導致疆域互有進退，城鎮的歸屬也因時而變。這些城鎮分佈在燕國南部邊境地帶，在諸侯相互攻伐不已的情況下，顯而易見這些城鎮均具有很強的軍事功能。

戰國時期，燕國參與了諸侯國爭霸的兼併戰爭中，雖然燕國國力稍弱，但是「有所附而無不重」，一躍成為戰國七雄之一，取得了舉足輕重的大國地位。這個時候，燕國要南向參與中原各諸侯國之間的爭霸戰爭，北向則需防禦東胡，因此必然受到來自南北兩個方向的軍事壓力。因此，燕國的城市體系在職能上以軍事為主。形成以燕都薊城為中心，在南部以燕南長城為屏障，以燕下都為統領的由南部眾多城鎮組成的軍事防禦體系；在北部則以燕北長城為屏障，以設立的五郡的郡城為統領的軍事防禦體系。

表2-1 京津地區南部的城市

名 稱	今 地	歸屬情況	資 料 來 源
涿	今涿州		《韓非子》：「燕以河為境，以薊為國，襲涿、方城，殘齊，平中山」。
臨樂	今固安縣固安鎮西南。	公元前 247 年後屬燕。	《史記》卷 43《趙世家》：（孝成王）十九年，趙與燕易土：以龍兌、汾門、臨樂與燕；燕以葛、武陽、平舒與趙。
平舒	今大城縣平舒鎮。		
方城	今固安縣固安鎮西南方城村。	公元前 243 年前屬燕。	《史記》卷 43《趙世家》：「（悼襄王）二年，李牧將，攻燕，拔武遂、方城」。

〔註75〕《史記》卷 110《匈奴列傳》。
〔註76〕《戰國策・燕策一》。
〔註77〕曹子西主編：《北京通史》第一卷，中國書店，1994 年。第 86 頁。

2、京津地區城市體系的等級規模和職能

限於文獻資料的不足，戰國時期京津地區的城市體系可以粗略地將城市劃分爲三個層次。在京津地區上都、中都這兩個都城處於城市體系的第一層級。漁陽、無終兩個郡級城市處於城市體系第二層級。其餘的城市屬於第三層次。對於其它城市，如涿，雖是一個比較重要的城市，但無法對城市的建制作出判斷，暫劃入第三層次。餘類從此。

圖2-1　燕國時期京津地區的城市體系

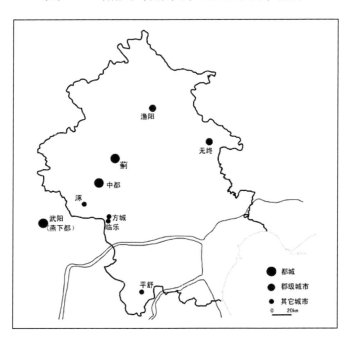

燕國是多都制，建有上都、中都、下都。那麼，這三個都城之間的關係如何呢？

實際上，燕國三都中，還是以薊城爲中心城市的。雖然燕下都規模比較大，在後期地位也比較重要，但是燕國設置下都，並未將其建造爲新的都城，也沒有取代薊城的政治中心的地位。根據文獻記載，蘇秦曾對燕文侯說：「今趙之攻燕也，發興號令，不至十日，而數十萬之眾軍於東垣矣。度呼沱，涉易水，不至四五日，至國都矣。」〔註78〕從這段話判斷，趙國軍隊要度過呼沱河和易水，再走四五日才能到達燕的國都，而燕下都就在易水之濱，顯

〔註78〕《戰國策・燕策一》。

然國都不是燕下都。而從易水之濱到薊城，直線距離約一百公里左右，按古代行軍速度計算，大約有四五日的行程。因此，此處的國都就是指薊城。據《史記‧燕召公世家》記載，燕王喜「二十九年，秦攻拔我薊，燕王亡，徙居遼東。」另據文獻記載，樂毅伐齊後，曾使人獻書於燕惠王曰：「珠玉財寶，車甲珍器，盡收入燕。大呂陳於元英，故鼎反於歷室，齊器設於寧臺，薊丘之植，植於汶皇。」〔註79〕歷室、元英是燕國的兩個宮殿名，位於薊城寧臺之下。從這段話可以看出，樂毅伐齊將擄回的珍寶重器都放置於薊城的宮殿中，充分說明薊城是燕國的政治中心。

春秋戰國時期農業、手工業的的發展，推動了商業的繁榮和城市的發展。薊城地處南北交通的交彙點，「南通齊趙，東北邊胡。」故司馬遷說，「燕亦勃碣之間一都會也。」〔註80〕戰國時，薊城出現了專門的商業貿易交換場地——「市」，據《史記》記載：「荊柯嗜酒，日與狗屠及高漸離飲於燕市。」〔註81〕市的設置是城市商業功能的顯著表現。由於薊、涿、下都等城市都位於溝通南北的交通大道上，商業均十分發達。故《鹽鐵論‧通用篇》記載：「燕之涿、薊，富冠海內，為天下名都。」貨幣是商品交換和貨幣流通的主要標誌。根據考古發掘，燕國通行貨幣「燕明刀」〔註82〕的分佈十分廣泛，在河北、天津、河南、山西、內蒙古、遼寧、吉林等地，乃至朝鮮、日本等國家都有出土。燕國貨幣出土最多的地點有兩處，一處是今北京市，即燕國都城薊的所在地，另一處是河北易縣燕下都。燕明刀在北京和易縣的大量出土說明薊城和燕下都是當時商業最發達的兩個城市。

屬於城市體系第二層次的郡級城市，由於肩負著防守燕國北境的職責，故各個城市均以軍事職能為主。但這並不是這些城市的單一職能。有些城市，由於區位優越，故也表現出其他的職能。漁陽郡的治所漁陽城是通往古北口的交通要道，商業相對發達。20世紀60年代初，在山西祁縣和陽高分別出土了燕國布幣，面紋均有「盧陽」、「涿」等字樣。「盧陽」即漁陽，「涿」當為薊城南部的城市涿。這說明漁陽、涿也都是商業比較發達的城市。

〔註79〕《戰國策‧燕策二》。
〔註80〕《史記》卷128《貨殖列傳》。
〔註81〕《史記》卷86《刺客列傳》。
〔註82〕燕地屬於刀幣流行區域。燕地刀幣面紋常作「𠣘刀」。關於「𠣘」字，有不同解釋，或釋為「易」，或釋為「莒」，或釋作「盟」，或釋作「召」，但多數人釋作「明」，故稱作「明刀」。

　　屬於第三層次的城市爲縣級城市。戰國時期，韓、趙、魏諸國開始實行在郡下設縣的制度，燕、秦、楚等國也效法三晉，形成了郡縣制度。關於縣的建制，由於記載過於簡略，無法作出判斷。根據記載：「（悼襄王）九年，趙攻燕，取狸、陽城」〔註83〕，傅豹的官職爲武垣令，故武垣應當爲縣級城市。據此推測，涿、臨樂、方城、平舒等城市應有縣級城市存在。

第四節　區域城市體系的空間分佈結構特徵

　　城市的產生與分佈和地理環境有密切的關係。城市往往因地理區位、地形、交通條件以及資源稟賦條件的不同而具有不同的發展模式，並表現出彼此各異的城市功能。從大的地理視野來看，京津地區位於華北平原、東北平原和蒙古高原三大地理單元的交彙地帶，這種地理區位決定了京津地區必然要成爲連結這三大地理單元的樞紐地帶，成爲連接各地的交通要道，具有極其重要的軍事戰略地位。

　　京津地區位於華北平原的北端，東、西、北三面群山環抱。三四千年以前，華北平原地勢低下，當時黃河自天津入海，河流遷徙不定，分成數股流經華北平原。平原上到處是水鄉澤國，自然是南北交通上極大的障礙。只有沿太行山東麓地帶，地勢較高，適合人類的居住和往來。這樣，沿太行山東麓南部一線高地，成爲溝通南北的往來通道。這條大道可稱之爲「太行山東麓大道」。燕山山脈和軍都山山地橫亙於華北平原的北端，成爲分隔蒙古高原和東北平原的天然分界線。儘管山脈起到了阻隔作用，但是山脈中的峽谷山口卻成爲溝通不同地區的要道。在北京市的北部有居庸關和古北口聯繫著山前山後的道路可分別稱爲「居庸關大道」和「古北口大道」。自北京以東至天津一帶，有幾乎與渤海相連的大湖沼，只有沿燕山南麓邊緣地帶地勢較高，溝通東西交通。沿燕山山麓東去，可達山海關經遼西走廊到達東北平原。這條大道可稱爲「燕山南麓大道。」這四條大道是溝通不同地區人員與物資交流的重要交通路線，並彙集在華北平原最北端的北京小平原內。侯仁之認爲沿太行山北來的大道在進入北京小平原後，便開始分歧爲至少是三條繼續北進的道路。這個分歧點本來應該在盧溝橋所代表的永定河的古代渡口上。但是，由於永定河河性不穩定，經常洪水泛溢，古代大道分歧點只好移至靠近渡口而又不受洪水威脅的地方。而本應

〔註83〕《史記》卷43《趙世家》。

在渡口上成長起來的城市只好在這個靠近渡口而又不受洪水威脅的道路分歧點開始成長起來，這就是薊城〔註84〕。事實上，薊城作爲連通華北平原、東北平原和蒙古高原這三大地理單元的各條大道的交彙點，居於樞紐地位，天然的區位優勢是薊城上升爲區域中心城市的基礎。

如前所述，華北平原與太行山和燕山山脈交彙的山前地帶是重要的交通走廊，沿著這條交通路線出現了一系列商業城市。燕國的都城薊、下都武陽、涿等城市都因此成爲商業發達的城市。《鹽鐵論》明確指出交通對於城市商業的影響。「燕之涿薊，……，富冠海內，皆爲天下名都。非有助之耕其野而田其地者也，居五諸侯之衢，跨街衝之路也。」〔註85〕山前地帶也是古代人們重要的居住地，在華北平原的西緣沿太行山東麓地帶和華北平原北緣沿燕山南麓地帶廣泛分佈著大大小小的城邑村落，因而成爲聚落的彙集地帶。從地圖上可以看出，京津地區先秦時代的城鎮聚落絕大部分分佈在華北平原西部和北部山麓及山前平原這一狹窄地帶。

圖 2-2　燕國時京津地區城市分佈與地理環境的關係

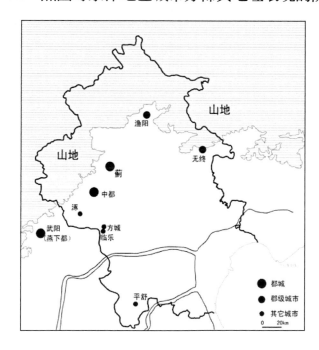

〔註84〕　侯仁之：《城市歷史地理的研究與城市規劃》，載《歷史地理學四論》，中國科
　　　　　學技術出版社，1994 年。第 41～43 頁。

〔註85〕　〔漢〕桓寬：《鹽鐵論》卷 1《通有第三》。

第三章 秦漢至北朝時期京津地區城市體系的發展演變

第一節 中心城市的確立與發展：從相對中心到絕對中心

一、秦至東漢時期京津地區中心城市的孕育和初步確立

1、秦、西漢時期區域中心城市尚未確立時期

秦國在兼併六國的戰爭過程中，或沿用列國舊郡，或另闢置新郡，一直推行戰國時期出現的郡縣制度。秦國統一之初，採取了一系列的措施來鞏固中央政治集權，如廢除分封制度，健全中央官制，在地方推行郡縣二級政區制度等。秦在燕國地區設置了廣陽、漁陽、上谷、右北平、遼西和遼東六郡，廣陽郡的治所就在薊城。郡縣制的實行使薊城的地位也發生了改變，由原來的諸侯國燕國的政治中心轉變為普通的郡級城市，在建制上與沮陽、漁陽、無終等城市並列。西漢實行郡國並行制度，郡國之下設縣，形成郡縣二級地方行政體系。西漢時，薊城長期作為王國都城而存在，顯示了其在城市性質上與普通郡縣城市的不同。需要指出的是，漢武帝於元封五年（公元前 106 年）將全國劃分為司隸部和刺史部十三州，分別置以司隸校尉和刺史，是為監察官，負責巡查各部、彈劾不職郡守。十三州不是正式的行政區劃，刺史亦無固定治所，但是有一定的監察區域。其中幽州刺史部的監察區包括漁陽、

上谷、涿、右北平等九郡，不包括廣陽國。雖然薊、涿、沮陽、漁陽等郡治所在城市處於同一等級，但是薊城卻有其特殊性。

2、西漢末期區域中心城市的初步確立

西漢成帝綏和元年（公元前 8 年）「罷部刺史，更置州牧」，州牧成為一方軍政長官，致使十三州具備了行政區劃的性質。更始二年（24 年），薊城隸屬於幽州，幽州牧駐無終。東漢初，光武帝拜朱浮為大將軍幽州牧，駐守薊城，薊城成為幽州刺史的治所，城市地位顯然要高於其他同級郡治城市，成為區域中心城市。但是，東漢初期的戰亂給幽州地區的城市發展造成很大影響，薊城一度出現「城中糧盡，人相食」〔註1〕的悲慘局面，薊城衰落並喪失區域中心城市的地位。光武十三年（37 年）省廣陽國至和帝永元八年（96 年）復置廣陽郡，薊城失去郡治或王國都城地位近 60 年。東漢沿襲西漢十三州制度，州置州牧，且州治有定所。光武帝十八年（42 年）罷州牧，置刺史，並強化了刺史的職責與權利。東漢末年，為鎮壓黃巾起義，漢靈帝中平五年（188年），改刺史置州牧，授予執掌一州的軍政大權，「州牧之任，自此重矣。」〔註2〕地方行政建置也由西漢時期的郡（國）縣二級制轉變成州、郡（國）、縣三級制。是時，幽州共領有廣陽、漁陽、上谷、涿、代、右北平、遼西、遼東、玄菟、樂浪十郡，另領有遼東屬國，薊城為幽州牧的固定治所。故東漢時期，薊城不僅是廣陽郡的郡治，而且是幽州行政中心，為東漢十三個一級政區的中心城市之一。

二、魏晉北朝時期京津地區中心城市的確立與發展

曹魏時，薊城再次成為諸侯國王城。魏明帝太和六年（232 年），「改封諸侯王，皆以郡為國。」〔註3〕封曹宇為燕王，改燕郡為燕國。此時，幽州的治所不再設於薊城，而設於涿〔註4〕。西晉時，幽州地區有范陽國和燕國。西晉時，幽州刺史治涿，與燕國劃界而治。因此，自曹魏至西晉後期，涿一直是幽州治所，取代薊城而成為區域中心城市。直到西晉後期，薊城再次成為幽州治所，成為京津地區等級最高，規模最大的城市。晉制，「武帝泰始

〔註1〕 《後漢書》卷33《朱浮傳》。
〔註2〕 《通典》卷32《職官十四·司隸校尉》。
〔註3〕 《三國志》卷20《魏書·明帝紀》。
〔註4〕 韓光輝：《幽燕都會》，北京出版社，2000 年。第 50 頁。

元年（265 年），封諸王以郡爲國。邑二萬戶爲大國，置上中下三軍，兵五千；邑萬戶爲次國，置上軍下軍，兵三千人；五千戶爲小國，置一軍，兵一千五百人。」〔註5〕燕國 29000 戶，爲大國。范陽 11000 戶，爲次國。薊城爲燕國王城，且燕爲大國，故薊城戶口當最爲稠密，因此成爲幽州地區的首位城市。

十六國時期，北方少數民族南下中原，紛爭不已，政權更叠頻繁，幽州地區被各民族政權輪番佔據，時局動盪，社會經濟一蹶不振，區域城市在這一期間迅速衰落下去。儘管如此，薊城依然維持著其作爲區域中心城市的地位。自北魏至北周是爲北朝時期，京津地區先後歷經北魏、東魏、北齊和北周政權的統治，而幽州的治所也一直設在薊城。北齊立國之初，於境內分設東北道、東南道、南道等行臺。先於定州（今河北省定州）置東北道大行臺，其後由於幽州在軍事、政治上的重要性而遷行臺於幽州。北齊在幽州薊城設置行臺，顯示了幽州重要地位，也使得薊城的政治與軍事職能得以加強，突出了薊城作爲區域中心城市的作用。北周設幽州總管，駐紮薊城，兼理北方七州六鎮諸軍事，無形中提高了薊城的政治和軍事地位，其城市地位與影響力也遠遠超出其他城市。

第二節　郡（州）縣城市的曲折發展與等級規模變化

一、秦代京津地區郡縣城市的設置

秦滅六國之後，採取了一系列措施來鞏固和加強統一。如廢分封，實行郡縣制；統一文字、貨幣和度量衡；修長城防禦匈奴；修治馳道等。秦始皇以秦都咸陽爲中心，修馳道，「東通燕、齊，南極吳、楚，江湖之上，瀕海之觀畢至。」〔註6〕同時，秦始皇下令統一全國車軌的軌距，「墮壞城郭，決通川防，夷去險阻。」〔註7〕從咸陽到燕地的馳道路線是由咸陽東行，出函谷關至三川郡，然後再分兩路。一路東北經鄴縣、邯鄲、而至廣陽，再東至碣石山，廣陽就是燕都薊城。另有兩條重要的馳道分別是從咸陽到九原的

〔註5〕　《晉書》卷 14《地理志上》總敍。
〔註6〕　《漢書》卷 51《賈山傳》。
〔註7〕　《史記》卷 6《秦始皇本記》。

秦直道和從咸陽到平城的馳道。在北邊塞下另有由廣陽經平城到九原的道路〔註8〕。這樣通過幾條大道把燕地與秦王朝的政治中心緊密聯繫起來，使燕地成為封建統一王朝的一部分。秦始皇實行上述一系列鞏固統一的措施，打破了全國各地區各自為政的局面，促進了各地的經濟往來和文化交流，有利於恢復和發展生產，有利於維護國家的統一。

秦滅燕後，設立廣陽郡。廣陽郡以北，基本上沿襲原燕國的舊置，沿長城一線自西而東，設置上谷、漁陽、右北平、遼西、遼東五郡。但是據《通典》記載，「及秦滅燕，以其地為漁陽、上谷、右北平、遼西、遼東五郡」〔註9〕，不見有廣陽郡的記載；《太平寰宇記》則稱：「始皇滅燕，置三十六郡，以燕都及燕之西陲為上谷郡。」〔註10〕按此說，則是薊城及其附近地區被合併到上谷郡中。清代全祖望則支持《水經注》的說法〔註11〕，王國維在《觀堂集林·秦郡考》中亦主張此說。本書採用《水經注》說法，秦滅燕後，在原燕國境內應該設置六個郡。這些郡分別是廣陽郡、上谷郡、漁陽郡、右北平郡、遼西郡、遼東郡。其中，廣陽郡治薊城。漁陽郡，據《漢書·地理志》記載：「漁陽郡，秦置」，郡治漁陽，今北京懷柔縣梨園莊。右北平郡，《漢書·地理志》：「右北平郡，秦置」，郡治無終，在今天津薊縣。京津地區共有薊城、漁陽和無終三個郡級城市。關於縣城的設置，由於史料缺失，無法確指。在京津地區，現今可考的縣城有：涿縣城，在今涿州；漁陽縣城，漁陽郡屬縣，在今北京市密雲縣西南；無終縣城，右北平郡屬縣，在今天津薊縣〔註12〕。這些郡縣級城市是各個郡縣所轄區域的行政中心，由於行政職能的不斷強化，刺激了經濟文化的發展，各個郡縣級城市的經濟、商業以及文化職能不斷增強並演化為演化為不同級別的城鎮。

二、兩漢時期京津地區郡縣城市的設置與發展

西漢實行郡國並行制度，郡國之下設縣，形成郡縣二級地方行政體系。西漢時期，京津地區分屬廣陽、涿郡、上谷、漁陽、右北平以及渤海郡管轄。

〔註8〕 史念海：《祖國錦繡河山的歷史變遷》，載《中國歷史地理論叢》第一輯，陝西人民出版社，1981年。

〔註9〕 《通典》卷178《州郡八·古冀州上》。

〔註10〕 〔宋〕樂史：《太平寰宇記》卷69《河北道十八》。

〔註11〕 〔清〕全祖望：《漢書地理志稽疑》卷1。

〔註12〕 呂蘇生：《河北通史》秦漢卷，河北人民出版社，2000年。第23～24頁。

按照《漢書・地理志》記載，京津地區的郡級城市有薊城、涿、漁陽。漢承秦制，許多縣是在秦縣的基礎上設置的。但是，隨著社會的進步，人口的增多以及地區開發日益深入，漢代也增置了許多新縣。如平谷縣，「漢初封盧綰於此，綰亡始置縣」，「四周皆山，中則平地，因以平谷名。」〔註13〕在薊城東南增設安次縣，「周公封召公於燕，於安墟置常道鄉，漢改常道鄉，置安次、修市。」〔註14〕在薊城東設置路縣，「通州自秦而上地隸幽燕，未有建置。漢始置路縣。」〔註15〕漢代設縣的數目遠遠多於秦代，僅在京津地區範圍內就增置了23個縣，城市數目也相應地增加。這反映了漢代的農業社會經濟以及人口發展均超過了前代。

表 3-1　京津地區漢代增置的縣城

城　名	有　　關　　記　　載
廣陽	「在良鄉縣東北十里。漢置縣，以其屬廣陽國。亦謂之小廣陽。」
方城	「在固安縣南。本燕方城邑，漢置縣。」
臨鄉	「在固安縣南。漢初元五年，封廣陽頃王子雲爲侯國，屬涿郡。後漢省入方城縣。」
陽鄉	「在固安西北。漢初元五年，封廣陽王子發爲侯國，屬涿郡。後漢省。」
安次	「在東安縣西北。漢置。」
路縣	「在通州東。漢置縣，以潞水爲名。」
安樂	「在通州境。漢置縣，屬漁陽郡。」
雍奴	「在武清縣東。漢置縣。」
泉州	「在武清縣東南，漢置。」
昌平	「在昌平州東南。漢置縣。」
軍都	「在昌平州西十七里。漢置縣。」
狐奴	「在順義縣東北三十里。漢置縣。」
獷平	「在密雲縣東北。漢置縣，屬漁陽郡。」
犀奚	「在密雲縣東北口內。獷平城東北。漢置犀奚縣，屬漁陽郡。」
涿縣	「今涿州治。漢置縣，爲涿郡治。」
西鄉	「在涿州西北。漢初元五年，封廣陽頃王子容爲侯國。屬涿郡。後漢省。」
良鄉	「在房山縣東。漢置縣。」

〔註13〕　〔明〕蔣一葵：《長安客話》卷5《畿輔雜記》，北京古籍出版社，1994年。
〔註14〕　〔明〕蔣一葵：《長安客話》卷5《畿輔雜記》，北京古籍出版社，1994年。
〔註15〕　〔明〕蔣一葵：《長安客話》卷6《畿輔雜記》，北京古籍出版社，1994年。

益昌	「在霸州東北。漢永光中，封廣陽頃王子嬰為侯國。屬涿郡。後漢廢。」
文安	「在今文安縣東。漢置。」
平谷	「在今平谷縣東北。漢置縣。」
陰鄉	「在宛平縣西南。漢置。屬廣陽國。」
夷輿	「在延慶州東北。漢縣。」
居庸	「在延慶州東。漢置縣，屬上谷郡。」

資料來源：《嘉慶重修一統志·順天府·古迹》，乾隆《宣化府志》卷 7《古迹》。

西漢時，廣陽國所轄的薊、方城、廣陽、陰鄉；涿郡所轄涿、良鄉、臨鄉、益昌、西鄉、陽鄉；漁陽郡所轄漁陽、狐奴、路、雍奴、泉州、平谷、安樂、㑊奚、獷平；右北平郡所轄無終；上谷郡所轄軍都、昌平、居庸、夷輿；渤海郡所轄安次、文安等縣的治所均位於研究區內。其中，薊是廣陽國的都城，涿是涿郡的治所，漁陽是漁陽郡的治所。另外西漢末期，幽州州牧開始長駐薊城，薊城的城市地位也最高。因此，在京津地區西漢時期一共有 23 個縣級城市，2 個郡級城市，1 個州級城市，區域城市總數為 26 個。

西漢時京津地區還有一些侯國城邑。除燕王外，還有其他貴族官僚的封邑。1958 年在平谷北城子村發現一座古城址，在城址周圍的西柏店、唐莊子、北埝頭、李家墳等地是比較集中的古墓區，多為漢墓。該古城址東濱錯河，西靠北城子村，依據《水經注》，應是霍光受封的博陸城〔註16〕。此外，西漢時期研究區域內還有其他侯國城邑，諸如臨鄉、益昌、陽鄉、西鄉等。

表 3-2　西漢時期京津地區城市等級規模

等級	行政級別	數量	%	城　　　　　市
I	州級城市	1	3.8	薊
II	郡級城市	2	7.7	涿、漁陽
III	縣級城市	23	88.5	方城、廣陽、陰鄉；良鄉、臨鄉、益昌、西鄉、陽鄉；狐奴、路、雍奴、泉州、平谷、安樂、㑊奚、獷平；無終；軍都、昌平；安次、文安；居庸，夷輿
	合計	26	100	

說明：郡縣建制以公元 2 年（元始二年）為準。
資料來源：《漢書·地理志》。

〔註16〕北京市文物工作隊：《北京平谷縣西柏店和唐莊子漢墓發掘簡報》，《考古》1962 年第 5 期。

圖 3-1　西漢京津地區城市體系

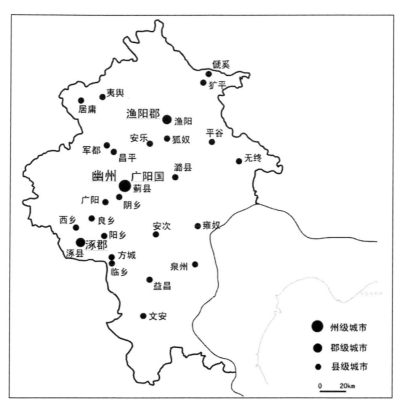

新莽時期及東漢初期的大規模的戰爭，導致全國人口的大量耗減。東漢初期光武帝中元二年，全國民戶共 4271634 戶，口 21007820〔註 17〕，僅及西漢盛時戶口的三分之一。人口的大量耗減，導致了行政區劃的調整，部分郡縣被省併。建武六年東漢並省全國四百餘縣，「吏職減損，十置其一。」〔註 18〕京津地區的城市體系也因為行政調整而出現了新的變化。涿郡的涿、良鄉、方城 3 縣的治所，廣陽郡的薊、廣陽、昌平、軍都、安次 5 縣的治所，漁陽郡的漁陽、狐奴、潞、雍奴、泉州、平谷、安樂、傂奚、獷平 9 縣的治所，右北平郡無終縣治所，河間國文安縣治所，上谷郡居庸縣治所均位於京津地區範圍內。臨鄉、陽鄉、西鄉、陰鄉、益昌等城市由於省併而失去了縣級城市地位，因而東漢時區域城市數量較西漢時有所減少。京津地區建制城市有州級城市 1 個，郡級城市 2 個，縣級城市 17 個，區域城市總數為 20 個。

〔註 17〕《後漢書》卷 119《郡國志一》。
〔註 18〕《後漢書》卷 1 下《光武帝紀》。

表 3-3　東漢時期京津地區城市等級規模

等級	行 政 區	數量	%	城　　市　　名
I	州級城市	1	5.0	薊
II	郡級城市	2	10.0	涿、漁陽
III	縣級城市	17	85.0	廣陽、昌平、軍都、安次；良鄉、方城；狐奴、潞、雍奴、泉州、平谷、安樂、虒奚、獷平；無終；文安；居庸
	合計	20	100	

說明：郡縣建制以公元 140 年（永和五年）爲準。

資料來源：《續漢書‧郡國志》。

圖 3-2　東漢京津地區城市體系

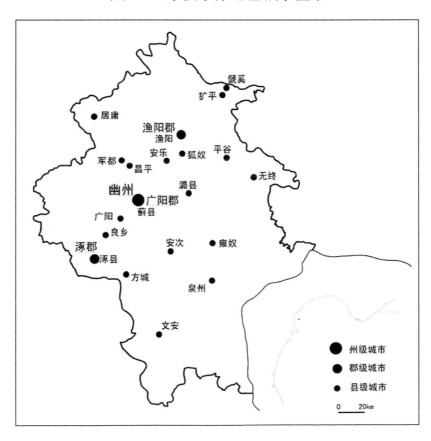

　　兩漢時期，京津地區的農業經濟不斷發展，與中原地區無太大差別。京津地區東漢墓中出土的陶倉十分引人注目，在東漢以前，歷代墓葬中罕有此物，

只是在東漢以後的各期墓葬中才大量出現。在懷柔縣城北的東周兩漢墓葬群中，東周、西漢的各類墓葬中都不見陶倉，唯有東漢墓中有 4 件陶倉〔註19〕。另昌平區半截塔村東漢墓出土陶倉 10 件〔註20〕。北京市永定路東漢墓出土陶倉 3 件〔註21〕。順義縣臨河村東漢墓出土綠釉倉樓 1 件，樓分三層〔註22〕，形制更加先進。東漢墓葬中出土大量陶倉，說明當時農業生產較以前有了很大提高。另外，在北京附近的東漢墓葬中經常發現陶碓、陶磨等，這也是東漢以前墓葬中所不見的。這反映了東漢時期糧食加工水平的普遍提高。經濟水平的提高也為城市發展奠定了良好的基礎。今北京郊區保存許多漢代古城遺址，如房山廣陽城村之漢廣陽縣城遺址、竇店漢代良鄉縣古城遺址、長溝漢代西鄉縣城遺址〔註23〕、順義西南安樂古城、通州東八里路縣古城、延慶東北夷輿縣古城、周口店蔡莊古城遺址〔註24〕、蘆村古城遺址〔註25〕、昌平縣舊縣漢軍都縣城遺址、芹城和平谷縣北城子漢博陸城遺址等等〔註26〕。這些漢代古城址的年代，有些始自西周，下限可至遼金。最近的幾座城址之間，相距不過三十里，由城址分佈之密，也可以想見當時經濟的繁榮。除此之外，在北京南郊大回城村、北郊清河鎮朱房鄉，也都發現重要漢代古城遺址。

表3-4 考古所見京津地區漢代城市

編號	所 在 地	古 城 名	城郭規模（米）	出　　　處
1	房山縣竇店	良鄉縣	內城：東西 1100、南北 860；外城：東西 1200、南北 960	《文物》1959-9 《考古》1992-8
2	房山縣長溝	西鄉縣	東西 360、南北 500	《考古》1963-3
3	房山縣良鄉鎮	廣陽縣	殘存 500 餘米	《中國考古學年鑒 1996》

〔註19〕北京市文物工作隊：《北京懷柔城北東周兩漢墓葬》，《考古》1963 年第 3 期。
〔註20〕北京市文物工作隊：《北京昌平半截塔村東周和兩漢墓葬》，《考古》1963 年第 3 期。
〔註21〕北京市文物工作隊：《北京永定路發現東漢墓》，《考古》1963 年第 3 期。
〔註22〕北京市文物管理處：《北京順義縣臨河村東漢墓發掘簡報》，《考古》1977 年第 6 期。
〔註23〕北京市文物工作隊：《北京房山縣考古調查簡報》，《考古》1963 年第 3 期。
〔註24〕王漢彥：《周口店蔡莊古城遺址》，《文物》1959 年第 5 期。
〔註25〕馮秉其等：《房山縣古城址調查》，《文物》1959 年第 1 期。
〔註26〕北京市文物局考古隊：《建國以來北京市考古和文物保護工作》，載《文物考古工作三十年》，文物出版社 1979 年版。第 5 頁。

4	昌平縣		周長約 2000	《文物》1955-1
5	平谷縣	博陸縣	東行 220，南北 240	《考古》1965-2
6	靜海縣南	東平舒縣	周長 2055、正方形	《中國考古學年鑒 1994》
7	武清縣大宮城		東西 500、南北 500	《中國考古學年鑒 1993》
8	軍糧城		東西 300、南北 170	《考古》1993-2

注：本表據周長山：《漢代城市研究》47～48 頁整理。人民出版社，2001 年。

三、魏晉北朝時期京津地區郡縣城市的衰落

東漢末至曹魏初，由於戰亂和災荒，北方廣大地區「田無常主，戶無常居」〔註 27〕，幽州地區戶口大量減少。以素稱繁庶的涿郡爲例，東漢永和五年（140 年）擁有 10 萬餘戶，63 萬餘口，但經過東漢末年的戰亂，到曹魏初期，全郡不過「領戶三千，孤寡之家，參居其半。」〔註 28〕曹魏和西晉政權實行與民休息、減輕民間負擔的政策，穩定了幽州社會。此外，幽州地處邊塞，魏晉時期地方官吏都將邊民安定作爲一項重要任務。曹魏幽州刺史崔林即認識到，幽州地接胡虜，「宜鎮之以靜。擾之則動其逆心，特爲國家生北顧憂。」〔註 29〕西晉時，張華任職幽州，苦心經營，以致「遠夷賓服，四境無虞，頻歲豐稔，士馬強盛。」〔註 30〕唐彬任職幽州期間，整飭邊務，發展生產，廣布恩信，「遂開拓舊境，卻地千里。復秦長城塞，自溫城洎於碣石，綿亙山谷且三千里，分軍屯守，烽堠相望。由是邊境獲安，無犬吠之警，自漢魏征鎮莫之比焉。」〔註 31〕隨著社會經濟的恢復和發展，幽州人口有所增長。魏文帝黃初初年，幽州涿郡戶口不過 3000 餘戶，到西晉太康初年涿郡戶口達到 11000 餘戶，將近原來的 4 倍。雖然人口有所增長，但是依舊低於東漢時期的水平。西晉太康初年上述五郡的人口總戶數爲 53020 戶〔註 32〕，與東漢太和五年（140 年）五郡的人口總戶數 234746 戶相比，尚不及東漢時期的四分

〔註 27〕　《後漢書》卷 79《仲長統傳》。
〔註 28〕　《三國志》卷 24《魏書・崔林傳》注引《魏名臣奏》。
〔註 29〕　《三國志》卷 24《魏書・崔林傳》。
〔註 30〕　《晉書》卷 63《張華傳》。
〔註 31〕　《晉書》卷 42《唐彬傳》。
〔註 32〕　此處人口數按照《晉書・地理志》記載范陽國、燕國、北平郡、上谷郡、廣
　　　　　寧郡之戶口總和。

之一。這種狀況在區域城市中也有反映，西晉時，在京津地區省並了俒奚、獷平、平谷三縣，同時在大城縣境內置章武國，治今大城縣城。因此，西晉時期，京津地區建制城市比東漢時期減少 2 個，總數爲 18 個，其中州級城市 1 個，郡級城市 3 個，縣級城市 14 個。

　　十六國時期，幽州地區社會動盪不安，長達百年的戰亂使幽州人口大量減少，「燕土亂久，民戶凋散」〔註 33〕，京津地區的城市陷入到極端凋敝的狀態。至北魏初，幽州地區人口稀少，城市蕭條。北魏時期，由於社會安定，社會經濟得以恢復和發展，孝文帝實行均田制、三長制以後，北魏戶口增長很快。「明帝正光（520 年）以前，時惟全盛，戶口之數比夫晉太康倍而餘矣。」〔註 34〕然而自魏晉以來，全國的商業經濟幾乎陷於停滯，貨幣接近廢棄。北魏時期，雖然鑄造銅錢，但只限於京畿地區流通，「專貿於京邑，不行於天下。」〔註 35〕國內民間貿易則以布帛代替貨幣，實行物物交換。直到東魏、北齊之世，幽州地區情況依然如此，「冀州之北，錢皆不行，交貿者皆以絹布。」〔註 36〕可見，幽州地區的商品經濟極端不發達，這在客觀上抑制了區域城市的發展。據《魏書‧地形志上》記載，幽州治薊城，領燕郡、范陽、漁陽三郡，縣十八。其中，燕郡所轄的薊、廣陽、良鄉、軍都、安次五縣的治所，范陽郡所轄涿、萇鄉、方城三縣的治所，漁陽郡所轄雍奴、潞縣、無終、漁陽四縣的治所都位於京津地區。京津地區南部則有瀛州平舒、文安兩縣的治所。其中，涿爲范陽郡治，雍奴爲漁陽郡治，平舒爲章武郡治。山後地區上谷郡治所也在今京津地區。綜上，在京津地區有 1 個州級城市，4 個郡級城市，10 個縣級城市。區域城市數量爲 15 個，比東漢時期減少了 5 個，這是魏晉至北朝時期京津地區城市衰落的明顯例證。

　　表 3-5　北魏時期京津地區城市等級規模

等級	行政級別	數量	%	城　市　名
I	州級城市	1	6.7	薊
II	郡級城市	4	26.7	涿、雍奴、章武、上谷

〔註 33〕《魏書》卷 26《尉古眞傳附弟諾傳》。
〔註 34〕《通典》卷 7《食貨七‧歷代盛衰戶口》。
〔註 35〕《魏書》卷 110《食貨志》。
〔註 36〕《通典》卷 9《食貨九‧錢幣下》。

III	縣級城市	10	66.7	廣陽、良鄉、軍都、安次；葠鄉、方城；潞、無終、漁陽；文安
	合計	15	100	

資料來源：《魏書・地形志》

圖 3-3　北魏京津地區城市體系

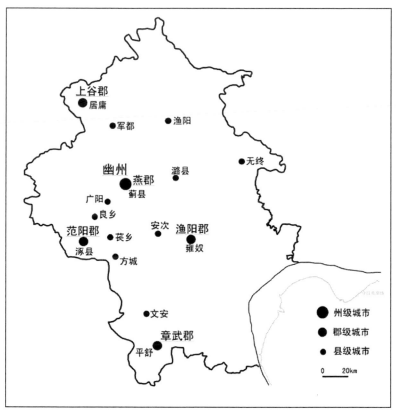

北魏中後期，隨著封建地主經濟的日益成熟，均田制日漸破壞，土地兼併日重，社會矛盾也逐漸尖銳。幽州地區首先爆發了王惠定、劉僧紹起義。525 年，柔玄鎮人杜洛周「率眾反於上谷，號年真王，攻沒郡縣」〔註37〕，形成「桑乾為飲馬之池，燕趙為亂兵之地」的局面。526 年十一月，杜洛周攻陷薊城，很快佔有幽、定、瀛三州之地。葛榮起義失敗後，其部將韓樓率部返回幽州，「有眾數萬，屯據薊城。」〔註38〕經過北魏末年戰爭的摧殘，經濟凋

〔註37〕《魏書》卷 9《肅宗紀》。
〔註38〕《魏書》卷 80《侯淵傳》。

敝，幽州人口大量逃亡，京津地區的城市遭到了嚴重的破壞。

東魏、北齊時期，地方政權基本沿襲北魏時的州、郡、縣三級建置。但也有一些調整。由於連年戰亂，幽州東部的安州殘破不堪，原安州所屬郡縣盡寄治於幽州北界，即今密雲縣境。又由於幽州西北部的燕州流民大量流入幽州，東魏便設東燕州，寄治軍都，置平昌郡昌平、萬年縣，別於縣東北二十里更置軍都縣。眾多的僑置州、郡、縣是東魏幽州政區設置中的突出特點。東魏時期，由於僑置州縣的設置，京津地區的城市呈現出新的分佈格局，特別是在今密雲、昌平縣境內，出現州、郡、縣城密集分佈的暫時混亂狀態。東魏至北齊期間，土地兼併現象十分嚴重，形成「強弱相淩，恃勢侵奪，富有連畛互陌，貧無立錐之地」〔註39〕，貧富分化十分嚴重。北齊時，北修長城，數興重役，「多所營繕，百役繁興」，「舉國騷擾，公私勞弊。」〔註40〕各種社會矛盾不斷激化，削弱了北齊的統治，以致國勢日衰。幽州地區民戶紛紛逃亡，郡縣編戶大爲減少。天保七年（556年），針對「丁口減於疇日，守令倍於昔辰」，「百室之邑，便立州名，三戶之民，空張郡目」的郡縣濫置情況，於北齊境內並省三州、一百五十三郡、五百八十九縣、二鎮二十六戍〔註41〕。在幽州，各郡均有縣級政區被省並。天保七年省良鄉、廣陽入薊縣。范陽郡方城、萇鄉省入涿縣，又省容城、固安入范陽縣。東魏時寄治幽州北界的安州三郡，北齊廢密雲郡，省白檀、要陽二縣入密雲縣。廢廣陽郡，省廣興、方城二縣入燕樂縣。廢安樂郡土垠縣入安市縣。天保中省軍都縣入昌平縣。這些郡縣的廢置反映了北齊時期幽州地區人口大量減少的事實，顯然，這種情形下必然會導致京津地區城市發展的停滯甚至倒退。

在北齊日益走向衰亡之際，取代西魏王朝的北周政權卻逐漸強盛。北周政權通過推行均田制和府兵制，發展壯大了國家經濟力量和兵力。557年，北周一舉滅掉北齊，統一了黃河流域，幽州也納入到北周的版圖之中。577年，北周「於河陽、幽、青、南兗、豫、徐、北朔、定並置總管府，相、并二總管各置宮及六府官。」〔註42〕當時幽州設總管府，領有燕、范陽、漁陽三郡，但屬縣有所省並。北周省燕郡歸德縣入薊縣，省漁陽郡徐無縣入無終縣。東

〔註39〕《通典》卷2《食貨二・田制下》。
〔註40〕《北齊書》卷4《文宣帝紀》。
〔註41〕《北齊書》卷4《文宣帝紀》。
〔註42〕《周書》卷6《武帝紀下》。

魏、北齊時的安州至北周改爲玄州，並省原安州安樂郡安市縣入密雲縣。北周改原北燕州爲燕州，治懷戎（今河北涿鹿縣西南）。又廢東燕州入燕州。北周時期幽州的行政建置同北齊相比，郡縣有所省並，這自然是當時區域人口減少，社會經濟衰敗的結果。

四、秦至北朝時期京津地區城市等級規模的演變特點

秦至西漢時期，京津地區出現了大量的城市，這是區域城市體系的第一次發展。自東漢以後，京津地區的城市體系開始進入衰退期，城市數量不斷減少。西漢京津地區共有城市 24 個，東漢時減少爲 19 個，隨著社會時局的動蕩不安，區域城市數量繼續減少，西晉減少到 16 個，到北魏則減少爲 14 個，城市總數減少將近原來的一半左右。

表 3-6　秦漢至北朝時期京津地區城市等級規模演變表

等　級	行政級別	西　漢		東　漢		北　魏	
		數量	%	數量	%	數量	%
I	州級城市	1	3.8	1	5.0	1	6.7
II	郡級城市	2	7.7	2	10.0	4	26.7
III	縣級城市	23	88.5	17	85.0	10	66.7
合　　計		26	100.0	20	100.0	15	100.0

從等級規模來看，郡級城市數量在這期間基本上保持穩定，北魏時區域內增加了一個郡級城市。在郡級城市中，涿郡發展最爲最穩定，只是在魏晉時期一度爲幽州治所，成爲區域中心城市。秦漢時期，漁陽一直是個郡級城市，西晉後因戰亂衰落。北魏以後漁陽郡治移至雍奴。西晉以後京津地區南部平舒城成爲章武郡治，並一直延續到北朝末期。相比較而言，秦漢至北朝時期京津地區城市變化最大的是縣級城市，縣級城市數量從西漢時的21個減少爲北魏時的10個，減少一半以上，尤其京津地區北部城市減少最爲劇烈。

秦至北朝時期，是京津地區城市體系的整合發展階段，也是區域城市體系的等級規模開始建立階段，這期間區域中心城市經歷從無到有，從不穩定發展到最終確立爲區域內的核心城市；郡、縣級城市在風雲激蕩的區域社會政治、經濟格局變換中歷經曲折，起伏消長，逐漸構建起京津地區城市體系進一步發展的框架。

第三節 區域城市體系職能組合結構的演變特徵

一、秦至北朝時期京津地區城市體系的軍事職能演變

京津地區地處中原和東北地區相互聯繫的樞紐部位，軍事戰略地位極爲重要，歷來爲兵家所重視。對於中原王朝來說，京津地區北部的燕山山脈起著抗擊塞外游牧民族南下的屏障作用，翼蔽河北乃至整個中原的安全。秦漢經營漁陽、上谷、右北平，隋唐經營范陽、平盧，直到後來明代經營宣府、薊鎮，都意在扼守燕山險阻，以禦北方游牧民族的入侵。無論中原王朝經略東北還是少數民族入主中原，都以幽州作爲基地。一旦控制了幽州就可以對中原和東北地區形成威脅。

秦漢以來，京津地區一直是中原王朝的北方邊境地帶，也是歷代王朝防禦北方民族南下的重要軍事基地。戰國時期，我國北方游牧民族匈奴逐漸強盛，並不斷南下。爲防禦匈奴的進攻，秦始皇三十二年，命蒙恬率三十萬大軍北擊匈奴，將戰國時期秦、燕、趙三國的長城連接起來，「因地形，用險制塞，起臨洮，至遼東，延袤萬餘里。」〔註43〕隨著匈奴、烏桓、鮮卑等民族先後崛起，處於邊境地帶的幽州首當其衝受到游牧民族的衝擊，《漢書·地理志》說：「上谷至遼東，地廣民稀，數被胡寇。」〔註44〕京津地區的城市如上谷、漁陽、右北平等邊郡城市多以軍事職能爲主。秦漢時，漁陽是一個重要的軍鎮。早在秦代，就有陳涉等人「適戍漁陽」〔註45〕的事件。東漢時，漁陽的軍事地位依然十分重要。如郭伋爲漁陽太守，「時匈奴數抄郡界，邊境苦之。伋整勒士馬，設攻守之備，匈奴畏憚遠迹，不敢復入塞，民得安業。在職五歲，戶口倍增。」〔註46〕張堪爲漁陽太守，「捕擊奸猾，賞罰必信，吏民皆樂爲用。匈奴嘗以萬騎入漁陽，堪率數千騎奔擊，大破之，郡界以靜。乃於狐奴開稻田八千餘頃，勸民耕種，以致殷富。百姓歌曰『桑無附枝，麥穗兩歧。張君爲政，樂不可支。』視事八年，匈奴不敢犯塞。」〔註47〕魏晉時期，統治者對幽州邊務仍很重視，幽州不但是中原的北邊屏障，也是曹魏經

〔註43〕《史記》卷88《蒙恬列傳》。
〔註44〕《漢書》卷28下《地理志》。
〔註45〕《史記》卷48《陳涉世家》。
〔註46〕《後漢書》卷31《郭伋傳》。
〔註47〕《後漢書》卷31《張堪傳》。

營遼東的軍事基地。十六國北朝時期，幽州依舊是北方的軍事重鎮，經常屯重兵，素稱精銳。

二、秦至北朝時期京津地區城市體系的經濟職能演變

《史記‧貨殖列傳》說：「漢興，海內爲一，開關梁，馳山澤之禁，是以富商大賈周流天下，交易之物莫不通。」〔註48〕幽州地區處於中原與北方草原的結合部位，是連通各地的交通樞紐，薊城成爲中原內地與東北各族商品交換的巨大市場，「南通齊趙，東北邊胡。……有魚鹽棗栗之饒。北鄰烏桓、夫餘，東綰穢貉、朝鮮、眞番之利」，故司馬遷說：「夫燕亦勃碣之間一都會也。」〔註49〕漢初，除三河（河東、河內、河南）富庶之區以外，著名的大商業都市有八，其中就有位於京津地區的薊、涿兩個城市，故《鹽鐵論》中說：「燕之涿、薊，……，富冠海內，皆爲天下名都」〔註50〕，可見涿在當時也是和薊齊名的商業城市。除了上述商業比較發達的城市外，京津地區各個縣級城市都是各區域內的中心城市，具有一定的經濟職能。西漢一般縣城都有一定的基本經濟職能，其中包括手工業品生產，貨物流通，服務行業經營等項內容。作坊、市和廛肆是每個縣城不可或缺的組成部分。這種經濟職能是在一縣的範圍內起作用的〔註51〕。漢代時，市在社會經濟生活中起著重要作用，王符《潛夫論》記載，「天下百郡千縣，市邑萬數」〔註52〕，雖非實指，但也知當時市的設置數量之多。曹魏之初，曹操爲征遼東曾開鑿泉州渠、平虜渠，客觀上推動了幽州地區與內地的經濟文化聯繫。加之是時幽州北部長期穩定，南北民族之間的經濟文化交流益加頻繁。如魏文帝黃初三年（222年），「（軻比能）帥部落大人小子、代郡烏丸修盧等三千餘騎，驅牛馬七萬餘口交市。」〔註53〕東部鮮卑素利也曾出馬千匹與魏交市。薊城作爲幽州地區的中心城市，必然是南北物資交流的集散地和中繼站。

京津地區地形多樣，西面及北面爲山地，東面及南面爲平原。但秦漢時

〔註48〕《史記》卷129《貨殖列傳》。
〔註49〕《史記》卷129《貨殖列傳》。
〔註50〕〔漢〕桓寬：《鹽鐵論》卷1《通有第三》。
〔註51〕周振鶴：《西漢縣城特殊職能探討》，《歷史地理研究》第1輯，復旦大學出版社，1986年。第94頁。
〔註52〕〔東漢〕王符《潛夫論‧浮侈第十二》。
〔註53〕《三國志》卷30《魏書‧鮮卑傳》。

期由於平原地勢窪下，河流縱橫，沼澤遍佈，可耕之田並不多，故《史記》稱「燕土墝埆」〔註54〕，這嚴重制約了京津地區的農業經濟發展。也正因為如此，京津地區缺乏經濟上的獨立性，況且作為北方的邊防重地，軍隊屯集，糧食不能自給，對外界依賴程度很大。東漢初年，漁陽以東即稱「貢稅微薄，……安平之時，尚資內郡。」〔註55〕東漢時幽州主要依靠青州、冀州等地來接濟，「舊幽部應接荒外，資費甚廣，歲常割青、冀賦調二億有餘，以給足之。」〔註56〕雖然農業經濟落後，但是京津地區有豐富的鹽鐵資源，這對社會經濟有巨大的支撐作用。東漢初彭寵之亂，就是憑藉鹽鐵之利作為經濟支撐的，「是時北州破散，而漁陽差完，有舊鹽鐵官，寵轉以貿穀，積珍寶，益富強。」〔註57〕東漢末年，幽州與外界隔絕，幽州牧劉虞一邊勸督農桑，一邊「開上谷胡市之利，通漁陽鹽鐵之饒」〔註58〕，保證了幽州一帶人民生活富足和地方平安。漢代對於鹽鐵的管理也格外關注，實行官營，「凡郡縣出鹽多者置鹽官，主鹽稅。出鐵多者置鐵官，主鼓鑄。」〔註59〕漢代京津地區沿海地帶製鹽業發達，故沿海產鹽地帶的城市設置有鹽官。漁陽郡「泉州，有鹽官」，渤海郡「章武，有鹽官。」〔註60〕另涿郡亦設有鐵官，根據《後漢書·和帝紀》記載：「復置涿郡故安鐵官。」〔註61〕據此推測，西漢涿郡故安縣設有鐵官。在北京市清河鎮朱房鄉發現一座漢代古城遺址，經考察屬西漢早期，城中發現冶煉遺址，採集到鐵器40餘件，包括樓足、鋤、钁、鏟等農具，均為鑄件〔註62〕，這說明當時的冶鐵業是比較發達的。由於鹽鐵的生產規模大，必然造成鹽鐵官所在縣城的經濟比較繁榮，從事鹽鐵生產的城市人口增加。設鐵官的郡縣經濟地位要比一般縣城高得多〔註63〕。鹽鐵官的級別很高，「隨事廣狹置令、長、丞，秩次皆如縣、道」〔註64〕，也從側面反映了

〔註54〕《史記》卷63《三王世家·諸先生補述》。
〔註55〕《後漢書》卷26《伏湛列傳》。
〔註56〕《後漢書》卷73《劉虞傳》。
〔註57〕《後漢書》卷12《彭寵傳》。
〔註58〕《後漢書》卷73《劉虞傳》。
〔註59〕《後漢書》志28《百官五》。
〔註60〕《漢書》卷28上《地理志》。
〔註61〕《後漢書》卷4《和帝紀》。
〔註62〕蘇天鈞：《十年來北京市所發現的重要古代墓葬和遺址》，《考古》1959年第3期。
〔註63〕周振鶴：《西漢縣城特殊職能探討》，《歷史地理研究》第1輯，復旦大學出版社，1986年。第96頁。
〔註64〕《後漢書》志第28《百官五》。

設置鹽鐵縣城的特殊性。

第四節　以山前地帶城市活躍發展為主的空間演變特徵

一、秦至北朝時期京津地區城市的空間分佈特徵

1、水陸交通格局與區域城市體系的空間分佈

　　京津地區地處中原、東北地區和蒙古高原的樞紐地帶，這是理解區域城市體系分佈格局的關鍵，而自古以來形成的通往三大地理單元的交通路線對該地區城市的分佈起到了決定性的作用。漢代區域城市體系地域空間分佈主要沿溝通中原地區、蒙古高原和東北地區的交通線路分佈。西漢時京津地區所有的城市以薊城為中心，沿著通往四方的道路上分佈。在向南沿太行山東麓通往中原的交通路線上分佈著范陽、固安、涿縣、西鄉、良鄉、廣陽、陰鄉等城市，形成一條西南向呈線形分佈的城市帶。在經古北口通向東北的交通路線上，分佈著安樂、狐奴、漁陽、獷平、傂奚等城市，形成一條東北向呈線形分佈的城市帶；在經居庸關通向西北蒙古高原的交通線路上，分佈著昌平、軍都等城市，形成西北向城市帶。在薊城往東沿燕山南麓這條交通路線上分佈著路縣、無終、土垠、徐無等城市，形成一條正東向城市分佈帶。這樣，就形成以薊城為中心，形成通往中原的西南向城市帶、通往東北平原的東北向城市帶、通往灤河下游的正東向城市帶，以及通往蒙古高原的西北向城市帶，從而塑造了京津地區城市體系的放射狀空間分佈格局。

　　自古以來形成的通達的陸路交通條件確定了西漢至北朝時期京津地區城市的空間分佈骨架。而東漢末期京津地區東南部水路條件的改善又為區域城市的進一步發展奠定了堅實的基礎。東漢末年，曹操為了北上討伐烏桓，輸送軍糧，遂鑿通平虜渠與泉州渠，「太祖患軍糧難致，（董）昭建策鑿渠自滹沱入泒水，名曰平虜渠；又從泃河口鑿入潞河名曰泉州渠，入海通運。」〔註65〕同時，自幽州雍奴縣閻關口引鮑丘水（潮河）東出，與泃河俱導而東通入濡水（今灤河）入海，是為遼西新河。這三條運河將幽州與曹魏都城鄴城所在的冀州連結起來。曹操擊破烏桓之後，又於建安十八年（213 年），「鑿

〔註65〕《三國志》卷 14《魏書·董昭傳》。

渠引漳水入白溝，以通河（黃河）」〔註66〕，此為利漕渠。同時又引滹沱河南入漳水，修成白馬渠或稱白馬河〔註67〕。利漕渠和白馬渠的開鑿將鄴城與中原聯繫起來，形成以鄴城為中心，北達幽州，南至中原的水上交通路線。曹操討伐烏桓開鑿的泉州渠、平虜渠不僅提高了幽州與中原地區的經濟文化聯繫，而且改變了華北地區的水系格局。運河的開鑿使河北平原上的幾條大河流相互聯通起來，而此時陸地岸線又向渤海伸展，合流以後的河道向東並流入海，至此海河水系得以初步形成。海河水系的形成，為京津地區東部地勢低窪地區的城市的活躍發展階段奠定了基礎。

圖 3-4　漢末京津地區水系格局與海河水系的形成

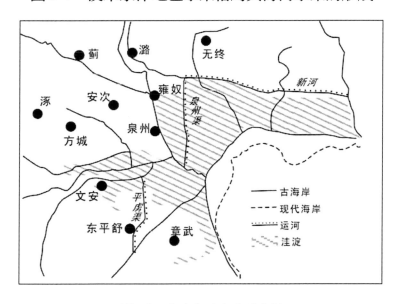

（據《天津城市歷史地圖集》）

二、秦至北朝時期京津地區城市體系的空間演變特徵

1、山前地帶城市的發展

地形地貌對城市分佈有很大的影響，秦至北朝時期，京津地區東南部地帶地勢低窪，湖澤廣布，人煙稀少，而靠近太行山和燕山的山麓地帶，地勢高亢，土壤肥沃，非常適合居住和生存，因此這一地帶的聚落分佈十分密集，

〔註66〕《三國志》卷1《魏書·武帝紀》。
〔註67〕《水經注》卷10《濁漳水注》。

絕大部分城市分佈在山麓地帶。西漢時山前地帶的城市有 18 個；東漢時山前地帶的城市有 14 個；魏晉時期山前地帶的城市有 9 個。秦漢至北朝時期，京津地區城市數量逐漸減少，尤其山前地帶的城市減少最爲劇烈，其中又以山前地帶北部的城市減少最多，薊城至潞縣一線以北由 10 個減少爲 3 個，以南則由 6 個減少到 4 個。

2、近海地帶城鎮的發展

隨著社會生產力的發展，漢代的京津地區出現了與以往不同的景象，原本荒無人煙的薊城東部平原地帶開始出現城市。漢代薊城東南地帶儘管地勢低下，河流縱橫，但在沖積平原上一些地勢較高的地方適宜農業開發以及瀕海地帶鹽業生產的需要，聚集了一定數量的人口，因而漢王朝在這裏設置郡縣，建造城市。在薊城東南的海拔 5 米到海拔 20 米平原地帶，分佈著安次、泉州、雍奴、路縣、文安等城市，說明這裏已經得到初步的開發。西漢時近海地帶的城市有 10 個；東漢至魏晉時期，近海地帶的城市有 6 個。

3、瀕海地帶城鎮的出現

西漢時，渤海海岸線向內陸深入很遠，京津地區 5 米等高線以下的瀕海地帶盡爲水鄉，但是隨著社會經濟的發展，西漢時天津海口一帶得到了一定程度的開發。西漢末期渤海地區經歷了一次海浸事件。《漢書·元帝紀》記載公元前 47 年，渤海水大溢，「一年中地再動，北海水溢，流殺人民。」〔註68〕《漢書·溝洫志》也記載說：「往者天嘗連雨東北風，海水溢，東南出浸數百里，九河之地已爲海所漸焉。」〔註69〕今天北抵寶坻、西達武清，南至靜海，東至寧河的四米等高線以下地區大部被海水淹沒，成爲一片澤國。根據考古發掘，天津一帶有四條古海岸貝殼堤，其中第 III 道貝殼堤位於天津東南的小王莊一帶，這裏發掘到大量戰國和秦漢時代的古墓。在第 III 道貝殼堤東南的第 II 道堤上，發現有戰國、西漢早期及唐宋文化遺址〔註70〕。西漢晚期至北朝時期的文化遺存的缺失，估計就是這次海侵給瀕海地帶帶來的巨大影響。因此，西漢至北朝時期瀕海地帶基本上荒無人煙，區域開發程度很低，城市建設無從談起。

〔註68〕《漢書》卷 9《元帝紀》。

〔註69〕《漢書》卷 29《溝洫志》。

〔註70〕王穎：《渤海灣西部貝殼堤與古海岸問題》，《南京大學學報》（自然科學版）1964 年第 3 期。

從空間分佈來看，秦至北朝時期，雖然京津地區城市數量基本上呈現出不斷減少的趨勢，但在該時段絕大部分時間裏，山前地帶的城市在數量上一直佔優勢地位，近海地帶的城市數量一直少於山前地帶，而瀕海地帶則沒有建制城市存在。因此這一時期，京津地區的城市呈現出西多東少的不均衡空間分佈格局。具體來說，兩漢漢時期，山前地帶城市分佈密度一直較高，而北魏時近海地帶城市分佈密度略高於山前地帶，反映了近海地帶城市的增加和區域城市在空間分佈上的均衡發展的趨勢。

表 3-7　西漢、東漢、北魏各時期京津地區城市分佈情況

時代	山 前 地 帶*			近 海 地 帶			瀕 海 地 帶		
	數量 個	面積 萬 km²	密度 個/千 km²	數量 個	面積 萬 km²	密度 個/千 km²	數量 個	面積 萬 km²	密度 個/千 km²
西漢	18	0.89	2.02	8	0.93	0.86	0	0.20	0
東漢	14	0.89	1.57	6	1.37	0.44	0	0.55	0
北魏	9	0.89	1.01	6	1.37	0.44	0	0.70	0

*注：山前地帶按照城市所在的有效面積計算

圖 3-5　秦至北朝時期京津地區各階段（西漢、東漢、北魏）
　　　　城市體系的空間演變

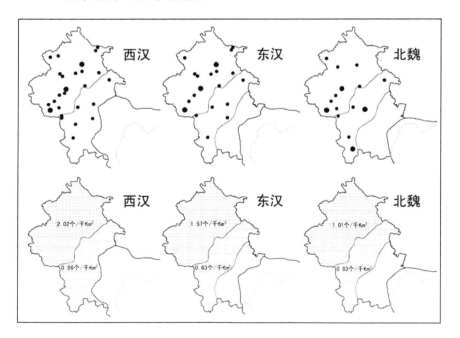

第四章 隋至金時期京津地區 城市體系的發展演變

　　隋唐以後，中國社會政治經濟格局發生了重大改變。首先，中原王朝與東北民族的政治交往融合與矛盾鬥爭成爲國家社會生活的主要內容，京津地區因處於雙方對峙與交往的前沿，其政治軍事上的戰略地位日益重要，這是推動區域城市體系發生重大變化的外部因素。其次，隋代南北大運河的修建使京津地區與中原地區的經濟文化聯繫更加密切，這是促進區域城市體系進一步發展的經濟動因。此後，京津地區的城市走出了社會持續動蕩不安的陰影，在社會經濟復興的基礎上，區域城市體系也迎來了一個全面發展的新時代。

第一節　中心城市的極化式發展：從邊疆重鎮到王朝都城

一、京津地區中心城市地位的不斷提升

1、從區域政治中心到國家政治中心

　　隋唐時期中原王朝國勢強大，幽州成爲經略東北的軍事重地，薊城的軍事、政治職能大大加強。唐初，在「緣邊鎮守及襟帶之地，置總管府，以統軍戎」〔註1〕，幽州是五大總管府之一，成爲鎮御一方的政治與軍事指揮中心。

〔註1〕《舊唐書》卷 38《地理志》。

開元年間，幽州轄區不斷擴大，其所領州縣擴充到整個河北道，薊城是整個河北地區的軍政中心，「夫幽州、太原，襟帶之地。自河以北，幽州制之；自河以東，太原制之。」〔註2〕幽州薊城不僅是幽州地區的中心城市，也是各個時期總督府、大總管府、都督府及大都督府的駐地。藩鎮割據以及五代時期，幽州城一直是區域政治、軍事中心。936年，京津地區開始納入契丹的版圖。鑒於幽州地位的重要性，遼升幽州爲南京。自此，幽州薊城由隋唐時期重要的政治、軍事重鎮上升爲遼王朝的陪都，成爲京津地區政治、經濟、軍事中心。金初，燕京爲金五京之一。1149年，爲鞏固統治以及適應金朝政治中心南移的需要，海陵王決定遷都燕京。事實上，隨著金王朝疆域的擴大，幽州地區成了金王朝的幾何中心，加上幽州地區處於東北和中原兩大地理單元的交彙地帶，控扼南北，地理形勢極爲險要，金人也指出：「燕都地處雄要，北倚山險，南壓區夏，若坐堂隍，俯視庭宇，本地所生，人馬勇勁，亡遼雖小，止以得燕故能控制南北，坐致宋幣。」〔註3〕正是由於燕京優越的地理位置，以及客觀形勢的發展，金王朝遷都成爲勢所必然。貞元元年（1153年），海陵帝正式遷都燕京，並改燕京爲中都，城市政治地位進一步提高。海陵王遷都之舉順應了歷史發展潮流，使中都成爲北半個中國的政治中心，爲中都進一步發展成爲統一國家的都城奠定了基礎。

2、作爲地方的行政中心

隋唐時，京津地區有薊城、漁陽、密雲三個州級城市，薊城是幽州的治所。遼金時期，燕京不僅僅是國家的行政中心，也是京津地區的地方行政中心。遼太宗時升幽州爲南京〔註4〕，建爲陪都，並設南京道幽都府，改薊縣爲薊北縣。遼聖宗開泰元年（1012年），將南京幽都府改稱析津府。並改薊北縣爲析津縣，幽都縣爲宛平縣。遼代京津地區拒馬河以北部分屬於南京道析津府管轄，南京也是南京道和析津府的治所所在地，同時析津與宛平兩附郭縣的治所也在南京城內。金天輔六年（1122年），金攻克燕京。次年，北宋以歲幣贖回燕京，改析津府爲燕山府。天會三年（1125年）金攻取燕山府，改爲燕京析津府，置燕京路領之。海陵王遷都後，改燕京爲中都，燕京路爲中都路，並將析津府改爲大興府，次年改析津縣爲大興縣。京津地區屬於金中都

〔註2〕 〔唐〕孫逖：《伯樂川記》，《全唐文》卷312。
〔註3〕 《金史》卷96《梁襄傳》。
〔註4〕 《遼史》卷4《太宗紀下》。

路轄區的一部分，中都路、大興府和大興、宛平兩附郭縣的治所都設在中都城。可見、隋至金時期，燕京城一直是京津地區的地方行政中心。隋至金時期，幽州薊城從隋唐重要軍鎮上升爲區域政治中心（遼南京），再到北中國政治中心（金中都），呈現出極化式發展趨勢。作爲政治中心，燕京城集中了各級政府機構，此外，燕京還是地方行政中心。從中央的中書省、樞密院、御史臺、皇族的各種御用機構，到地方的路、府、州、縣等各級官府，均十分完備。因此，燕京作爲京津地區中心城市，是國家與地方多層次行政中心的疊加。

二、城市人口規模的持續增長

隋唐時期，幽州薊城已經發展成爲京津地區重要的軍鎮，無論在行政層級上，還是在人口規模上都成爲區域內首屈一指的大都會。唐代沒有關於幽州薊城人口的確切資料。但是，根據宋代使臣路振《乘軺錄》記載，遼南京城沿用唐代的幽州城，城中有二十六坊。唐制，「兩京及州縣之廓內分爲坊，郊外爲村、里及村坊，皆有正。」〔註5〕坊方圓約4里，坊內居民約五百家。若按唐代人口極盛時計算，幽州城內 26 坊共有居民 1.3 萬戶，6.5 萬人〔註6〕。若加上 3 萬經略軍及其家屬，幽州城市人口當在 10 萬人以上。遼代，隨著南京城市地位的提高，城市人口也在唐代的基礎上有所增加。自遼初會同元年（938 年），南京城市戶口約爲 0.5 萬戶，2.2 萬人。隨著人口的遷入以及社會經濟的恢復，南京城市人口逐漸增加，至天慶初年，南京人口達到了極盛，天慶三年（1113 年）南京城市居民總計 2.5 萬戶，15.8 萬人〔註7〕。

金天會三年（1125 年），燕京城市戶口約爲 1.7 萬戶，8.2 萬人。金王朝遷都燕京後，金政府採取各種措施遷民充實中都地區。自金太宗至世宗時期，遷入中都地區的人口累計約 4 萬戶，30 萬人〔註8〕，其中遷入中都城市者約 15 萬人〔註9〕。金泰和七年（1207 年）中都城市總人口達到 40 萬人左右〔註10〕。

〔註5〕　《唐六典》卷3《戶部》。
〔註6〕　韓光輝：《幽燕都會》（北京歷史叢書），北京出版社，2000 年。第 137～140 頁。
〔註7〕　韓光輝：《北京歷史人口地理》，北京大學出版社，1996 年。第 55～58 頁。
〔註8〕　韓光輝：《北京歷史人口地理》，北京大學出版社，1996 年。第 242 頁。
〔註9〕　韓光輝：《北京歷史人口地理》，北京大學出版社，1996 年。第 148 頁。
〔註10〕　韓光輝：《北京歷史人口地理》，北京大學出版社，1996 年。第 67 頁。

隋至金時期，京津地區中心城市人口呈現出階段性增長過程。總的說來，隨著中心城市地位的不斷提高，城市人口規模也越來越龐大。

三、城市管理機構的強化與發展

隨著城市的發展，城市管理也有了新的變化。781 年，唐政府在幽州城置幽都縣，「管郭下西界，與薊分理」〔註11〕，幽州城出現了雙附郭縣的設置，這是幽州城市人口規模擴大的直接反映。遼初南京城沿襲唐代制度，分別歸屬析津、宛平兩個附郭縣管轄。遼代中後期，南京設置警巡院，進一步加強了對城市治安和戶口的管理，但此時警巡院尚未形成獨立的市政建制〔註12〕。到了金代，海陵帝遷都燕京，恢復警巡院制度，稱中都警巡院。此後隨著中都城市人口的增加，事務繁劇，至大定八年（1169 年），又增設了一個警巡院，稱中都左、右警巡院〔註13〕。金代中都城市警巡院市政建制的地位和職能已經確立，成為與大興、宛平兩縣平行的獨立市政單位。

從唐代幽州設置雙附郭縣開始，遼在雙附郭縣基礎上另置南京警巡院，至金代增置中都左、右兩個警巡院，這一過程與區域中心城市人口規模擴大的過程相一致。這進一步說明，隋至金時期，京津地區中心城市市政建置的出現與發展是和這一時期城市地位的不斷提高、城市人口的大幅度增長而迫切需要對城市單獨管理密切相關〔註14〕。

四、城垣建設規模的不斷擴展

隋唐時代，幽州薊城是一座城防堅固的大城。根據記載，唐代幽州城的城垣規模宏大，呈長方形，南北略長，方圓約 24 里（今里）。遼代沒有對南京城進行擴建，基本沿襲了唐代幽州城的格局，採用方形形制，實行大城與皇城雙重結構，布局規整。金代最初立都上京，海陵王即位後即遷都燕京。天德三年，海陵帝命戶部尚書張浩增廣燕京城，營建宮室。經過三年建設，新都建成。天德五年，海陵帝定都燕京，改元貞元，並改燕京為中都。據記載，金中都仿照北宋汴京之規制，在遼南京城基礎上擴建。城凡三重，外城

〔註11〕 《舊唐書》卷 39《地理志》。
〔註12〕 韓光輝：《北京歷史人口地理》，北京大學出版社，1996 年。第 55 頁。
〔註13〕 《金史》卷 97《張大節傳》。
〔註14〕 尹鈞科等著：《古代北京城市管理》，同心出版社，2002 年。第 142 頁。

東、西、南三面各擴展 3 里。周 37 里，呈方形。每面三門。《大金國志》載，內城凡 9 里 30 步，今考約 5000 米，數目基本相符。內城分兩重，皇城內爲宮城。金中都城西城牆分佈在今馬連道倉庫、蠍子門、高樓村、鳳凰嘴村一帶，南城牆在鳳凰嘴村有三十餘米的土城遺址，東城牆在四通路以北，北城牆在白雲觀附近〔註 15〕。燕京城市地位在遼代的陪都基礎上繼續上升，成爲中央政府的所在地。從此，燕京確立了其作爲首都的地位，城市性質發生了重大變化，這對燕京城市的發展產生了重大影響。

　　總之，經過隋至金的發展，燕京城市政治地位的不斷提高，城市功能日趨強化，城垣規模也不斷擴大，這從物質層面反映了區域中心城市極化發展的趨勢。

五、城市職能的擴展與強化

1、經濟職能的擴大與全國經濟中心的形成

　　隋初，爲了漕運便利和東伐高麗的需要，隋煬帝修建了「南達於河，北通涿郡」〔註 16〕的永濟渠，與通濟渠、江南運河相聯通。南北運河的修建客觀上卻推動了南北經濟文化的交流，隋末時大運河已經是「商旅往來，船乘不絕」〔註 17〕，唐代大運河的作用更加顯著，「北通涿郡之漁商，南運江都之轉輸。」〔註 18〕大運河的開鑿將涿郡所在的幽燕地區與中原地區和日漸富庶的江淮地區連接起來，形成一條重要的溝通南北的經濟紐帶，密切了中原與幽州地區的政治經濟聯繫，刺激了薊城經濟職能的提高，爲薊城城市地位的不斷提升奠定了堅實的物質基礎。隋唐時期，幽州城市經濟十分繁榮。大運河的開鑿使全國各地的貨物能夠順利運抵薊城，同時幽州地接蒙古與東北，各種畜牧產品也能夠彙集於此，成爲重要的邊地貿易市場。遼代，京津地區所在的南京道是農業最爲發達的地區，因而南京城在遼五京之中，最爲富庶，是一個經濟繁榮的都會。

　　中都是金王朝的商業中心城市，四方商賈往來中都，天下百貨聚集於此，商業繁華。金初，燕京商業十分興旺，宋使許亢宗記載燕京「城北有市，

〔註15〕北京市文物研究所：《北京考古四十年》，北京燕山出版社，1990 年。第 160～162 頁。
〔註16〕《隋書》卷 3《煬帝紀上》。
〔註17〕《舊唐書》卷 67《李勣傳》。
〔註18〕〔唐〕皮日休：《汴河銘》，《皮子文藪》卷 4。

陸海百貨聚於其中。」〔註19〕中都建立後，金王朝中央統治機構遷至燕京，城內聚集了大批的皇室貴族、文武官員以及家屬隨從等大量的消費性人口，進一步促進了大都城市的商業發展。大定二十年，金朝定稅法：「金銀百分取一，諸物百分取三」，稅率較前朝大爲降低，並且金朝對於擾商行爲一律禁止。中都的商業日益發達，這可以在商稅中得到反映，如中都稅使司大定時歲獲 16.444 萬貫，承安元年（1196 年）歲獲 21.4579 萬貫〔註20〕。中都人口眾多，對糧食的需求很大，唐代幽州就因城市人口多而出現許多糧食行業。金中都人口遠遠多於唐時期，糧食貿易更加活躍，如明昌三年（1192 年）中都路糧食歉收，大量糧食被運至中都，使糧價降低，「以商旅運販繼至故也。」〔註21〕

2、從地區性文化中心到全國文化中心

隋唐以來，幽燕地區城市的文化職能普遍提高。入遼後，這種情況大爲改觀，隨著燕京成爲遼的陪都，燕京的文化職能大大加強了。具有政治經驗的官吏和經濟管理人才大量湧現，改變了過去「多豪俠」的狀況〔註22〕。且遼統治者接受儒家學說，遼太宗時在南京置太學〔註23〕，專門爲國家培養人才。南京城書肆業發達，早在五代時，阿保機長子耶律倍性好讀書，慕華風，曾經「令人賫金寶私入幽州市書，載以自隨，凡數萬卷。」〔註24〕幽州成爲遼陪都後，文化事業進一步發展。燕京的印刷業很發達，遼在此大量刻印經藏和儒家經典，大大促進了書肆行業。南京是北方的佛教中心，「僧居佛寺，冠於北方」〔註25〕，據研究，遼末南京城內的僧尼人口就達到 1.5 萬人左右〔註26〕。

金中都是金王朝的文化中心。金代實行科舉制度選拔人才，中都設有全國及地方各級學校，爲金王朝培養人才。如中都設有管理學校的機構國子監，直屬於國子監的學校有：國子學、太學、女眞國子學、女眞太學。大興府還設有地方學校大興府府學和大興府女眞府學。中都還有專門學校，如司天臺

〔註19〕〔宋〕許亢宗：《宣和乙巳奉使行程錄》。
〔註20〕《金史》卷 49《食貨志四》。
〔註21〕《金史》卷 50《食貨志三》。
〔註22〕曹子西主編：《北京通史》第三卷，中國書店，1994 年。第 147 頁。
〔註23〕《遼史》卷 48《百官志四》。
〔註24〕〔宋〕葉隆禮：《契丹國志》卷 14《東丹王傳》。
〔註25〕〔宋〕葉隆禮：《契丹國志》卷 22《州縣載記》。
〔註26〕韓光輝：《北京歷史人口地理》，北京大學出版社，1996 年。第 58 頁。

承擔培養天文人才的職責,「凡司天臺學生,女直二十六人,漢人五十人,聽官民家年十五歲以上,三十歲以下試補。」〔註27〕金中都還是宗教中心,金代佛教不如遼時興盛,但是佛教也受到統治者的尊重,金世宗、章宗時寺院經濟有所發展,中都城中有許多佛寺建築。道教在金朝也受到統治者的重視,「金國尊崇道教,與釋教同。自奄有中州之後,燕南燕北皆有之」〔註28〕,中都城內外有很多著名道觀,如天長觀、玉虛觀等。

　　隋至金時期是中國民族融合的重要歷史時期。作為多元文化交匯點的京津地區聚集了來自各地的多種民族,各民族之間的文化交流極其頻繁,因而區域中心城市燕京自然首當其衝地承擔起文化中心的職能,並且隨著王朝疆域的擴大而日益強化。

第二節　州（郡）縣城市的持續發展與等級規模變化

一、隋唐時期京津地區州（郡）縣城市的恢復性發展

1、隋代京津地區城市的發展

　　隋初,鑒於「當今郡縣,倍多於古,或地無百里,數縣並置;或戶不滿千,二郡分領。具僚以眾,資費日多;吏卒人倍,租調歲減」,「民少官多,十羊九牧」的郡縣濫置狀況,隋文帝採取楊尚希「存要去閑,並小為大」〔註29〕的建議,罷天下諸郡,實行州縣兩級制,京津地區的城市也因政區調整出現新的變化。根據《隋書·地理志》記載,原燕郡之薊、良鄉、安次仍屬幽州;范陽郡廢後,以涿縣屬幽州;漁陽郡廢後,以潞、雍奴二縣屬幽州;原平昌郡廢後,以昌平縣屬幽州,並降原平昌郡萬年縣併入昌平縣。開皇六年（586年）,徙玄州治無終,原屬漁陽郡之潞、雍奴、無終三縣改隸玄州;而於原玄州地置檀州,仍領密雲、燕樂二縣。河間郡、章武郡並廢。隋省並郡縣,簡化地方行政機構、節省開支、整頓吏治、考覈治績、輕繇薄賦、檢括戶口等措施,推動了農業、手工業和商業的發展,出現了豐盈景象,「中外倉庫,無不盈積」〔註30〕,同時社會保持安定局面,「君子咸樂其生,小人各安其業」,

〔註27〕《金史》卷51《選舉志》。
〔註28〕《大金國志》卷36《道教》。
〔註29〕《隋書》卷46《楊尚希傳》。
〔註30〕《隋書》卷26《食貨志》。

「人物殷阜，朝野歡娛，二十年間，天下無事，區宇之內晏如也。」〔註31〕
此時，幽州邊地安寧，社會穩定，經濟日趨繁榮，京津地區的城市也出現了
短暫的興盛局面。

　　隋煬帝大業三年（607 年），罷州改郡，幽州改稱涿郡，玄州改稱漁陽
郡，檀州改稱安樂郡。漁陽郡領無終一縣，潞、雍奴改隸涿郡。新置固安縣
隸涿郡，又廢燕州，以所領懷戎縣隸涿郡。同時復置河間郡，其所領文安、
平舒兩縣在研究區範圍內。隋煬帝為征遼東，開挖了「南達於河，北通涿郡」
的永濟渠。據考證，永濟渠經文安、永清、安次一線，為保證運渠暢通，隋
朝還在運河沿線設置了豐利、通澤二縣。大業七年，隋煬帝征遼東，途徑於
京津地區南部的文安縣，以其地處衝要之區，於是「當三河合流之處，割文
安、平館、三邑戶於河口置豐利縣。」〔註32〕同年，又在今永清境內置通
澤縣，但不久即廢。《讀史方輿紀要》記載，「通澤廢縣在縣西五里，隋大業
七年置，屬涿郡，尋廢。」〔註33〕故煬帝之世京津地區分屬涿郡、漁陽郡、
安樂郡、河間郡管轄，其中涿郡所領薊、良鄉、安次、涿、固安、雍奴、昌
平、潞 8 縣的治所，安樂郡所領密雲、燕樂 2 縣的治所，漁陽郡所領無終 1
縣的治所，河間郡所領平舒、文安、豐利 3 縣的治所均位於京津地區。由於
涿郡與附郭縣薊、漁陽郡與附郭縣無終、安樂郡與附郭縣安樂均治一城，因
此，京津地區建制城市有州級城市 3 個，縣級城市 11 個，區域城市總數為
14 個。

表 4-1　隋代京津地區城市體系等級規模

等級	行 政 區	數量	%	城　　　市　　　名
I	郡級城市	3	21.43	薊、漁陽、安樂
II	縣級城市	11	78.57	良鄉、安次、涿、固安、雍奴、昌平、潞、密雲、平舒、文安、豐利
	合計	14	100	

注：郡縣建制自大業三年（公元 607 年）以後──隋末。

資料來源：《隋書·地理志》

〔註31〕　《隋書》卷 2《高祖紀》。
〔註32〕　〔宋〕樂史：《太平寰宇記》卷 68《河北道十七》。
〔註33〕　〔清〕顧祖禹：《讀史方輿紀要》卷 11《直隸二·永清縣》。

圖 4-1　隋代京津地區的城市體系

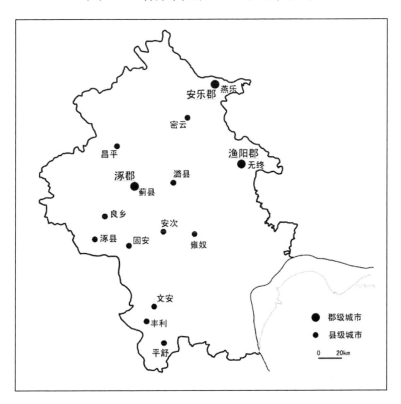

早在煬帝發動征遼戰役之前，河北、山東等地連年災荒。隋煬帝棄民生於不顧，一意孤行，發動征遼之役，「六軍不息，百役繁興，行者不歸，居者失業，人饑相食，邑落爲墟。」〔註34〕隋朝的殘暴統治激起了人民的強烈反抗，各地農民揭竿而起，隋朝政權頓時陷於土崩瓦解的境地。在隋末的戰亂中，京津地區的城邑曾受到戰亂的破壞，影響了區域城市的正常發展進程。而薊城卻在羅藝鎮守下保持了穩定發展，「涿郡物殷阜，加有伐遼器仗，倉粟盈積。又臨朔宮中多珍產，屯兵數萬，而諸賊競來侵略，……（羅）藝獨出戰，前後破賊不可勝計。」〔註35〕

2、唐中前期京津地區的城市的恢復發展

唐武德元年（618 年），羅藝奉表歸唐。與此同時，上谷、漁陽、柳城、北平諸郡也都歸附唐朝。隋末唐初繁重賦役和戰爭對社會經濟造成極大的影

〔註34〕《隋書》卷 4《煬帝傳》。
〔註35〕《舊唐書》卷 56《羅藝傳》。

響，「黃河以北，則千里無煙」〔註36〕，「人饑相食，邑落爲空」〔註37〕，京津地區的城市十分蕭條。唐初進行行政調整，罷郡置州，以州領縣。武德元年（618年），改涿郡爲幽州。武德二年（619年），唐王朝對幽州及周邊地區進行了一次大的行政調整。先是，安樂郡在武德元年，改爲檀州，治密雲，領密雲、燕樂二縣。武德二年，「自無終徙漁陽郡於此，置玄州」〔註38〕，漁陽改屬玄州，又分置無終縣〔註39〕，從潞縣分置臨沟縣，「玄州領潞、臨沟、漁陽、無終四縣。」〔註40〕武德四年（621年）復分固安縣屬北義州。唐太宗貞觀元年（627年），廢玄州和北義州，將玄州漁陽縣、潞縣和北義州之固安縣劃歸幽州管轄，廢北義州歸義縣和玄州及所屬臨沟縣和無終縣。貞觀二年，「以豐利、文安二縣相逼，遂廢文安城，移文安民就豐利城，即今理也。」〔註41〕貞觀元年（627年），唐太宗根據山河形便，分天下爲十道，幽州都督府隸河北道。貞觀時期道的設置主要是爲了加強封建王朝對地方的監察，屬於監察區的性質，還不是地方一級政區。

唐初推行一系列恢復社會經濟的政策措施，如均田制和租庸調法，保護個體自耕農經濟的發展；部分放免部曲、奴婢、裁汰僧尼，解放社會生產力；招撫流移，安置歸附，廣置屯田，鼓勵耕墾，推動勞動力和土地結合；整頓吏治，勸課農桑，興修水利，蠲租賑災，減輕農民負擔，提高生產積極性。經過休養生息，社會經濟得到恢復和發展。貞觀時期，社會穩定，經濟繁榮，當時「天下大稔，流散者咸歸鄉里，斗米不過三四錢，……東至於海，南極五嶺，皆外戶不閉，行旅不齎糧，取給於道路。」〔註42〕貞觀13年，幽州地區人口恢復到24514戶，約占隋大業五年時的四分之一。開元年間，幽州社會經濟十分繁榮，「耕者益力，四海之內，高山絕壑，耒耜亦滿，人家糧儲，皆及數歲，太倉委積，陳腐不可較量。」〔註43〕京津地區社會經濟也出現繁榮局面，開元時張說任幽州都督，興鼓鑄之利，通林麓之財，頒質馬之政，循平糴之法，「物有其官，官贍其事，如川之至，以莫不增，一年而財用蕭給，

〔註36〕《隋書》卷70《楊玄感傳》。
〔註37〕《隋書》卷4《煬帝紀》。
〔註38〕《新唐書》卷39《地理志》。
〔註39〕《舊唐書》卷39《地理志》。
〔註40〕《舊唐書》卷39《地理志》。
〔註41〕〔宋〕樂史：《太平寰宇記》卷68《河北道十七》。
〔註42〕《資治通鑒》卷193，唐紀九太宗貞觀二年。
〔註43〕〔唐〕元結：《元次山集》卷38《問進士第三》。

二年而蓄聚饒羨，軍聲武備，百倍於往時矣。」〔註44〕據《新唐書・地理志》，
從唐初到天寶年的百年時間裏，幽州地區的人口增長很快，幽州人口數增長
近四倍，檀州人口增長達四倍多。

表 4-2　幽州、檀州貞觀至天寶年間人口增長

	貞觀十三年（639年）		天寶元年（742年）		增長百分比	
	戶	口	戶	口	戶（%）	口（%）
幽州*	21698	102079	72559	399833	334.4	391.7
檀州	1737	6468	6064	30246	349.1	467.6
合計	23435	108547	78623	430079	335.5	396.2

*註：幽州戶口數包括薊州戶口數。開元十八年，分幽州漁陽、玉田、三河三縣置薊州。
　　據《新唐書・地理志》天寶間幽州戶 67243，口 371312；薊州戶 5317，口 28521。

隨著經濟的增長和人口的增加，行政管理也益加繁劇，由此導致幽州地
區郡縣增置。武則天長壽元年（692年），分安次縣置武隆縣，後改會昌縣，
天寶元年（742年）改名永清縣，隸幽州。開元四年（716年）析潞縣置三河
縣，隸幽州。天寶元年（742年）分薊縣置廣平縣，三載復廢，至德後復分置。
此外，開元十八年（730年），「割漁陽、玉田、三河置薊州。」〔註45〕

開元二十一年（733年），唐玄宗在貞觀十道的基礎上，把全國劃分為十
五道，每道設置採訪處置使，這時道已經成為一級政區。河北道依舊維持貞
觀時期的範圍不變，河北道採訪處置使治所設在魏州（治今河北大名縣東
北）。此前一年，幽州節度使兼任河北採訪處置使，開元二十七年幽州節度使
又增領河北海運使。這樣行政上的道和軍事上的道合二為一，道在河北成為
地方一級政區。唐玄宗開元十八年（730年），割漁陽、玉田、三河置薊州，
州治所設在漁陽，漁陽城市地位提升，由縣級城市上升為州級城市。玄宗天
寶元年（742年）「詔天下諸州改為郡」〔註46〕，幽州改稱范陽郡，薊州改稱
漁陽郡，檀州改稱密雲郡，瀛州改為河間郡，莫州改為文安郡，滄州改為景
城郡，並改范陽郡雍奴縣為武清縣，會昌縣為永清縣。同年分薊縣置廣平、
武寧二縣，天寶三年並廢。至唐玄宗天寶時期，京津地區行政區劃上分屬於

〔註44〕〔唐〕孫逖：《唐故幽州都督河北節度使燕國文貞張公遺愛頌並序》，《全唐文》
　　　　卷312。
〔註45〕《舊唐書》卷39《地理志》。
〔註46〕《舊唐書》卷9《玄宗紀下》。

范陽郡、漁陽郡、密雲郡、文安郡、河間郡和景城郡，其中范陽郡所領薊、
潞、武清、永清、安次、良鄉、昌平、涿、固安 9 縣的治所，漁陽郡所領漁
陽、三河 2 縣的治所，密雲郡所領密雲、燕樂 2 縣治所，文安郡文安縣治所，
河間郡平舒縣治所均位於京津地區。由於范陽郡與附郭縣薊、漁陽郡與附郭
縣漁陽、密雲郡與附郭縣密雲均治於一城，故京津地區的建制城市有郡級城
市 3 個，縣級城市 12 個，城市總數為 15 個。

表 4-3　唐中期京津地區城市體系等級規模結構

等級	行　政　區	數量	%	城　　市　　名
II	郡級城市	3	20.0	薊、漁陽、密雲
III	縣級城市	12	80.0	潞、武清、永清、安次、良鄉、昌平、涿、固安；三河；燕樂；文安；平舒
	合計	15	100	

說明：州縣建制以唐玄宗天寶時期為準。

資料來源：《舊唐書·地理志》。

圖 4-2　唐代京津地區的城市體系

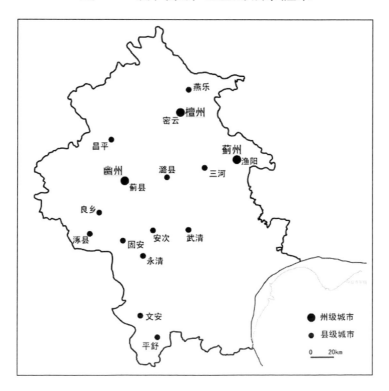

武則天時期，營州都督及所屬羈縻州縣因叛亂紛紛南遷至今河北、河南、山東一帶。中宗時令其北還，寄治於幽州境內。營州被陷以後，於神龍元年（705 年）移治幽州漁陽，領漁陽、玉田二縣。開元四年移治還柳城，八年又僑置漁陽，十一年又還治柳城。至唐玄宗天寶初年，僑置於幽州的羈縻州縣計有十九州一府。這些突厥、契丹、奚、靺鞨、室韋等羈縻州縣寄治於幽州，無所役屬，成為唐代幽州地區行政建置中的一個突出特點。這是幽州地區民族雜居、文化融合進入高潮時期的重要標誌，也是幽州在國家政治生活和民族關係中地位加速上升和影響迅速擴大的重要契機，有力地推動了幽州城市性質的轉變和城市職能的發展〔註47〕。天寶十四年（755 年），安祿山反於范陽，盡驅之南下，唐肅宗至德元年（756 年）以後入據河朔，諸羈縻州縣之名遂不復存在。

3、中唐至五代時期京津地區城市的發展

「安史之亂」後，幽州地區的形勢發生急劇逆轉，幽州大都督府最高軍政長官范陽節度使及其所兼轄河東、平盧兩節度使的軍政一體格局被打破了。在河北地區形成以魏博、成德、幽州三節度使擁兵自重的藩鎮割據局面，各地之間的經濟文化交流受到影響。為穩定和鞏固自己的統治，各藩鎮節帥均「惜其土地，必自為力」〔註48〕，極力發展轄區經濟，推動州縣與軍屯的糧食生產，因而維持了地方社會的穩定。為保存軍事實力，藩鎮節帥對外謹守防務，不挑事端，而北方少數民族也不輕易南下侵擾。幽州邊地的穩定和社會經濟的恢復自然也促進了京津地區城市的進一步發展。

藩鎮割據使唐王朝失去了對幽州地區的有效控制，幽州地區的城市也呈現出獨立發展的勢頭。唐肅宗至德（756～757 年）後，復置廣平縣，其後乾元元年（758 年），恢復各郡舊稱，改范陽郡為幽州、漁陽郡為薊州、密雲郡為檀州。幽州節度使朱希彩於唐代宗大曆四年（769 年），在幽州南部地區增置了涿州，「割幽州之范陽、歸義、固安三縣以隸涿，屬幽州都督。」〔註49〕同年，析固安置新昌縣，屬涿州。唐文宗大和六年（832 年）於涿州增設新城縣，「以故督亢地置。」〔註50〕此時京津地區分屬幽州、涿州、薊州、檀州、

〔註47〕韓光輝：《幽燕都會》，北京出版社，2000 年。第 114～115 頁。
〔註48〕《舊唐書》卷 184《楊志誠傳》。
〔註49〕《舊唐書》卷 39《地理志》。
〔註50〕《新唐書》卷 39《地理志》。

瀛州和莫州管轄，幽州所領薊、幽都、廣平、潞、武清、永清、安次、良鄉、昌平 9 縣的治所，涿州所領范陽、固安 2 縣的治所，薊州所領漁陽、三河 2 縣的治所，檀州所領密雲、燕樂 2 縣的治所，瀛州所領平舒縣的治所，莫州所領文安縣的治所均位於京津地區，其中幽州與附郭縣薊、幽都 2 縣，薊州與附郭縣漁陽，涿州與附郭縣范陽，檀州與附郭縣密雲均治一城，因此京津地區建制城市有州級城市 4 個，縣級城市 12 個，區域城市總數有 16 個。

表 4-4　唐後期京津地區城市體系等級規模結構

等級	行 政 區	數量	%	城　　市　　名
II	州級城市	4	25.0	薊、涿州、漁陽、密雲
III	縣級城市	12	75.0	廣平、潞、武清、永清、安次、良鄉、昌平；固安；三河；燕樂；文安；平舒
	合計	16	100	

資料來源：《舊唐書・地理志》、《新唐書・地理志》。

　　唐末劉仁恭據有幽州時，在幽州城之西設立玉河縣，「劉仁恭於大安山創宮觀，師煉丹羽化之術於方士王若訥，因割薊縣分置，以供給之。在京西四十里。」〔註 51〕據《北京通史》考證，薊縣在幽州東部，與玉河縣地望不相當，「割薊縣分置」應為「割幽都縣。」〔註 52〕至此，京津地區增加了 1 個縣級城市。

　　公元 907 年，宣武節度使朱全忠篡唐自立，改國號為梁。唐朝至此滅亡，中原地區進入到五代十國的分裂時期。911 年，劉守光在幽州即帝位，國號燕，以幽州為都城，這是五代幽州節鎮所建立的唯一一個政權，京津地區的城市暫時脫離中原王朝統治。後唐周德威鎮守幽州，恃勇不修邊備。契丹不斷南下，頻頻進擾中原，契丹一度圍攻幽州二百日，「自涿州至幽州百里，人迹斷絕。」〔註 53〕921 年 11 月，阿保機率大軍入居庸關，下古北口，分兵略檀、順、三河、良鄉、潞縣等十餘城，俘其民徙內地〔註 54〕；十二月「攻幽州，李紹宏嬰城自守。契丹長驅而南，圍涿州，旬日拔之。」〔註 55〕契丹的入侵

〔註 51〕　《遼史》卷 40《地理志四》。
〔註 52〕　曹子西主編：《北京通史》第三卷，中國書店，1994 年。第 30 頁。
〔註 53〕　《新五代史》卷 72《四夷附錄一》。
〔註 54〕　《遼史》卷 2《太祖本紀第二》。
〔註 55〕　《資治通鑒》卷 271，後唐紀六均王下龍德元年。

和擄掠，對京津地區社會經濟形成重大打擊，城市發展亦因此衰落。趙德均鎮守幽州，爲加強防禦，先後修建了良鄉城、潞縣城、三河城，保護糧道。同時，又新開運糧河，「自馬王口至淤口，……以通漕運。」〔註56〕趙德均修建三城，契丹南下受阻，百姓得以安居，幽州地區出現了暫時的安寧。936年，石敬瑭爲酬謝契丹援立之功，割幽雲十六州於契丹，從此京津地區的城市開始進入了一個新的發展時期。

二、遼代京津地區城市的發展演變

1、遼初京津地區城市的不穩定發展

　　幽州入遼，中原王朝失去了傳統的燕山軍事防線，東北防禦門戶洞開，中原王朝政權直接暴露在強大的北方游牧政權的威脅之下，於是收復幽雲之地成爲中原政權的首要目標。中原後周政權、北宋政權與遼在南京地區展開了長達二十多年的軍事較量，這對京津地區的城市形成一定的影響。

　　遼初，契丹以幽州爲基地屢次興兵南下，對中原社會經濟造成很大的打擊，「連年入侵，中國疲於奔命，邊民塗地，人畜多死。」〔註57〕遼穆宗統治時期，昏聵殘暴，貪圖享樂，政局極不穩定。穆宗時曾發動幾次對後周的進攻，但均遭到失敗，遼基本上處於防禦狀態。952年，南京幽、莫、瀛等州發生特大洪水，朝廷不加賑恤，邊民大量流亡，後周政權趁機招徠幽燕人口。因此在南京道出現了州縣官吏和軍事將領不斷叛逃中原的事件，結果導致南京道人口大量流失，社會經濟出現了衰退，同時軍事力量也被削弱。當遼朝處於衰退之際，中原後周政權日益強大。959年，後周向遼南京地區發動進攻，先後攻取益津、瓦橋、淤口三關，並陷瀛、莫二州〔註58〕，拒馬河以南皆爲後周所有，後周以益津關爲霸州，並割文安、大城二縣隸之。這場戰爭，後周奪取遼拒馬河以南的州城三座，縣城十七座，致使南京道的南界退到拒馬河，幅員大爲縮小。從此，南北雙方基本以拒馬河爲界對峙，一直到北宋時期。

　　960年，後周大將趙匡胤發動兵變，建立宋朝。宋初，由於忙於統一無暇北顧。故此時遼南京地區暫時獲得一段安寧。969年，遼景宗即位，因其多病，

〔註56〕《舊五代史》卷43《後唐明宗本紀》。
〔註57〕〔宋〕葉隆禮：《契丹國志》卷3《太宗皇帝下》。
〔註58〕《遼史》卷6《穆宗紀上》。

其后蕭綽實主朝政，在她的積極推動下，遼加強了對南京地區的控制並加強治理，遼南京自世宗以來的衰敗局面得以扭轉。遼景宗初年，因治理內政，無暇對外用兵，而宋朝連續對南方用兵，也無力北伐，遼宋雙方出現了議和活動。遼南京得到暫時的和平，對於京津地區經濟的恢復和城市的發展形成有利條件。然而時隔幾年，北宋先後兩次北伐，企圖收復燕雲十六州，但均遭到失敗。

遼與中原王朝之間長期的戰爭，對京津地區的影響非常大，時局動盪不安，農業生產無法正常進行，尤其遼南京城及其以南的涿州、固安等城市，屢經兵燹，城市的破壞比較嚴重。針對以上情況，鎮守南京的耶律休哥採取積極措施，專心治理，「休哥以燕民疲弊，省賦役，恤孤寡，戒戍兵無犯宋境，雖馬牛逸於北者悉還之。遠近向化，邊鄙以安。」〔註59〕遼統和二十二年（1004年），遼宋訂立了「澶淵之盟」，雙方以白溝為界，結束了自宋建國以來的敵對局面，此後遼宋相安無事百有餘年，這對雙方社會經濟的穩定發展都創造了良好的環境。

2、遼中期京津地區城鎮的發展

遼統治者一直注意發展農業經濟。聖宗在位，政治清明，知人善任，上下一心，社會經濟發展明顯起色。興宗、道宗朝，遼王朝依舊保持著興旺發展的局面。遼中期的社會經濟的恢復和發展，促進了人口的增長和城市的繁榮。早在太祖阿保機時期，就曾將中原俘戶安置在幽州地區，設立郡縣，使幽州地區的城市有所增加。如在檀州置行唐縣，「太祖掠定州，破行唐，盡驅其民，北至檀州，擇曠土居之，凡置十寨，仍名行唐縣。」此時，檀州燕樂縣被省並，廢燕樂縣是因為阿保機於檀州建置行唐縣之前，盡驅燕樂縣民於東京創置州縣的結果〔註60〕。關於行唐縣治的位置，文獻中不見具體記載。《讀史方輿紀要》謂行唐廢縣在密雲縣東〔註61〕，《嘉慶重修一統志·順天府》亦云：「在密雲縣東。」〔註62〕遼初，皇帝於春捺缽經常到南京東南延芳淀一帶駐蹕遊獵，「遼每季春，弋獵於延芳淀，居民成邑」〔註63〕，為便於管理和供給，便在漢泉州之霍村鎮設漷陰縣。關於漷陰建縣的時間，《金史·地理志》

〔註59〕《遼史》卷83《耶律休哥傳》。
〔註60〕韓光輝：《北京歷史人口地理》，北京大學出版社，1996年。第32頁。
〔註61〕〔清〕顧祖禹：《讀史方輿紀要》卷11《直隸二·密雲縣》。
〔註62〕《嘉慶重修一統志》卷8《順天府三》。
〔註63〕《遼史》卷40《地理志四》。

謂「遼太平中以潞陰村置」〔註64〕。尹均科先生根據遼《張績墓誌銘》：張氏「以清寧四年（994～1058年）三月八日，卒於在任，……葬於潞陰縣故□□□□□」，據此清寧四年已有潞陰縣。從統和十二年至清寧四年（994～1058年），時隔六十年，遼聖宗太平年間（1021～1031年）恰在其間，故《金史‧地理志》謂潞陰建縣於遼太平年間，當言之有據。據考證，潞陰縣故城位於今北京通州區張家灣鎮的大、小北關和前、後南關幾個村莊之間〔註65〕。京津地區東南瀕海一帶的新倉鎮是鹽業生產和轉銷中心，遼政府在這裏設立了榷鹽院，「其後，居民漸聚成井肆，遂於武清北鄙孫村度地之宜，分武清、潞縣、三河之民置香河縣，仍以新倉鎮隸焉。」〔註66〕香河縣之得名，與其所處地理環境有關，「縣東南瀕水，多生芰荷，夏秋之間，其香馥鬱，因名香河。」〔註67〕從香河轄境來自於武清、潞縣和三河三縣，未提到潞陰縣，潞陰縣在潞縣之南，若香河建於潞陰之後，必定會分潞陰縣地於香河，而非潞縣，從這一點來看，香河建縣在時間上必早於潞陰建縣。

遼代行政建置多承唐代，按《遼史‧地理志》記載，南京道轄析津府和平州節度州，析津府領六個刺史州，平州領二個刺史州。遼代在地方實行三級政區體系，一級政區是道，二級政區是州、軍、城，三級政區是縣。遼代，今京津地區拒馬河以北屬於南京道的析津府、順州、檀州、涿州、薊州管轄。其中，燕京析津府是南京道治所的所在地，析津縣和宛平縣也附郭於南京城，析津府所領昌平、潞、良鄉、安次、永清、武清、香河、玉河、潞陰 9 縣的治所，順州與附郭縣懷柔治所，檀州所領附郭縣密雲、行唐 2 縣的治所，涿州所領附郭縣范陽、固安 2 縣的治所，薊州所領附郭縣漁陽、三河 3 縣的治所均位於京津地區。京津地區拒馬河以北遼朝境內，道級城市南京的行政層級最高，為區域內的中心城市；州級城市有順州、檀州、涿州、薊州；縣級城市有昌平、潞、良鄉、安次、永清、武清、香河、玉河、潞陰、行唐、固安、三河。今京津地區西北部在遼代隸屬於西京道管轄，西京道奉聖州所轄儒州及晉山縣（附郭縣）治所在延慶縣境內。今京津地區拒馬河以南屬北宋霸州地界。霸州建於後周，下轄文安、大城兩縣，宋代因襲未改。北宋為了防禦契丹入侵，在邊境上衝要之地設置了保定軍和信安軍，保定軍和信安軍

〔註64〕《金史》卷 24《地理志上》。
〔註65〕尹均科主編：《北京建置沿革史》，人民出版社，2008 年。第 106 頁。
〔註66〕《日下舊聞考》卷 118《京畿‧香河縣》引《新建寶坻縣志》。
〔註67〕《日下舊聞考》卷 118《京畿‧香河縣》引《圖經志書》。

均建於宋太平興國六年（981年）〔註68〕。北宋地方行政區劃爲路、州（府、軍、監）、縣三級，因此，在城市建制上，霸州、新安軍和保定軍都是州級城市，大城、文安則爲縣級城市。這樣，遼代京津地區，道級城市　1　個，州級城市 8 個，縣級城市 14 個，城市總數爲 23 個。

表4-5　遼代京津地區城市體系等級規模結構

等級	行　政　區	數量	%	城　　市　　名
I	道級城市	1	4.3	南京
II	州級城市	8	34.8	順州（懷柔）、檀州（密雲）、涿州（范陽）、薊州、儒州（晉山）；霸州、信安軍、保定軍
III	縣級城市	14	60.9	昌平、潞、良鄉、安次、永清、武清、香河、玉河、灅陰；行唐；固安；漁陽；大城、文安
	合計	23	100	

注：州縣建制爲遼天慶三年（公元1113年）
資料來源：《遼史‧地理志》。

圖4-3　遼代京津地區城市體系

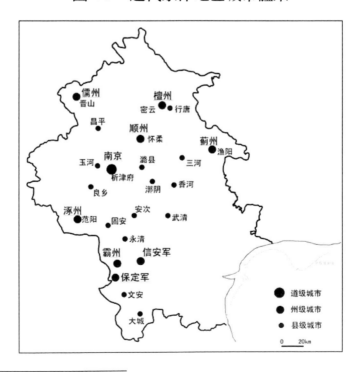

〔註68〕《宋史》卷86《地理志二》。

3、遼末金初京津地區城市的衰落

遼後期由於豪門劇增，加速了土地兼併，許多農民破產。道宗朝，南京地區天災人禍不斷，自遼道宗咸雍三年（1067年）至道宗壽昌三年（1097年）的30年間，見於記載的南京地區水、旱、饑、蝗、地震、瘟疫等各種自然災害達15次之多。遼末政治腐敗，加以鎮壓女眞，連年興兵，南京地區「軍兵日益困，賦役日益重」〔註69〕，社會經濟極端凋敝。1114年，女眞人完顏阿骨打起兵攻遼，次年阿骨打稱帝，建立金朝，是爲金太祖。金軍在阿骨打率領下向遼發動進攻，勢如破竹。宋朝也想趁遼、金對立之時，實現收復燕雲的宿願。1120年，宋金達成協議，金宋從南北夾攻遼朝，滅遼後，長城以南幽雲地區歸宋所有，長城以北歸金所有。1122年，宋朝兩次進攻都被遼挫敗，無法奪取燕京地區。同年十二月，金太祖南下，很快就攻取了燕京地區。宋金雙方幾經交涉，1123年達成協議，金將燕京及薊、景、檀、順、涿、易六州歸宋。燕京歸宋後，該地區每年的賦稅應歸金朝收取，宋每年以一百萬貫錢作爲代稅錢，一併交付金朝。金人北撤時對燕京地區大肆劫掠，以致京津地區城鄉遭到巨大破壞。其實早在宋宣和四年（1122年）北宋已將燕京改稱燕山府，但直到次年燕山府才正式列入北宋的行政建置，京津地區的玉河縣被省入宛平縣。宋朝雖然收復燕山府，但卻不能從燕山府得到財政收入，加以軍隊駐紮，需要各地供應軍糧。燕山府府庫空虛，儲糧匱乏，經濟陷於困境。1125年，金人以宋朝敗盟納叛爲藉口，分兩路進攻幽燕地區，京津地區的城市遂納入金朝版圖。

幽燕地區在短短的幾年時間內，屢遭兵火，致使這一地區民困財竭，土地荒蕪，加上自然災荒不斷，經濟十分凋敝，區域城市一度衰落。1125年，宋使許亢宗出使金國，途徑燕山府，描述了當時燕山府兵火之後經濟逐漸恢復的情形。當時，京津地區南部基本上沒有遭到戰爭摧殘，城市經濟依然保持繁榮景象，如涿州「不經兵火，人物富盛，井邑繁庶」；涿州北邊的良鄉，城市遭到戰爭的摧殘，但是很快得到恢復，「經兵火之後，屋舍居民靡有孑遺，帥臣復加修築，樓壁煥然一新，漸次歸業者數千家」；而燕山府，「遷徙者尋歸舊業，戶口安堵，人物繁庶，大康廣陌，皆有條理。」〔註70〕

金人攻下燕京之後，直搗中原。天會五年（1127），金人破汴梁、俘徽、欽二帝及皇室、官僚等3000餘人；並掠汴京及其附近州縣人口大量北遷。除

〔註69〕〔遼〕李良嗣：《與李處溫使爲遼內應書》，《全遼文》卷11。
〔註70〕〔宋〕許亢宗：《宣和乙巳奉使行程錄》。

了擄掠了大量的人口到上京外，還有相當多的人口留在燕京及周圍州縣，這在一定程度上充實了京津地區的人口。

三、金代京津地區城市體系的發展與演變

1、金初京津地區社會經濟的恢復

金滅亡北宋後，對黃河以南新征服地區，採用「以漢治漢」的方式進行統治，即任命降金的原宋朝官吏擔任地方官進行管理。金對燕京極其重視，由朝廷直接進行管理。早在天輔年間，金王朝就在廣寧府設立中書省、樞密院等機構。天會二年（1124年），又把中書省和樞密院遷往平州。次年，燕京歸屬金王朝，於是金王朝將中書省和樞密院遷至燕京，作爲統治燕京地區的機構。金朝多利用遼、宋舊臣管理燕京，充分利用他們的統治經驗。燕京在他們的治理下，社會經濟很快好轉。針對遼時燕京地區賦役負擔不均的狀況，天會十年（1132年）下詔：「昔遼人分士庶之族，賦役皆有等差，其悉均之。」〔註71〕平州、薊州於天會三年（1125年）降金後，地方官立即招撫百姓，「督之耕作。」〔註72〕天會五年（1127年），金朝開貢取士，在各地分建守令，整頓社會秩序，爲恢復和發展生產進一步創造了條件。各州縣推行招徠流亡、勸課農桑等政策，取得成效。金熙宗時，陸續採取放免奴婢的措施。史書記載：「熙宗時，內外皆得人，風雨時，年穀豐，盜賊息，百姓安，此其大概也。」〔註73〕這在一定程度上對燕京地區的經濟起到促進作用。

爲鞏固金在北方的統治，防止新佔領區人民的反抗，天會四年（1126年），金朝在滅亡北宋之後，即開始遷移猛安謀克戶於燕南州縣〔註74〕，時稱猛安謀克戍邊戶。此後，金朝將本族的猛安謀克戶陸續從東北地區遷到燕京地區，天會十一年（1133年）秋，「起女眞國土人散居漢地」，「後既廣漢地，恐人見其虛實，遂盡起本國之土人棋布星列，散居四方。令下之日，比屋連村，屯結而起。」〔註75〕金熙宗時，金宋劃淮爲界。皇統五年（1145年），金王朝「創屯田軍，凡女眞、契丹之人，皆自本部徙居中州，與（漢族）百姓雜處」，「凡屯田之所，自燕山之南，淮、隴之北，皆有之，多至六萬人，皆築壘於村落

〔註71〕《金史》卷3《太宗紀》。
〔註72〕《金史》卷81《伯德特離補傳》。
〔註73〕《金史》卷70《思敬傳》。
〔註74〕《金史》卷74《宗望傳》。
〔註75〕《大金國志》卷8《太宗紀》。

間。」〔註 76〕熙宗時遷入中原地區的人口不僅有女真人，還有奚、契丹、渤海人等民族；其中京津地區為重要的人口遷入地之一。金熙宗時，京津地區的經濟較金初有所恢復，金宋議和以後，京津地區的社會走向安定。金朝在燕京設立「行尚書省」，取代原來設在這裏的燕京樞密院。同時設立「三司」，即勸農司、鹽鐵司、戶部，作為燕京地區分管經濟的統治機構。1141 年，宋金議和，金朝版圖自此確定。金朝行政建置沿襲遼代制度，「建五京，置十四總管府，是為十九路。」〔註 77〕路為金朝地方一級政區。燕京地區為金中都路。中都路的疆域北、東、西三面基本沿襲遼代的南京道，惟有南部疆域越過拒馬河向南擴展，包括了保州、霸州和雄州等地。

2、金代中期京津地區經濟的繁榮與城鎮的發展

海陵帝統治時期，大興土木，工役繁興，興兵伐宋，導致社會生產力受到嚴重摧殘，人民負擔沉重，社會經濟停滯不前。為修建都城、宮室，數年內徵集軍民達 120 萬人；其後又建造山陵，接著用兵南宋。海陵帝「營中都，建南京，繕治甲兵，調發軍旅，賦役繁重，民人皆怨。」〔註 78〕京津地區人民不堪重負，大批破產、逃亡，大量田地荒蕪，無人耕種。在這種社會經濟形勢下，京津地區的城市發展必然受到影響而趨於停滯乃至衰退。然而，此時個別城市也得到發展，為了漕運和伐宋的需要，海陵帝把燕京東邊的潞縣升為通州，「天德三年升潞縣置，以三河隸焉。」〔註 79〕次年，為了準備從海上進攻宋朝，「造戰船於通州。」〔註 80〕

海陵敗亡，世宗即位。面對經濟殘破，財政困難的局面，世宗採取一系列的措施以恢復社會經濟。如免二稅戶為民，多次釋放宮女出宮為良人，多次減免農業租稅，減輕人民負擔。世宗號稱「小堯舜」，在其統治時期，社會經濟得以恢復，國內呈現出戶口殷實、民物繁盛的升平景象。大定初，全國戶才 300 餘萬，大定二十七年全國戶 6789449，口 44705086〔註 81〕，在不到 30 年的時間裏，金全國戶口增長一倍有餘。由於金代中都路在遼代南京路基礎上疆域有所擴大，按照《金史·地理志》記載，泰和七年（1207 年）中都

〔註 76〕《大金國志》卷 12《熙宗紀》。
〔註 77〕《金史》卷 24《地理志上》。
〔註 78〕《金史》卷 83《祁宰傳》。
〔註 79〕《金史》卷 24《地理志上》。
〔註 80〕《金史》卷 5《海陵紀》。
〔註 81〕《金史》卷 46《食貨志一》。

路人口達 839576 戶。如果按照遼代南京路疆域來算的話，則包括大興府、順州、通州、薊州、平州、涿州和易州的地域，這幾個府州的人口數共 630182戶，而遼代時南京路人口數共 247000 戶，金時期原遼南京地域上人口比遼代增長了近 2.6 倍。

　　大定時期，社會經濟繁榮發展，京津地區出現了許多新城市。大定七年（1167 年）降信安軍爲信安縣。大定十二年（1172 年），香河縣新倉鎮因鹽業日益興盛而升爲寶坻縣。承安三年升寶坻置盈州，「爲大興府支郡，以香河、武清隸焉。尋廢州。」大定後期在京津地區先後增置了四個縣城，大定二十七年（1187 年），在漁陽縣大王鎮升置平峪縣，大定二十九年（1189 年），在霸州創置益津縣，附郭霸州。海陵王遷都以後，決定把皇家陵寢遷往中都。貞元三年（1155 年），海陵王在中都西南良鄉縣（今房山區境）西五十里的大房山建造皇陵，「命以大房山雲峰寺爲山陵，建行宮其麓」〔註82〕，大定二十九年分良鄉西境新置萬寧縣，以奉山陵，明昌二年（1191 年），改名奉先縣。此外，瀕海地帶的社會經濟也有了較大的進步。遼宋對峙時期，宋朝爲防禦遼軍侵擾，沿界河設置窩子寨（今靜海鎮）、獨流東寨、獨流北寨、沙窩寨、當城寨、釣臺寨等軍事地點，歸清州管轄。宋慶曆八年（1048），黃河改道，使界河水勢發生變化，設在這裏的寨、鋪逐漸失去了軍事防禦的作用，駐軍開始開荒屯田，一些較大的寨、鋪逐漸演變成爲農業自然經濟區。隨著移民的流入，瀕海人口增加，金明昌四年以清州窩子口置靖海縣〔註83〕。金代，京津地區新城市的出現是區域社會經濟發展、人口規模增長的必然結果。

　　金章宗時期，金朝的社會經濟繼續保持繁榮發展的勢頭，並達到極盛。由於人口增長，導致耕地不足，「中都、河北、河東、山東，久被撫寧，人稠地窄，寸土悉墾。」〔註84〕此時中都路到處呈現出繁榮景象，城市發展也進入興盛時期。

　　金朝地方行政建置是路、府（州）、縣三級地方行政體系，因此城市體系的行政層級表現爲路級城市－府（州）級城市－縣級城市三級體系。金泰和時期，京津地區分屬中都路、河北東路和西京路管轄。其中大興府及其所領大興、宛平、潞陰、安次、永清、寶坻、香河、昌平、武清、良鄉 10 縣的治

〔註82〕 《金史》卷 5《海陵紀》。
〔註83〕 《金史》卷 25《地理中》。
〔註84〕 〔金〕趙秉文：《梁公墓銘》，《閑閑老人滏水文集》卷 11《碑文》。

所，通州及其所領潞、三河 2 縣治所，薊州及其所領漁陽、平峪 2 縣治所，涿
州及其所領范陽、固安、奉先 2 縣治所，順州及其所領溫陽、密雲 2 縣治所，
霸州及其所領益津、文安、大城、信安 4 縣治所，雄州保定縣治所以及河北東
路清州所轄靖海縣的治所，西京路奉聖州所轄繒山縣治所均位於京津地區。由
於大興、宛平二縣與大興府共治於中都城，通州與潞縣、薊州與漁陽、涿州與
范陽、順州與溫陽、霸州與益津均共治於一城中，因此京津地區的建制城市有
路級城市 1 個，州級城市 5 個，縣級城市 19 個，區域城市總數達到 25 個。

表 4-6　金代京津地區城市體系等級規模結構

等級	行 政 區	數量	%	城　　　市　　　名
I	路級城市	1	4.0	中都
II	州級城市	5	20.0	通州（潞）、薊州（漁陽）、順州（溫陽）、涿州（范陽）、霸州（益津）
III	縣級城市	19	76.0	潞陰、安次、永清、寶坻、香河、昌平、武清、良鄉；三河；平峪；固安、奉先；密雲；保定；文安、大城、信安；靖海；繒山
	合計	25	100	

注：州縣建制以金泰和七年（公元 1207 年）爲準。
資料來源：《金史‧地理志》。

圖 4-4　金代京津地區城市體系

　　隋至金時期，鎮在京津地區城開始出現並發展。鎮最初為軍事戍守之地，具有很強的軍事職能。五代時劉守光「置蘆臺軍於海口鎮，以備滄州。」遼代鎮的設置更為廣泛，如新倉鎮、大王鎮等等。鎮在金朝已經普遍設置，金朝有「城寨堡關百二十二，鎮四百八十八。」〔註 85〕雖然鎮最初以軍事職能為主，但是由於鎮一般處於交通衝要之處，也是商旅必經之處，逐漸成為商業貿易節點，因此鎮的經濟職能不斷強化，如遼時南京路一些鎮的經濟職能顯著，新倉鎮就是一例。金代，中都路成為金的內地，不再有外部的軍事威脅，因此鎮的軍事職能減弱，部分鎮轉化成以經濟職能為主；由於鎮具有一定的人口規模，不同於一般的鄉村聚落，因此金代「後復盡升軍為州，或升城堡寨鎮為縣。」〔註 86〕如平峪縣城原為漁陽縣大王鎮，寶坻縣城為香河縣新倉鎮。此外，《金史‧地理志》記載了中都路的七個建制鎮，其中位於京津地區的有 2 個，分別是大興縣廣陽鎮，范陽縣政滿鎮。

3、金朝末年京津地區城市的衰落

　　金章宗後期，內政腐敗，金朝開始由盛而衰。此時，草原上的蒙古族日益興盛，蒙古鐵騎頻頻南下。1211 年蒙古軍破居庸關直至中都城下，昌平、懷來、豐潤、密雲被陷，中都城「民皆凍饑，死者相望。」〔註 87〕1213 年秋，成吉思汗再次南下攻金。首先在縉山大敗金軍，又進攻嬀川，進而攻佔居庸關，進入中都地區，分別攻陷中都周圍大部分郡縣，中都城北失懷來、南口、昌平等城市；東部取薊州、平、灤諸郡；南部保州、遂州、安肅、雄州、霸州諸郡；惟有中都、通州、順州未下〔註 88〕。中都被圍，由於城市人口眾多，糧食供應不足，「京師乏食糧，軍民餓死者十四五。」〔註 89〕1214 年四月，金以大量金銀財寶與元議和。蒙古軍北撤，「盡驅山東、兩河少壯數十萬而去。」〔註 90〕五月，金宣宗逃離中都，遷都汴京。此時的京津地區，「市井蕭條，草莽蔥茂」〔註 91〕，農業生產也遭到極大破壞，「田之荒者動至百里。」〔註 92〕

〔註 85〕《金史》卷 24《地理志上》。
〔註 86〕《金史》卷 24《地理志上》。
〔註 87〕《大金國志》卷 22《東海郡侯紀》。
〔註 88〕《元史》卷 1《太祖紀》。
〔註 89〕《大金國志》卷 24《宣宗皇帝紀》。
〔註 90〕《大金國志》卷 24《宣宗皇帝紀》。
〔註 91〕《大金國志》卷 23《東海郡侯紀》。
〔註 92〕《大金國志》卷 23《東海郡侯紀》。

同年八月，蒙古再次興兵南下，越過古北口，先後攻取景州、薊州、檀州、順州等城鎮，並包圍了燕京。1215 年蒙古軍大破金北上援軍於永清，「遂詔諭永清，不降，拔而屠之。」〔註93〕蒙古軍採取四面圍攻戰術，東面攻下通州，控制了通往中都的咽喉。在蒙古兵猛攻之下，中都城淪陷。蒙古兵隨即洗劫中都。中都城從擴建到敗落，僅僅過了六十餘年即成為一片廢墟。蒙古入侵中都、河北、山東等地是交戰的主戰場，連年兵火對這一地區的城市造成極大破壞，迅速走向衰落。

五、隋至金時期京津地區城市體系的等級規模演變特點

隋至金階段，區域城市等級規模出現了新的變化。中心城市由邊疆區域中心城市上升為國家政治中心，城市規模越來越大，城市等級越來越高；而區域州（郡）縣城市在數量上不斷擴大，由於州（郡）縣城市的先後出現以及行政設置調整，州縣城市的等級規模也不斷調整變動，在城市職能上表現出越來越依附於中心城市而發展的趨勢。

隋唐時期，薊城作為中心城市除外，郡縣城市數量由隋代的 12 個先後增加到唐中期的 15 個，唐後期由增加到 16 個。此時，京津地區城市的增長主要表現為縣級城市數量的增長，隋代雖然增置了豐利、通澤兩縣，但最後皆被廢棄。唐代增加了三河、永清、廣平三縣，因此區域城市數量增加了 3 個。

表 4-7　隋唐時期京津地區城市體系等級規模演變

等級	行政級別	隋		等級	行政級別	唐 中 期		唐 後 期	
		數量	%			數量	%	數量	%
I	郡級城市	3	21.4	II	郡級城市	3	20	4	25.0
II	縣級城市	11	78.6	III	縣級城市	12	80	12	75.0
	合計	14	100		合計	15	100	16	100

遼代，京津地區分屬遼、宋兩國，拒馬河以北有遼國城市 18 個，拒馬河以南宋朝地界有城市 5 個，共有 23 個城市，其中道級城市 1 個，州級城市 8 個，縣級城市 14 個。金滅北宋後，拒馬河以南的城市劃歸中都路管轄，原宋朝境內的軍鎮信安軍和保定軍分別降為信安縣和保定縣，遼境內的玉河和行

〔註93〕《元史》卷 150《石抹明安傳》。

唐兩個城市被取消建制。由於金代在京津地區陸續設置寶坻、平谷、奉先、靖海四個縣級城市，區域城市總數達到 25 個，其中州級城市有 5 個，比遼代減少 3 個；縣級城市增加了 5 個，共有 19 個。隋至金時期，京津地區城市體系中，區域城市數量表現爲階段性的增長，隋唐時期，京津地區城市數量分別爲 14 個和 15 個，遼金時期，京津地區城市數量分別爲 23 個和 25 個，遼金時期京津地區城市數量要比隋唐時期城市數量增加 10 個左右，這說明遼金時期京津地區地域開發強度遠遠大於隋唐時期，社會經濟進一步發展，因而區域城市體系呈現出跳躍式發展。

表 4-8　遼金時期京津地區城市體系的等級規模演變

等級	行政級別	遼		金	
		數量	%	數量	%
I	路級城市	1	4.6	1	4.0
II	州級城市	8	31.8	5	20.0
III	縣級城市	14	63.6	19	76.0
	合計	23	100	25	100

第三節　區域城市體系職能組合結構的演變特徵

一、京津地區城市體系的軍事職能演變

　　自隋至金京津地區歷經了由南北政權對峙的邊界地帶向國家腹心之地的轉變，由此導致了區域城市體系的軍事職能的巨大變化。隋唐至遼時期，京津地區城市的軍事職能表現爲南北對峙的對抗型防禦特徵，而金代則呈現出拱衛都城的向心型防禦特徵。

1、隋唐時期京津地區城市的軍事職能

　　隋唐時期，隨著東北地區的少數民族的崛起，邊防日益緊要。爲了維護邊疆的安定，唐王朝確立了軍鎮屯戍制度。「唐初，兵之戍邊者，大曰軍，小曰守捉，曰城，曰鎮，而總之曰道」〔註 94〕。唐王朝尤爲重視東北幽州的軍事防禦，幽州地區的安東、平、營、檀、媯設爲東北邊州，負責守衛邊疆，

〔註94〕《新唐書》卷 56《兵志》。

城市的軍事職能十分突出。

　　薊城西北的昌平南臨薊城，北靠居庸關，爲地理衝要之處，故昌平在唐設爲望縣，成爲幽州北部的重要屏障。昌平與山後的嬀州共同扼守西北交通大道，是薊城西北的軍事防禦重鎮。薊城東北的古北口，是防範奚、契丹的主要關口，唐王朝在此設東軍，北口二守捉城〔註95〕。檀州境內設有威武軍和鎮遠軍，還設有臨河、黃崖二戍。薊州位於幽州薊城東部，控扼著從中原去往東北地區的古盧龍道，故唐王朝在薊州通往古盧龍塞的道路上設置了洪水、鹽城兩個守捉城，《日下舊聞考》說：「蓋自鹽城守捉東北渡灤河，有古盧龍鎮，自古盧龍鎮北至奚王帳止六百里，故其防戍尤嚴。洪水、鹽城當東北邊防之衝，故連置兩守捉也」〔註96〕；同時，自薊州東行，可達自平州通往東北地區的傍海道，因此其軍事戰略地位不容忽視。薊州設立後，唐王朝又在其境內修建軍事城堡，開元十九年（731年）在薊州北二百里盧龍古塞置靜塞軍〔註97〕，在故廣漢川設置雄武軍。此外，唐王朝對幽州的防禦極其重視，在幽州城內置有經略軍，又將故丁零川的納降守捉城升爲納降軍。幽州薊城「西南有安塞軍，有赫連城」，在其境內還有宗王、乾澗、珍寇三鎮城，召堆、車坊、蒿城、河旁四戍〔註98〕。

　　唐代范陽節度使掌督所轄八郡軍事，臨制契丹與奚，統領經略、威武、清夷、靜塞、恒陽、北平、高陽、唐興、橫海等九軍。九軍中有四軍分佈在幽州地區，駐軍規模較大，且配有騎兵，軍事戰鬥力較強。經略軍駐紥幽州城，兵三萬人，馬五千四百匹；威武軍駐紥檀州城，兵一萬人，馬三百匹；清夷軍駐紥嬀州城，兵一萬人，馬三百匹；靜塞軍駐紥漁陽，兵一萬六千人，馬五百匹。這四個城市的兵力配置可以側面反映出城市等級及其重要性，其中幽州薊城最重要，其次爲薊州，再其次則爲檀州和嬀州。其餘五軍則分佈於幽州南部地區，且駐軍規模較小。

　　綜上，幽州地區的軍事防禦體系可以分成三個層次，在幽州北部的營、平、檀、嬀等邊城形成了幽州地區最外圍的第一道軍事防線；幽州北部的昌平與薊城東部的薊州形成了幽州的第二道軍事防線；幽州薊城及其附近設置

〔註95〕《新唐書》卷39《地理志》。
〔註96〕《日下舊聞考》卷117《京畿·薊州四》。
〔註97〕《新唐書·地理志》記載靜塞軍在薊州南二百里，本文採納嚴耕望的考證，見《唐代交通圖考》卷5，第1732頁。
〔註98〕《新唐書》卷39《地理志》。

的軍、鎮、戍等構成了幽州的第三道軍事防線。唐王朝爲加強東北地區的防禦力量，在營州、平州、檀州、薊州、媯州、幽州境內設置了一些邊城，這些邊城以幽州城爲中心，呈扇型分佈在幽州東出平州營州、東北出薊州盧龍古塞、北入檀州媯州的要道上，形成以幽州薊城爲中心的防禦體系〔註99〕。

2、遼金時期京津地區城市的軍事職能

遼南京與宋接壤，軍事職能顯著。相對於遼本土來說，南京地廣人多，農業發達，經濟繁榮，《遼史・百官志》稱：「大抵西京多邊防官，南京、中京多財賦官」〔註100〕，即反映了南京是遼國的財賦重地。也正因爲如此，遼朝對於南京軍事防禦建設最爲重視，「然遼之邊防猶重於南面，直以其地大民眾故耳。」〔註101〕

南京是軍事重地，設有很多的軍事機構。遼在南京設有南京都元帥府、南京兵馬都總管府、南京馬步軍都指揮使司、侍衛控鶴都指揮使司、燕京禁軍詳穩司、南京都統軍司、南皮室軍詳穩司、北皮室軍詳穩司、猛拽剌詳穩司。爲了防禦北宋，南京地區駐紮了大量的軍隊，包括宮衛軍和漢軍。宮衛軍由每個斡魯朵設在各地的提轄司管轄。提轄司並不設在斡魯朵所在地，主要設在遼宋邊境地區。《遼史》說：「自上京至南京，總要之地，各置提轄司。重地每宮皆置，內地一二而已。」〔註102〕遼天慶初，南京析津府有宮衛軍提轄司11個，平州有宮衛軍提轄司9個，故南京地區共有宮衛軍提轄司20個，在遼五京中數目最多〔註103〕。遼代還有五京鄉丁，也叫京州軍，由民丁組成。南京地區「轄軍、府、州、城九，有丁五十六萬六千。」〔註104〕其中九軍設置是析津府盧龍軍、檀州武威軍、涿州永泰軍、易州高陽軍、薊州尙武軍、景州清安軍、平州遼興軍、灤州永安軍、營州鄰海軍。這些軍事管理機構以及軍隊的屯集之處，都設在具有戰略意義的軍事要地。如牛欄山處於由平原入山的要路，「順州至檀州漸入山，牛欄當其要路也」〔註105〕，故在此設立牛欄都統司。拒馬河戍長司設置是因爲距馬河宋界東西七百餘里，爲加強管理，

〔註99〕程存潔：《唐代城市史研究初篇》，中華書局，2002。第174～175頁。
〔註100〕《遼史》卷48《百官志四》。
〔註101〕《遼史》卷48《百官志四》。
〔註102〕《遼史》卷35《兵衛志中》。
〔註103〕《遼史》卷35《兵衛志中》。
〔註104〕《遼史》卷36《兵衛志下》。
〔註105〕〔清〕顧炎武：《昌平山水記》卷下。

於聖宗開泰七年，特置戍長一員巡察。

金代，燕京地區成爲國家腹心之地，不再是邊境地帶，因此京津地區城市的軍事職能相對來說弱化了。但作爲畿輔重地，仍然派駐大量軍隊駐守，以護衛京師。金朝在中都地區設置了軍事防衛機構，確保中都地面的安全。中都城內設有武衛軍都指揮使司，「掌防衛都城、警捕盜賊」之事。隸屬於中都總管府的大興府節鎮兵馬司，負責中都地區的軍事城防等。另外，在通州設立中都東北都巡檢司，分管大興、潞陰、昌平、通州、順州、薊州等的治安；在良鄉設立中都路西南都巡檢司，分管良鄉、宛平、安次、永清、涿州等地的治安，這兩個都巡檢司爲軍事性機構，具有武裝鎮壓的職能。

二、隋至金時期京津地區城市的經濟職能演變

1、地域資源稟賦條件與區域城市經濟職能的關係

隋至金時期，京津地區的城市職能主要受城市所在地區資源稟賦條件影響和人文社會狀況的影響，區域城市職能分工表現出強烈的地域性特點。

就農業發展來說，京津地區西南部農業發展水平最高，其中涿郡農業最爲發達，經濟水平也高於其它地區。據北京房山雲居寺唐代石經題記，涿州城內有大米行、白米行、油行、靴行等。范陽是幽州經濟條件最好的地區，土地肥沃，農業發達，「有林麓陂池之利，至闤闠井肆之大，關梁襟帶之固，自河達燕，其北不過一二。」〔註106〕遼代文獻也記載，「燕都之有五郡，民最饒者，涿郡首焉。」〔註107〕燕京東部地區的三河一帶，農業也比較發達，唐代時三河縣「北十二里有渠河塘。西北六十里有孤山陂，溉田三千頃。」〔註108〕根據考古調查，今北京城區附近及通州、順義、房山乃至懷柔等地發現了遼金時期的農業生產工具，包括耕翻工具、中耕整田工具、收穫工具等，充分體現了精耕細作的農業生產特點〔註109〕。農業生產的進步自然推動了城市經濟的發展。唐代京津地區各州縣治所城市分別成爲地方的經濟中心，州縣城內設有交易場所——市，根據規定上州設「市令一人，丞一人，佐一人，史二人，帥三人，倉督二人」，上縣設「市令一人，丞、史各一人，

〔註106〕〔唐〕韋稔：《涿州新置文宣王廟碑》，《全唐文》卷480。
〔註107〕〔遼〕趙遵仁：《涿州白帶山雲居寺東峰續鐫成四大部經記》，《全遼文》卷8。
〔註108〕《新唐書》卷39《地理志》。
〔註109〕韓茂莉：《遼金農業地理》，社會科學文獻出版社，1999年。第98頁。

帥一人。」〔註 110〕遼代，京津地區各州縣都有自己的市場或集市，即便北部山區的州縣城市市場也比較興旺，宋仁宗時，劉敞使遼經國南京道，描述了檀州的集市情況「窮谷回看盡，孤城平望遙。市聲衙日集，海蓋午時消。」〔註 111〕燕京南部的涿州還是紡織業中心。涿州紡織業有深厚的基礎，唐代幽州土貢綾、綿、絹〔註 112〕，金代也有貢羅〔註 113〕的記載。

隋唐時期，幽州東北和北部分佈著突厥、奚、契丹等民族，在幽州北部的各個隘口、要塞開設有邊境貿易的關市，成爲中原漢民族與東北少數民族進行貿易的地點。當時幽州、營州一帶邊境貿易的主要形式是互市，開元、天寶之際，互市貿易最爲興盛。遼代由於南北經濟交流的需要，遼宋雙方已在「沿邊市易」。澶淵之盟之前，邊界的榷場貿易時開時停。遼宋和好之後，遼朝在南京道的涿州、新城設置了榷場，與宋進行貿易。宋也在邊境地區霸州等地設置榷場，從此雙方互市不斷。作爲邊境主要城市，燕京也是管理榷場的主要地點，自然從榷場中得到巨大的利益。榷場貿易彌補了雙方經濟的不足，也促進了京津地區南部的城市涿州、霸州以及燕京的繁榮發展。

京津地區東南部有漁鹽之利，「地方千里，籍貫百城，紅稻青秫，實魚鹽之沃壤」〔註 114〕，因此漁鹽經濟對京津地區的城市影響很大〔註 115〕。唐初軍府利用傍海鹵地設鹽屯，「幽州鹽屯，每屯配丁五十人，一年收率滿二千八百石以上，準營田第二等；二千四百石以上，準第三等；二千石以上，準第四等。」〔註 116〕張允伸任幽州盧龍節度使時，曾「進助軍米五十萬石，鹽二萬石。」〔註 117〕後唐同光三年（925 年），盧龍節度使趙德均在蘆臺開鹽場，並在新倉鎮置鹽倉。鹽業的發展促進了京津地區沿海一帶的開發和城鎮的出現。尤其遼金以來，隨著沿海地帶漁鹽生產的進一步發展，瀕海城市的漁鹽功能日益顯著，「歷唐以迄遼金，地屬京圻，生齒既繁，炊鑊益重。」〔註 118〕最初，契丹人主要生產和食用池鹽，遼佔領燕雲地區之後，始有海鹽，「會同

〔註 110〕《舊唐書》卷 44《職官志》。
〔註 111〕〔宋〕劉敞等撰：《新喻三劉文集》卷 1《公是集》。
〔註 112〕《新唐書》卷 43《地理志三》。
〔註 113〕《金史》卷 24《地理志上》。
〔註 114〕〔遼〕李仲宣：《祐唐寺創建講堂碑》，《全遼文》卷 5。
〔註 115〕〔唐〕韓愈：《韓昌黎集》卷 24。
〔註 116〕《通典》卷 10《食貨十·漕運》。
〔註 117〕《舊唐書》卷 184《張允伸傳》。
〔註 118〕《日下舊聞考》卷 44《京畿附編·玉田縣豐潤縣》引《元徐世隆越支社重立鹽場記》。

初，太宗有大造於晉，晉獻十六州地，而瀛、莫在焉，始得河間煮海之利，置榷鹽院於香河縣，於是燕、雲迤北暫食滄鹽。」〔註119〕隨著鹽業的開發和利用，遼政府在五代時設置的新倉鎮基礎上建立食鹽儲運中心，新倉日漸發達，以致四境行商，各地常貨便雲集到這裏，「鳳城西控，日迎碣館之賓；鱉海東鄰，時楫靈槎之客。而復枕榷酤之劇務，面交易之通衢，雲屯四境之行商，霧集百城之常貨。」〔註120〕伴隨著商客的增加，酒醋等的消費量增加，遼政府在此設立了徵榷機構，新倉成為香河縣乃至南京地區一個非常可觀的市鎮。金代，新倉因採鹽、運鹽業繼續發展，「其富商大賈，貨置叢繁，既遷既引，隱隱展展然，鱗萃鳥集，鬻者兼贏，求者不匱，大率資魚鹽之利。」金政府在該地設有鹽使司，其課利收入在金朝佔有重要地位。此外這裏農林業、漁業也比較發達，「其稻粱黍稷魚蟹不可勝食，而材木亦不可勝用也。」大定十一年（1171年），金世宗視察此地時說「此新倉鎮人煙繁庶，可改為縣。」次年，「有司承命析香河縣東偏鄉閭萬五千家為縣」，命名為寶坻。當時縣城人口規模是「坊郭居民千有餘家。」〔註121〕寶坻縣發展勢頭良好，至金章宗承安三年（1198年）曾一度升為盈州。

京津地區西北沿山一帶，礦產豐富。因此位於這一帶的城市職能與礦產有關。密雲一直是鐵礦產地。《金史・地理志》也記載，大興府產金銀銅鐵。產金之所未作明確記載，但根據《元史》「產金之所，在腹裏曰益都、檀、景。」〔註122〕檀州為金代順州密雲縣，因此金代這裏有金礦，並進行開採。元代大都東北部的檀州、景州一帶地處燕山山麓，出產金、銀、鐵等礦產〔註123〕。

遼金時期，由於燕京一直是國家都城，因此燕京周圍的一些城市在職能往往與游牧民族文化有關。如遼代潞陰城就是契丹族「捺缽文化」的產物。「捺缽」是遼朝皇帝在遊獵畋漁地區所設的行宮，「四時各有行在之所，謂之『捺缽』」〔註124〕。當時在燕京東南有一片很大的湖泊，稱延芳淀，《遼史・地理志》記載：「延芳淀方數百里，春時鵝所聚，夏秋多菱芡。」〔註125〕由於這裏是遼代皇帝春捺缽捕鵝之地，帝、后及群臣常來駐蹕，為便於管理

〔註119〕　《遼史》卷60《食貨志下》。
〔註120〕　〔遼〕宋璋：《廣濟寺佛殿記》，《全遼文》卷6。
〔註121〕　〔金〕劉晞顏：《寶坻縣記》，《寶坻縣志》卷18《藝文下》。
〔註122〕　《元史》卷94《食貨志二》。
〔註123〕　《元史》卷94《食貨志二》。
〔註124〕　《遼史》卷32《營衛志中》。
〔註125〕　《遼史》卷40《地理志四》。

和供給，專設一縣。潞陰縣城本漢泉山之霍村鎮，「遼每季春，弋獵於延芳淀，居民成邑，就城故潞陰鎮。」〔註126〕根據記載，《遼史》中有關延芳淀的活動主要集中在遼聖宗統和年間。這時正值承天太后擊敗宋朝對幽燕的進攻之後，爲了加強南邊的防禦，聖宗與承天太后不斷到燕京地區活動，因此延芳淀成爲主要遊獵之地〔註127〕，並在此基礎上形成了一個新的城市。金代定都燕京，葬諸帝於中都西南大房山雲峰山，「大定二十九年置萬寧縣以奉山陵」〔註128〕，明昌二年改爲房山縣，負責金帝諸陵寢的保護、管理、提供差役等各項事務。房山縣城創建於金大定間，其主要職能與帝陵有關。

2、交通條件與區域城市職能的關係

隋代南北大運河開通之後，京津地區運河沿岸的一些城市因漕運而興起。《宋史‧河渠志》記載宋遼邊境的塘濼曾云：「東起乾寧軍，西至信安永濟渠爲一水」，「東起信安軍永濟渠，西至霸州莫金口……爲一方。」而《太平寰宇記》霸州破虜軍下條：「永濟河自霸州永清縣界來。」此處，破虜軍即指信安。《太平寰宇記》幽州安次縣下記：「本漢舊縣，東枕永濟渠。」可見，永濟渠應該是從信安經永清、安次，然後到達涿郡。隋在沿永濟渠附近置通澤與豐利兩個城市，應當與漕運有關。幽州自入遼後，由於初期戰爭不斷，進而影響了本地的糧食生產，糧食轉而由西京和東京地區供應。爲把遼東的糧食運到南京，遼朝實行了海運，又開通了運糧河，把渤海運輸線與南京河運連接起來。根據記載，香河縣「境南有大龍灣、小龍灣二水，夏秋始合流，經寶坻界入海，相傳遼時海運故道。」〔註129〕據尹鈞科研究，遼代漕糧是由海路運至薊運河河口，然後轉入內陸運河，由大小龍灣河溯流而上，至香河縣西南境入白河，繼續向西北逆行幾十里到達潞縣南（今張家灣），然後經蕭太后運糧河便可到達燕京〔註130〕。香河縣新倉鎮就位於這條水路衝途之上，西達燕京，東泛大海，水路交通極其便利，故而城市商業十分繁盛。金代黃河流域盡歸金朝所有，中都城成爲都城，城市人口大量增加，對糧食需求量很大。因此金王朝利用潞水東南的海口，和從內地通向潞河的

〔註126〕《遼史》卷40《地理志四》。
〔註127〕曹子西主編：《北京通史》第三卷，中國書店，1994年。第74頁。
〔註128〕《金史》卷24《地理志上》。
〔註129〕〔明〕蔣一揆：《長安客話》卷5《畿輔雜記》。
〔註130〕尹鈞科：《北京古代交通》（北京歷史叢書），北京出版社，2000年。第89～90頁。

各漕河，把糧食及貨物溯潞河而上運送至中都城。金代漕運的發展也帶動了相關城市的發展。1151 年，鑒於潞縣在漕運中的重要地位，海陵王完顏亮將潞縣升爲通州，成爲中都城重要的漕運碼頭，承擔著爲中都輸送糧食物資的職能，通州城市地位上升。金代，新倉鎮也開始崛起。由於新倉位於漕運要路之上，通於四方，「河渠運漕，通於海嶠，篙師舟子，鼓楫揚帆，懋遷有無。泛歷海岱青兗之間，雖數百千里之遠，徼之便風，亦不浹旬日而可至。」自五代開始，新倉鎮日漸興盛，海陵帝遷都燕京時，新倉鎮發展成中都地區首屈一指的鎮，「於時畿內重地，新倉鎮頗爲稱首。」當時新倉鎮商業極其繁榮，「居人市易，井肆連絡，闤闠雜沓」〔註 131〕，成爲中都東部首屈一指的商業都市。金代中期遂建寶坻縣，升新倉鎮爲縣級城市。金代時原遼代海運故道依然發揮重要的漕運功能，寶坻城市的繁榮就得益於當時這條航道。元代以後，由於海運故道逐漸廢棄，寶坻因偏離漕運要道，城市商業日漸凋零。

水路交通的發展也促進了造船業的發展。《金史》記載，海陵遷都燕京後，打算南下征伐宋朝，遂於正隆四年（1159）二月，下令「造戰船於通州」，同年十月，海陵王「觀造船於通州」〔註 132〕。宋人周麟之在其著作《海陵集》說：「金人每年於此（通州）造海船」，並記載當時造船情景，「大船闊艦容萬斛，小船飛䴔何翾翾。傳聞潞縣燕京北，木梯翻空浪頭白。近年升作北通州，謂是背吭宜控扼。」〔註 133〕通州之外，還有雄州造船業。金天會十三年（1135 年），金王朝「興燕雲兩路夫四十萬之蔚州交牙山採木爲筏，由唐河及開創河道運至雄州之北虎州造戰船。」〔註 134〕

除了水路上的商業城市外，陸路交通大道上也有一些商業城市。涿州位於大都通往中原的交通要道上，便利的交通促進了商業的發達，「當南北之衝，四方行旅，取道往來，十率八九。使客冠蓋旁午，晨夕疲於應接。」〔註 135〕

三、隋至金時期京津地區城市體系文化職能的起步與持續發展

在經濟職能增強的同時，京津地區城市的文化職能也大大提高了。史載

〔註 131〕〔金〕劉晞顏：《寶坻縣記》，《寶坻縣志》卷 18《藝文下》。
〔註 132〕《金史》卷 5《海陵紀》。
〔註 133〕《日下舊聞考》卷 108《京畿・通州》引《海陵集》。
〔註 134〕《大金國志》卷 9《熙宗紀》。
〔註 135〕《日下舊聞考》卷 127《京畿・涿州一》引《金黃久約涿州重修文宣王廟碑記》。

「幽燕自古多豪俠之士」，「故自古言勇俠者，皆推幽、并云。」到了隋唐時期，情況稍有改觀，「然涿郡、太原，自前代已來，皆多文雅之士，雖俱曰邊郡，然風教不爲比也。」〔註136〕社會風俗的變化反映了社會的進步，京津地區城市的文化職能大大提升。「唐興，官學大振」〔註137〕，幽州深厚的文化傳統和隋唐以來科舉取士制度的推行，促進了地方教育的發展。國家在中央設置國子監，下設國子學、太學等七學，各州置州學與醫學，縣置縣學。按照唐代制度，幽州城內應該設有都督府學與醫學，還有幽州州學與醫學，薊與幽都二附郭縣應設有縣學。幽州城顯然是幽州地區官學與生員最多的城市，自然也就成爲了京津地區的文化中心。此外，各州縣的官學也獲得了一定的發展，如檀州，「素無學校，機（指韋機）敦勸生徒，創立孔子廟，圖七十二子及自古賢達，皆爲之讚述。」〔註138〕《光緒順天府志》也記載密雲縣學：「唐貞觀十一年，檀州刺史韋宏機建。」〔註139〕另外，范陽縣學建於唐貞元五年；安次縣學，「唐開元間，創建於耿就橋行市前。」〔註140〕

遼代以後，京津地區逐漸成爲國家的腹心地區，政治、經濟功能的迅速提升促進了地區文化建設的發展。加上歷代統治者的提倡和鼓勵，社會上形成了重視文化的風氣。社會環境的改善在客觀上推動了區域城市體系文化職能的不斷提升。遼金時期，京津地區各個州縣城市在唐代的基礎上先後設立州學、縣學，各州縣城市也分別成爲州縣範圍內的文化教育中心。根據《光緒順天府志》記載，遼（宋）時期京津地區的良鄉、永清、文安三縣建立縣學；金代有明確記載建立縣學的城市有平谷、昌平、大城，另有三河縣學於金代重建，其始建年代不詳。順義縣學至少建於金代。

表4-9　唐代和遼金時期京津地區各州縣學設置情況簡表

州 縣 學	建 置 時 間
檀州學	唐貞觀十一年，檀州刺史韋宏機建。
范陽縣學	唐貞元五年
安次縣學	唐開元間，創建於耿就橋行市前。

〔註136〕《隋書》卷30《地理志》。
〔註137〕《舊唐書》卷190下《文苑·杜甫傳》。
〔註138〕《舊唐書》卷185上《韋機傳》。
〔註139〕《光緒順天府志·經政志八·學校上》。
〔註140〕《光緒順天府志·經政志八·學校上》。

良鄉縣學	遼大公鼎建。
永清縣學	遼壽昌元年建。
文安縣學	宋大觀八年建。
三河縣學	始建年代不詳。金泰和五年建講堂。元元貞間重建。
大城縣學	金天會十二年建。
平谷縣學	建於金。
昌平縣學	創建之年不可考。元代重修。

資料來源：《光緒順天府志・經政志八・學校上》。

四、隋至金時期京津地區城市體系的倉儲與賑濟職能

　　在農業社會，人們抵禦自然災害的能力低下，一遇水旱凶荒，則飢饉立至。歷代王朝於是立糧倉，廣儲備以備凶年賑濟。隋開皇時期，立社倉之制，「天下之人，節級輸粟，多爲社倉，終於文皇得無飢饉。」唐貞觀二年，太宗採納大臣建議令全國設義倉以備凶荒，「自是天下州縣，始置義倉，每有飢饉，則開倉賑給。」〔註141〕開元七年敕令「關內，隴右、河南、河北五道，及荊、揚、襄、夔、綿、益、彭、蜀，漢、劍、茂等州，並置常平倉。」隸屬於河北道的京津地區有幽州、薊州、檀州三個州級城市，因此這三個城市當有常平倉的設置。由此可見，隋唐時期京津地區的部分城市已經具有一定的倉儲與賑濟職能。遼金時期，京津地區的城市有了賑濟活動的記載，如遼統和十三年，「詔諸道置義倉。歲秋，社民隨所獲，戶出粟倉，社司籍其目。歲儉，發以振民。」〔註142〕這句話也說明了義倉的功能主要用於賑災。根據《遼史・食貨志》對東京道的記載：「而東京如咸、信、蘇、復、辰、海、同、銀、烏、遂、春、泰等五十餘城內，沿邊諸州，各有和倉。」〔註143〕由此可知，東京道地區一般的州級城市中都設有義倉。據此也可推測，京津地區所在的南京道各州縣城市也應該設有義倉。這在文獻中有明確的記載，如《遼史》記載「（統和）十三年多十月，南京置義倉。」〔註144〕南京義倉的設置也很快就發揮了作用，「（統和）十五年，四月壬寅，發義倉粟振南京諸縣

〔註141〕《舊唐書》卷49《食貨下》。
〔註142〕《遼史》卷59《食貨志上》。
〔註143〕《遼史》卷59《食貨志上》。
〔註144〕《遼史》卷13《聖宗紀四》。

民。」〔註145〕

　　金代，隨著中都城市職能的擴大和人口的增多，糧食需求量非常大，因此金王朝不得不從外地運大量糧食到中都。《金史‧食貨志》記載，大定初「以正隆之後倉廩久匱，遣太子少師完顏守道等，山東東、西路收糴軍糧。」〔註146〕可見，自海陵帝正隆之後，中都糧儲一直供應不足，不得不去外地收購糧食。大定五年（1165年）世宗曾說：「朕謂積貯爲國本，當修倉廩以廣和糴」，命官員增修糧倉。大定十二年（1172年）「詔在都和糴以實倉廩」，即在中都收購糧食入倉儲備。大定十四年（1174年），爲防止自然災荒、供應不繼或者平抑糧價的需要，金王朝決定實現常平倉制度，「大定十四年（1174年），嘗定制，詔中外行之。」根據規定，常平倉一般設置在府州級城市中，距離州城六十里範圍內的縣城一般不設常平倉，而在此距離之外的縣城則特置常平倉，「縣距州六十里內就州倉，六十里外則特置。」金代的中都城設有官倉、常平倉以儲備糧食，根據運糧船「計道里分臨沂流、沿流爲限，至所受之倉」的記載，漕船可以直接開至糧倉之處，可以推知，中都城的糧倉應設於城北部或者西部的沿護城河一帶〔註147〕。常平倉設立在城市中，在災荒年份，貧民大量流向城市，城市通過開倉放糧或者採用開設粥廠等方式賑濟百姓，從而有效地發揮了城市的賑災職能。大定二十一年（1181年）「薊、平、灤等州乏食，命有司發粟糶之，貧不能糴或貸之。」〔註148〕承安元年（1196年）「六月甲寅，上以百姓艱食，詔出倉粟十萬石減價以糶之。」〔註149〕中都大興府設有「暖湯院」，「普濟院」等地方救濟機關。政府常在這裏對貧民施粥救濟，如明昌年間「諭大興府於暖湯院日給米五石以贍貧者」，承安二年十月「甲午，大雪，以米千石賜普濟院，令爲粥以食貧民。」泰和五年（1205年）章宗命「給米諸司，自十月十五日至次年正月十五日作糜以食貧民。」〔註150〕

〔註145〕《遼史》卷13《聖宗紀四》。
〔註146〕《金史》卷50《食貨志五》。
〔註147〕曹子西主編：《北京通史》第四卷，中國書店，1994年。第204頁。
〔註148〕《金史》卷8《世宗紀下》。
〔註149〕《金史》卷10《章宗紀二》。
〔註150〕《金史》卷12《章宗紀四》。

第四節　以近海地帶城市活躍發展爲主的空間演變特徵

一、隋至金時期京津地區城鎮空間分佈特徵

　　隋至金時期，京津地區的城市分佈依然受到區域交通格局的影響。隋唐時期，京津地區地交通條件較以前有所改善。除了傳統的太行山東麓大道、通往西北的居庸關大道和通往東北地區的盧龍道以及古北口大道等交通路線之外，傍海道的地位此時開始上升，並在隋唐時期中原王朝的幾次東征中起了主要作用〔註151〕。交通條件的改善使中原地區與蒙古高原、東北地區的聯繫比前代更爲緊密，聯繫程度更加深入，處於三大地域單元樞紐部位的京津地區地位因而得以上升，薊城作爲京津地區的區域中心城市，其影響力也不斷提高並在國家政治生活中起著重要的作用。需要說明的是，自薊城出發，沿燕山南麓大道東行，到達薊州後，道路開始分叉，一條繼續東行到達平州，另一條折向東北，進入沿灤河河谷通往東北地區的盧龍道，因此漁陽控制著這兩條交通要道，屏障薊城東部，戰略地位重要，唐代升漁陽爲薊州，漁陽的城市地位大大提高。遼代，南京與其他四京之間均有交通幹道並設有驛站。由於契丹的政治中心在西拉木倫河流域，故南京與草原的聯繫比以往更加密切，古北口大道的重要性上升。宋朝使臣沈括出使遼朝走的就是古北口大道〔註152〕。金朝的政治政治中心在東北地區，加上這時傍海道成爲連接關內外的重要通途，燕山南麓大道的重要性大爲提高。這條路自中都東行，經通州沿燕山南麓一直到達平州渝關，經傍海道進入東北地區。遼朝末年金軍進攻燕京，即由此道行軍。金初宋使臣許亢宗出使金朝走的是燕山南麓大道，他詳細記載了沿途經過的城鎮，自燕京東行，分別經過潞縣——三河——薊州——玉田——韓城鎮——石城——灤州——望都（海山）——營州（昌黎）——潤州——渝關〔註153〕，之後進入東北。

　　隋代運河的開鑿使京津地區與中原的聯繫更加便利，水路交通條件的改善也刺激了京津地區城市的出現與發展，隋代曾在京津地區南部設置通澤縣

〔註151〕辛德勇：《論宋金以前東北與中原之間的交通》，載辛德勇《古代交通與地理文獻研究》，中華書局，1996年。第6～7頁。
〔註152〕〔宋〕沈括：《熙寧使契丹圖抄》。
〔註153〕〔宋〕許亢宗：《宣和乙巳奉使行程錄》。

與豐利縣，兩縣的出現應與漕運有一定的關係。金以來，隨著燕京城市地位的上升，城市功能擴展，人口大量增加，城市規模日益擴大，由此對糧食產生巨大需求。金朝在黃河以北的河南、山東、河北等地區徵調糧食，通過漕渠運至金中都。金代十分重視漕運，歷代帝王大力整治中都東南河道以利漕運，如文獻記載：「金都於燕，東去潞水五十里。故爲牐以節高良河、白蓮潭諸水，以通山東、河北之粟」〔註154〕。金中都東南地區漕河水系便利了中都與各地的聯繫，位於中都城東部的通州既是漕運樞紐，又是聯繫中原地區的重要水陸節點，城市地位因而大大提升，逐漸發展成爲中都東部重要的具有商業職能和倉儲職能的城市。

二、隋至金時期京津地區城市體系的空間演變特徵

1、山前地帶城市的發展

隋及唐代中前期，山前地帶一共有 8 個建制城市，唐代後期增設廣平縣，建制城市數增加到 9 個。廣平縣在五代時被省並，由於五代玉河縣和遼初行唐縣的設置，山前地帶建制城市依然維持 9 個。遼金時期，京津地區山前地帶一直都是 11 個城市，雖然數量上保持穩定，但是城市建制上卻有所變化。遼初在密雲析置的行唐縣，到金代被省並，此前玉河縣在宋朝接管幽州後廢入宛平縣。金建都燕京，在宛平西境設房山縣以奉山陵，同時又升漁陽縣大王鎮爲平谷縣。由於中都漕運需要，金朝升潞縣爲通州。而北部的檀州降爲密雲縣。總的來說，山前地帶的城市的數量變動較少，主要表現爲行政建制的變化而導致城市地位的升降，城市分佈密度也基本上保持穩定。

2、近海地帶城鎮的活躍發展

隋唐時期，近海地帶得到進一步開發，區域內城鎮數量不斷增加，反映了這一時期城鎮的活躍發展。隋代，在近海地帶南部先後設置豐利縣城和通澤縣城，隋代近海地帶有 6 個建制城市。唐代中前期，隨著地域開發強度的增加，近海地帶增設三河、永清兩個縣城，又置薊州漁陽郡，因此唐代該地帶內共有 7 個城市。遼在延芳淀一帶置潞陰縣；新倉鎮又因漕運和鹽業的興盛而發展，遼代在此置香河縣。在拒馬河以南，先有後周設置的霸州，其後北宋又設保定軍、信安軍。因此，遼代京津地區近海地帶同唐代相比增加了 5

〔註154〕《金史》卷 27《河渠志》。

個城市，一共有 12 個城市。金在新倉鎮設寶坻縣，這樣金代近海地帶的城市比遼時增加 1 個，城市數達 13 個。總之，隋至金時期，近海地帶的城市發展十分活躍，其數量由隋代的 6 個增加到金代的 13 個。並且，近海地帶城市數量自遼以後超過山前地帶，並且城市分佈密度也超過山前地帶，這充分說明隋唐至遼金時期是近海地帶城市活躍發展的時期。

3、瀕海地帶城鎮的出現

隋唐時期渤海海岸線已經向東南大大延伸，但由於瀕海地勢低窪，還是一片水鄉澤國，人迹罕至。瀕海地區由於產鹽，局部地區也得到一定程度的開發，五代時劉守光置蘆臺軍於海口鎮，後唐在蘆臺鹵地置鹽場，「舟行運鹽東去京國一百八十里，相其地高阜平闊，因置榷鹽院，謂之新倉，以貯鹽。復開渠運鹽，貿於瀛、莫間。」〔註155〕新倉、蘆臺的出現爲遼金時期近海和瀕海地帶城鎮的發展奠定了基礎。1950 年代，考古工作者在今天津東郊軍糧城先後發現一座唐代棺墓和一座唐代磚墓〔註156〕。近年在劉臺村西南 1 公里處發現一座唐代前期古城，在古城周圍先後發現多處唐代前期墓葬〔註157〕，這說明唐代天津一帶得到開發。遼金時瀕海地帶進一步發展，明昌四年（1193年）金在清州窩子口置靖海縣，瀕海地帶首次出現縣級建制城市。瀕海地帶建制城市的出現，揭開了以後瀕海地帶城市活躍發展的序幕。

表 4-10　隋至金時期京津地區三大地帶城市空間分佈演變

	山 前 地 帶			近 海 地 帶			瀕 海 地 帶		
	數量 個	面積 萬 km²	密度 個/千 km²	數量 個	面積 萬 km²	密度 個/千 km²	數量 個	面積 萬 km²	密度 個/千 km²
隋	8	0.89	0.90	6	1.37	0.44	0	0.84	0
唐	9	0.89	1.01	7	1.37	0.51	0	0.90	0
遼	11	0.89	1.24	12	1.37	0.88	0	0.90	0
金	11	0.89	1.24	13	1.37	0.95	1	0.96	0.10

〔註155〕《日下舊聞考》卷 113《京畿・寶坻縣》引《劉晞顏新建寶坻縣記略》。
〔註156〕天津市文化局考古發掘隊：《天津軍糧城發現的唐代墓葬》，《考古》，1963 年第 3 期。
〔註157〕天津市歷史博物館考古部：《天津軍糧城海口漢唐遺迹調查》，《考古》，1993年第 2 期。

圖 4-5　隋至金時期京津地區城市體系的空間演變

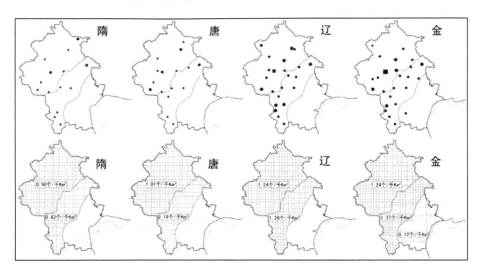

第五章　元明清時期京津地區城市體系的發展演變（元明時代）

元明清時代，北京成爲封建統一王朝的政治中心，今京津地區成爲畿輔重地，區域城市體系的發展和演變受到中心城市——北京的強烈影響，區域城市體系在等級規模、職能組合結構以及空間分佈格局都出現了新的變化。

第一節　區域中心城市的穩定發展

一、元明時期區域中心城市的發展

1、區域政治經濟格局的確立

元滅金後，先後於燕京建燕京路、燕京行省。至元元年（1264 年），定開平爲上都，改燕京爲中都〔註1〕。忽必烈登基之前，其屬下霸突魯曾建議：「幽燕之地，龍蟠虎踞，形勢雄偉，南控江淮，北連朔漠。且天子必居中以受四方朝覲。大王果欲經營天下，駐蹕之所，非燕不可。」〔註2〕忽必烈遂定都燕京。至元四年（1267 年），忽必烈在中都舊城東北營建新城。至元九年，新城修竣工，遂改中都爲大都。世祖定都大都，大都城市人口驟然增多，所需糧食以及其他物資，無不仰給於江南。因此，元代漕運是國家的大政要務，大都地區的水路交通空前發展，並爲明清漕運奠定了基礎。元初曾利用海運、

〔註1〕 《元史》卷 58《地理志一》。
〔註2〕 《元史》卷 119《霸突魯傳》。

膠萊運河、濟州河向大都漕運糧食。尤其是山東境內的濟州河、會通河的開鑿成功，使南北大運河重新貫通，意義十分重大。但是由於運河漕運不暢，故元朝一直實行海運。無論是海運還是河運，漕糧均先抵達直沽，然後沿潞水逆流而上抵達通州，漕糧抵達通州後，經陸運或經壩河水運至大都城。為改善漕糧運輸條件，郭守敬於至元二十九年（1292 年）主持開鑿大都至通州之間的通惠河，次年完工。通惠河的開通極大地提高了大都至通州間的漕運能力，並為以後明清時期的經濟格局奠定了基礎。

　　1368 年正月，朱元璋在應天（今南京）即皇帝位，建元洪武，國號大明。同年七月，北伐的明軍在徐達率領下自運河北上，進逼元大都。八月，明軍進入元大都，結束了元朝近百年的統治。明初定都南京，京津地區作為明王朝的邊防重地，駐紮大量的軍隊，其所需糧餉除了京津地區及其他地區提供外，還有相當一部分要取自江南，如洪武三十一年，明政府曾經「海運糧七十萬石於遼東。」〔註3〕由於大運河在元末戰亂中淤塞，故明初只能以海運輸送糧食。永樂遷都北京後，北京對於漕運更加依賴。永樂初年，糧食運道有二，「運道一由海達直沽，一由淮入河，逾陽武入於衛，由衛入白河抵通州。」〔註4〕由於水陸轉運費工費時，於是永樂九年，成祖命尚書宋禮等人疏濬會通河。宋禮採納汶上老人白英的建議，引汶水注入運河，成功解決了運河山東段水源不足問題，「於是會通既道，淮浦底績，而南北之運始通。」〔註5〕自此以後，大運河才真正發揮了作用。明政府隨後罷海運和陸挽，專事漕河，每年四百多萬石漕糧全賴大運河水運至通州和北京。大運河的開通溝通了南北物資文化交流，成為重要的經濟走廊。永樂十九年（1421 年）朱棣正式遷都北京，北京城中聚集了大量的消費性人口，「京師百司庶府，衛士編氓，仰哺於漕糧」〔註6〕，明代漕運的暢通為北京城市的發展奠定了良好的基礎。

2、元明時期中心城市人口規模變化

　　元初，由於大都地區人口損耗巨大，元政府不得不遷移人口充實都城。自 1264 年至 1281 年的 18 年間，遷入大都的人口約有 16 萬戶〔註7〕。自忽

〔註3〕〔清〕孫承澤：《天府廣記》卷 14。
〔註4〕〔清〕孫承澤：《天府廣記》卷 14。
〔註5〕〔清〕孫承澤：《天府廣記》卷 14。
〔註6〕〔清〕孫承澤：《天府廣記》卷 14。
〔註7〕韓光輝：《北京歷史人口地理》，北京大學出版社，1996 年。第 253～254 頁。

必烈即位至泰定四年（1327年）的60餘年的時間裏，先是建都大都，人口大量遷入，其後良好的社會環境推動了區域和城市戶口的自然增殖。至元七年至泰定四年大都城市戶口由11.9萬戶，41.8萬口增加到21.1萬戶，95.2萬口〔註8〕。泰定時期是大都城市極盛時期，大都城市人口遠遠超過了金代中都極盛時期的人口數量。

明初建都南京，元大都降爲北平府治，明初北平由於戰亂，人口銳減。洪武八年時，城市人口爲14.3萬人。直至永樂建都時，北京城市人口仍然十分稀少，城市商業蕭條，「商賈未集，市廛尚疏。」〔註9〕成祖遷都北京後，隨著大批官僚士紳的進入，北京城市人口急劇增加。爲了加強管理，永樂二年（1404年）設北京城市兵馬司，永樂七年（1409年）分置五兵馬司。可見明初北京城內人口就分爲五城管理，每城有坊，坊下分牌，牌下設鋪，鋪設總甲〔註10〕。鋪的設置是根據人口多少作爲標準的，「城內各坊，隨居民多少，分爲若干鋪。」〔註11〕可見坊鋪是城市居民基層社區組織。隨著城市人口的增加，正統年間，北京已經是官府居民鱗次，廛市衢道棋布、朝觀會同麇至、車騎遝來坌集〔註12〕的繁榮景象。但是此時，城中人口主要以駐軍及其家屬爲主要成分〔註13〕。根據研究，正統末期是北京城市戶口的極盛時期，正統十三年城市人口約27.3萬戶，96萬餘口〔註14〕。土木之變是北京城鄉戶口增減變動的轉折點，京津地區的城市體系發展逐漸衰弱，但是作爲都城的北京城依舊維持著繁榮的態勢，到弘治時，北京城內人滿爲患，時人描述到：「生齒日繁，物貨益滿，坊市人迹，殆無所容。」〔註15〕嘉靖至萬曆時期，北京城人煙繁盛，「生齒滋繁，阡陌綺陳，比廬溢郭」〔註16〕，城外前三門人口彙集，「殆倍城中」〔註17〕，「關廂居民無慮百萬。」〔註18〕萬曆初年，北京城

〔註8〕　韓光輝：《北京歷史人口地理》，北京大學出版社，1996年。第83～84頁。
〔註9〕　〔明〕沈榜：《宛署雜記》卷7《廊頭》。
〔註10〕　〔明〕馬從聘：《蘭臺奏疏》卷1。
〔註11〕　〔明〕沈榜：《宛署雜記》卷5《街道》。
〔註12〕　〔明〕楊士奇：《楊文貞公文集二‧都城攬勝詩後》。
〔註13〕　韓光輝：《北京歷史人口地理》，北京大學出版社，1996年。第105頁。
〔註14〕　韓光輝：《北京歷史人口地理》，北京大學出版社，1996年。第109～110頁。
〔註15〕　〔明〕吳寬：《匏翁家藏集》卷45《太子少保左都御史閔公七十壽詩序》。
〔註16〕　〔明〕張泗維：《京師新建外城記》，《張鳳盤集》卷10。
〔註17〕　〔明〕孫承澤：《春明夢餘錄》卷3《城池》。
〔註18〕　〔明〕王忬：《條陳末議以贊修攘疏》，《明經世文編》卷283。

市人口約 17.9 萬戶，85 萬人，天啓元年 15.1 萬戶，77 萬人，崇禎二年北京城市人口約 70 萬人〔註19〕。

元代對於大都的管理有其獨立的市政建置。隨著中都人口恢復，至元六年（1275 年）恢復金代左、右警巡院，「領民事及供需」〔註20〕，明確了城市警巡院獨立市政建置的職能，並與宛平、大興兩縣平行隸屬於大都路領屬。隨著大都新城建設過程中大量人口移居新城，至元十二年（1275 年）置大都（新城）警巡院，「領京師坊事。」〔註21〕至元二十年（1283 年）大都城修建完工，元政府徙舊城官署及居民實新城。隨著新城人口的迅速增加，大都城市市政設置有了新的變化。至元二十四年（1287 年），省並警巡院一，只設左、右二院，分領京師城市（指新舊二城）民事〔註22〕，這就是《元史‧地理志》所指大都路所領二院。大德九年（1305 年），置大都南警巡院，「以治都城之南」〔註23〕，即大都舊城。因而原左、右二院專職新城坊市與民事。到元至大三年（1310 年），「增大都警巡院二，分治四隅。」〔註24〕至此，大都新舊二城已置有五個警巡院。明初取消元大都警巡院建制，北平城由附郭大興、宛平二縣分治。永樂遷都後，依南京制度將北京城市按方位劃分爲東、西、中、北、南五城，各置兵馬司，實行御史監察制度，從而形成了北京城市五城巡城察院。同時也沿襲明初制度，北京城市又由大興、宛平兩附郭縣分治。雖然北京名義上由五城兵馬司與大、宛二縣雙重管轄，但實際只隸屬五城兵馬司管轄，如《春明夢餘錄》所說：「京師雖設順天府兩縣，而地方分屬五城」。京城分爲五城之外，每城又劃分爲若干坊，明嘉靖後期北京內外城共分置 37 坊，形成「五城正副兵馬，既各司一城，一城之中，又各司一坊」〔註25〕的管理體制。

3、元明時期中心城市的建設

金末元初，中都城在戰火中遭到破壞。1264 年，忽必烈決定建都燕京。由於舊城受戰火焚燒及城市水源缺乏等原因，至元四年（1267）始於燕京東

〔註19〕韓光輝：《北京歷史人口地理》，北京大學出版社，1996 年。110 頁。
〔註20〕《元史》卷90《百官志六》。
〔註21〕《元一統志》卷1《大都路》。
〔註22〕《元一統志》卷1《大都路》。
〔註23〕《元史》卷90《百官志六》。
〔註24〕《元史》卷23《武宗紀二》。
〔註25〕〔明〕沈榜：《宛署雜記》卷13《鋪行》。

北金離宮大寧宮附近另建新城。大都城自至元四年（1267 年）開始修建，至元二十二年（1285 年）告竣，共歷時十八年。大都城爲南北略長的方形城垣，周長約 60 里，佔地面積在 50 平方公里以上。南城牆在今東西長安街稍南，北城牆在今德勝門外土城。東西城牆與明清北京城牆一致。城內布局經過周密規劃，井然有序。皇城在大城內南部中央地區，以金中都大寧宮太液池中的瓊華島爲中心。宮城偏在皇城東部，爲長方形〔註26〕。元大都的修建基本上遵循《周禮・考工記》「匠人營國，方九里，旁三門，國中九經九緯，經塗九軌，左祖右社，面朝後市」的設計原則。太廟建在城東，即「左祖」，社稷壇建在城西，即「右社」。主要的市場設在城西北部積水潭北岸的「斜街市」，即「後市」。

洪武初，明軍攻取元大都，降爲北平府。由於元大都城垣廣大，軍事上不利於防守，於是徐達在攻下大都之後，「命指揮華雲龍經理元故都，新築城垣，南北取徑直，東西長一千八百九十丈」〔註27〕，將元大都北城牆南移五里，至今安定門、德勝門一線重建。改建後，北京城面積縮小近元大都的五分之三。城垣形制也由南北長、東西短的長方形變成南北短、東西長的長方形。永樂元年，以北平爲北京，升北平布政司爲北京，改北平府爲順天府，設北京行部，稱行在。同年二月，正式罷北平布政司，以其所屬府州縣直隸北京行部。永樂五年建北京宮殿，開始大興土木，建設京城。永樂十七年，拓北京南城，將南城牆拓展到今正陽門、崇文門和宣武門一線。永樂十八年，北京建成，「周圍四十里。爲九門：南曰麗正、文明、順承，東曰齊化、東直，西曰平則、西直，北曰安定、德勝。」〔註28〕「凡廟社郊祀壇場宮殿門闕規制悉如南京，而高敞壯麗過之。」〔註29〕同年，成祖遷都北京，並詔告天下。永樂十九年，以北京爲京師，罷北京行部，京師之地直隸中央。從此，北京成爲明代全國的政治中心。正統元年（1436 年）開始修建北京九門城樓，四年後完工。遂改麗正門爲正陽門、文明門爲崇文門、順城門爲宣武門。同時改東南齊化門爲朝陽門，西南平則門爲阜城門。明朝中葉，蒙古多次南下，北部邊疆危機四起，這對北京城形成了巨大的威脅。因此，朝廷屢有加築外

〔註26〕北京市文物研究所：《北京考古四十年》，北京燕山出版社，1990 年。第 175～177 頁。
〔註27〕《明太祖實錄》卷 34，洪武元年八月丁丑。
〔註28〕《日下舊聞考》卷 38《京城總記》。
〔註29〕《明太宗實錄》卷 232，永樂十八年十二月癸亥。

城的建議，但一直未能實施。直到嘉靖三十二年（1553 年），才開始修築外羅城。原本打算環繞京城四面加築外城，但由於財力有限，僅修成正南一面，將前三門外的商業區圈入外城。自此北京城市平面布局由「口」字形變爲「凸」字形。

圖 5-1　明代北京城垣規模演變

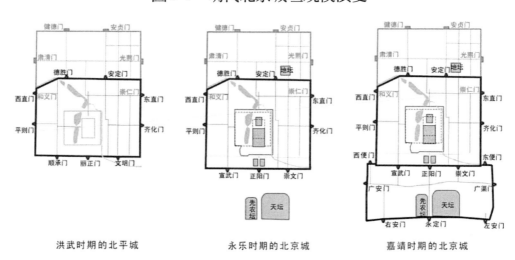

洪武时期的北平城
永乐时期的北京城
嘉靖时期的北京城

二、元明時期中心城市的職能組合

1、作爲全國和地方的政治和文化中心

忽必烈確立燕京爲都城後，改稱中都爲大都，原金中都路相應地改爲大都路。至元二十一年（1284 年）置大都路總管府，大興府仍舊。京津地區屬於大都路轄區，大都路、大興府和大興、宛平兩附郭縣的治所都在大都城內，政治功能集中。永樂遷都之前，北平府是北方經略塞外以及東北的軍事基地，北平城市職能主要以軍事爲主。明永樂元年，朱棣改北平爲北京，北平府爲順天府。自永樂十八年，永樂皇帝遷都北京，實行兩京制，文武百官以及中央機構也都遷至北京，北京城的政治職能迅速上升。仁宗時，重新提出都城南遷之議，改北京爲行在。直到正統六年，才最後確定北京爲京師，成爲全國政治中心。北京還是地方行政中心，永樂遷都之前，北平是北方地區性政治中心城市。永樂遷都後，北京爲順天府府治所在地，有大興、宛平兩個附郭縣。因此，元明時代的北京城依然延續遼金時期的傳統，承擔著國家行政中心和地方行政中心的雙重職能。

　　元代大都城是全國文化中心，城內設有中央文化機構翰林國史院和蒙古翰林院。中央教育機構有隸屬於集賢院的國子監、國子學，隸屬於蒙古翰林院的蒙古國子監、國子學，以及隸屬於翰林國史院的回回國子監、國子學。地方上則有府學、縣學等機構。這些教育機構承擔著為國家培養人才的功能，並通過科舉制度進行選拔。大都城人口眾多，彙集了不同民族、不同國家的各種人物，因此大都城中流行著各種不同的宗教信仰。蒙古統治者對宗教採取了兼容並蓄的政策，對於佛教、道教、基督教和景教、以及伊斯蘭教等都設立相應的機構進行管理，各個宗教派別也在大都設立活動場所以傳揚宗教，因此大都是宗教信仰多元化的城市。自蒙古進入中原後，大都城經過半個世紀的發展，成為北方乃至全國的文化中心。永樂遷都後，北京再次成為全國的文化中心。在明北京的政府機關中，有許多文化機構，如翰林院、文思院、貢院、國子監等。其中國子監是全國最高學府，號稱北監（南京也有國子監，稱南監），是明王朝培養人才的地方，生員最多時可達一萬多人。此外，還有培養軍事人才的武學，欽天監、太醫院、四夷館等也負責培養各種專門人才。北京城還有地方教育機構。明洪武年間，在北平設北平府學，以元代的國子監為校舍，同時還設有大興縣學和宛平縣學。永樂遷都後，按應天府制，京府宛平、大興二縣不設學校，統於順天府學。順天府學地位非同一般，「為天下府、州、縣學之冠。」〔註30〕因此北京城市文化職能十分突出，是文化最發達的地方。

2、作為全國和地方的工商業中心城市

　　元定都燕京，改為大都，城市規模迅速擴大，城內大量消費性人口刺激了商業貿易的發展，全國乃至國外的許多商品都彙聚在這裏，「東至於海，西踰崑崙，南極交廣，北抵窮髮，舟車所至，貨寶畢來。」〔註31〕同時由於大運河的開通和海運的實行，便利了南北物資交流，更加促進了大都城市商業的繁榮，「江淮、湖廣、四川、海外諸番土貢糧運，商旅懋遷，畢達京師。」〔註32〕大都成為東西方的貿易中心，「東隅浮巨海而貢筐，西旅越蔥嶺而獻贄，南陬踰炎荒而奉珍，朔部歷沙漠而勤事。」〔註33〕元大都宣課提舉司是

〔註30〕《光緒順天府志・經政志八・學校上序》。
〔註31〕〔元〕程矩夫：《姚長者傳》，《雪樓集》卷7。
〔註32〕〔元〕蘇天爵：《丞相淮安忠武王》，《元朝名臣事略》卷2。
〔註33〕《日下舊聞考》卷6《形勝》引《李洧孫大都賦並序》。

管理大都商業的機構，各種市中還設有專門的市令。元代商稅是三十取一，而大都市肆稅卻是四十取一。元代中期大都宣課提舉司的商稅收入高達十萬三千餘錠，高於除江浙行省以外的各行省商稅總和〔註34〕，由此可見大都商業之繁盛。元代大都城的手工業十分發達，大都城幾乎集中了當時最重要的手工業行業。《北京古代經濟史》認爲，大都城內龐大的官手工業工匠約有40餘萬〔註35〕。大都的私營手工業也很發達。以製酒業來說，大都民間製酒作坊達數百個，「日釀多至三百石者，月已耗穀萬石，百肆計之不可勝算。」〔註36〕比較來看，大都城內私營手工業規模小、行業面窄，城內還是官營手工業在起主導作用。

明初，京津地區手工業衰微。自成祖遷都，大興工役，城市人口激增，極大地促進了城市官營手工業的發展。北京是全國最大的手工業城市，表現在兩個方面：一個是北京工匠最多。明代實行元代的匠籍制度，職業世襲，並把工匠分爲住坐匠和輪班匠兩個等級，輪班匠匠籍隸工部，分佈於各省，「丁以三年爲班，更番進京，輪作三月」〔註37〕，後來針對不同行業對輪班時間進行了調整，景泰時改爲四年一班。北京輪班匠人數眾多，正統年間，輪班匠數目「南京五萬八千，北京十八萬二千」〔註38〕，在京服役的匠班，分爲四班，「歲得匠四萬五千，季得匠一萬一千。」〔註39〕住坐匠由內務府管理，正德時期住坐匠總數多達二萬五千多名，以後陸續減少。其二，北京手工業行業範圍最廣。從官營手工業的管理來看，工部下轄若干局，如營繕所、文思院、皮作局、鞍轡局、寶源局、顏料局、軍器局、織染所、雜造局等。內務府掌管的手工業專門爲皇室服務，共有二十四個監局，包括司禮、尚衣、內官等十二個監，惜薪、寶鈔等四個司，兵仗、巾帽等八個局。官營手工業分爲營造、織造、窯冶、軍火、器用五類，包含的行業有建築、兵器製造、紡織染色、琉璃、鑄錢、陶冶等多種工業部門。同元代相比，明代北京手工業分工更加細緻，製造技術更爲先進，如京內織染局有三十二種行業，兵仗局有三十四種行業，整個北京城內官營手工業行業不下一百餘種〔註40〕。明

〔註34〕孫健主編：《北京古代經濟史》，北京燕山出版社，1996年。131頁。

〔註35〕孫健主編：《北京古代經濟史》，北京燕山出版社，1996年。第119頁。

〔註36〕〔元〕姚燧：《中書左丞相姚文獻公神道碑》，《牧庵集》卷15。

〔註37〕《明史》卷77《食貨志一》。

〔註38〕萬曆《明會典》卷188《工匠一》。

〔註39〕萬曆《明會典》卷189《工匠二》。

〔註40〕孫健主編：《北京古代經濟史》，北京燕山出版社，1996年。181頁。

代北京景泰藍生產技術最為突出，明中葉景泰年間發展成為具有高度藝術性的金屬工藝美術品，馳名中外，其製作不僅官辦，也有民營。自明中葉以來，官營手工業開始衰落，私營手工業開始發展。嘉靖以後由於手工業生產的發展，逐漸出現了以生產者和產品命名的胡同，如沈篦子胡同、唐刀兒胡同、馬絲綿胡同、唐洗白街、石染家胡同等等〔註 41〕。北京城郊出現了磨坊、酒坊、機坊、染坊等私營作坊，同時也出現了私營礦場，如銅作坊和鐵作坊。北京郊區灰窯、石窯和煤窯等燒窯業發展很快，其中門頭溝煤窯具有相當規模，煤炭產量很大，根據記載，「今京城軍民百萬之家，皆以石煤代薪。」〔註 42〕明初採煤由官府壟斷，隨著商品經濟的發展，官窯逐漸衰敗，萬曆時西山等地的採煤業「官窯僅一二座，其餘盡屬民窯」〔註 43〕，由此可見民窯發展之盛。此外京城的釀酒、印刷等行業也十分興盛。

　　元末明初，大都城的商業一度衰落。隨著北京成為明王朝的都城，北京的商業很快發展起來。明初營建北京時，在「北京皇城四門鐘鼓樓等處，各蓋鋪房、店房，召民居住，召商貨居」〔註 44〕。這些召商貨居的平房，後來成為街市商業鋪面；其次，明政府大力整修官道，使商旅往來更加順利；再次，明政府大力整治運河，使南北水路暢通，南北物資交流遂大大加強了。交通條件的改善，使全國各地的貨物源源不斷地流向北京，北京成為全國最大的商業市場。北京城中承天門前的棋盤街是明代北京最繁華的商業區，此外正陽門大街、崇文門大街、鼓樓大街以及東四牌樓、西四牌樓等地都是繁華的商業場所。明中後期，隨著匠籍制度的逐漸瓦解，手工業獲得更快的發展，這自然進一步刺激了商業的發展。根據統計，萬曆十年（1582 年）北京私人工商業戶有三萬四千多戶，占當時工商業店鋪總數的 86％。明中後期北京商業十分繁榮，「市肆貿遷，皆四遠之貨」〔註 45〕，「天下財貨聚於京師。」〔註 46〕北京還是西北蒙古、東北女真等民族地區以及西域各國的商品集散地，萬曆年間沈德符記載，他在會同館前目睹裝貨情形，每車木箱高三丈多，「皆韃靼女真諸虜及天方諸國貢夷歸裝所載。他物不論，即瓷器一項，多至

〔註 41〕　〔明〕張爵：《京師五城坊巷胡同集》。
〔註 42〕　〔明〕邱濬：《守邊議》，《明經世文編》卷 73。
〔註 43〕　《明神宗實錄》卷 381，萬曆三十一年二月癸巳。
〔註 44〕　〔清〕查慎行：《人海記》。
〔註 45〕　〔明〕謝肇淛：《五雜組》卷 3《地部一》。
〔註 46〕　〔明〕張瀚：《松窗夢語》卷 4《百工紀》。

數十車。」〔註 47〕「京師負重山，面平陸，地饒黍穀、驢馬、果蓏之利。然而四方財貨駢集於五都之市，彼其車載肩負，列肆貿易者，匪僅田畝之貨，布帛之需。其器具充棟，與珍玩盈箱，貴極崑玉、瓊珠、滇金、越翠，凡山海寶藏，非中國所有。而遠方異域之人，不避間關險阻，而鱗次輻輳，以故蓄聚爲天下饒。」〔註 48〕明代北京商業的發展吸引了各地的商人彙集於此，「奔走射利，皆五方之民。」〔註 49〕萬曆時，戶部編審京師鋪戶，發現「京師鋪戶，多四方輻輳之人。」〔註 50〕

第二節　州縣城市的穩定發展與等級規模變化

一、元代京津地區州縣城市的發展與演變

1、元初京津地區城市的恢復性發展

金貞祐三年（元太祖十年，1215 年），元軍佔領中都地區，將中都改爲燕京，並將金中都路改爲燕京路，總管大興府，燕京路所屬範圍基本沿襲金中都路的政區範圍。同年，將原中都路的平、灤二州分出，另立興平府。元太祖十二年（1217 年），建行省於燕京，燕京成爲蒙古政權在漠南漢地的軍事指揮中心。從此，蒙古人開始了對燕京地區的統治。窩闊台統治時期，制定賦稅制度，在中原設立十路徵收課稅使，負責徵收各路課稅。1235 年，窩闊台下籍民詔，同年燕京路「置版籍」〔註 51〕，作爲徵收賦稅的憑據。在從成吉思汗到蒙哥的五十年時間裏，京津地區社會經濟逐漸恢復，區域城市體系不斷獲得發展。太宗窩闊台八年（1236 年），將燕京路政區南部的涿州升爲涿州路；十一年（1239 年），又將南部保、雄、易三州分出，另立順天路。金朝末年，曾升信安縣爲鎮安府。元初，降鎮安府爲信安鎮，省入霸州。中統四年（1263 年），元政府對京津地區的行政建置做了調整，取消涿州路，將涿州重新劃入到中都路，同時將隸屬於霸州的安次縣升爲東安州，將原隸屬於大興府的固安縣升爲固安州，因此東安和固安的城市地位有所上

〔註 47〕〔明〕沈德符：《萬曆野獲編》卷 30《夷人市瓷器》。
〔註 48〕〔明〕張瀚：《松窗夢語》卷 4《商賈紀》。
〔註 49〕〔明〕謝肇淛：《五雜俎》卷 3《地部一》。
〔註 50〕〔明〕沈榜：《宛署雜記》卷 13《鋪行》。
〔註 51〕《元史》卷 58《地理志一》。

升。

蒙古族來自草原，對於中原地區農業經濟的重要性不是很瞭解。隨著戰爭的進行，蒙古統治者也開始意識到恢復農業的必要性，於是開始採取恢復中原農業經濟的舉措。元世祖忽必烈在其即位之初，「首詔天下，國以農為本，民以食為本，食以農桑為本。」〔註52〕元政府在中央設立司農司，在全國置十道勸農司，擇通曉農事者充勸農官；州縣鄉村設立村社，規定年高曉農事者為社長，同時推廣農技，改進農具，興修水利。又編訂《農桑輯要》一書，多次印製頒行，對農業生產經驗進行總結和傳播。下令禁止破壞農業生產，妨礙農時，多次蠲免賦稅，賑濟貧困等諸多舉措。故元世祖時期，農業生產穩步上升，社會日益穩定，「終世祖之世，家給人足。」〔註53〕當時任職燕京路的官吏也多行惠政安民。燕京也逐步恢復了在北中國的政治、經濟和文化中心的地位，為元世祖忽必烈定都大都奠定了基礎。

2、元代中期京津地區城市的發展

至元二年（1265年），元政府根據當時州縣戶口歷經戰亂，人口流亡，戶口多寡不均，下令省併州縣：「諸路州府，若自古名郡，戶數繁庶，且當衝要者，不須改並。其戶不滿千者，可並則並之。」〔註54〕根據這一政策，在京津地區，因戶不滿千而省並的縣有平谷，省入漁陽；霸州益津縣曾與中統四年省並，這一年因戶滿千而復置，並將保定省入益津〔註55〕。平谷、保定撤消了縣級城市建制，益津縣級城市地位得以恢復。同時又對行政建制進行調整，將南部的安州、逐州、安肅三州劃歸保定路。至元三年（1266年），元政府又一次合併江北諸縣，位於北京西北的山後地區的縉山縣是年省入懷來縣。同時，元政府並根據戶口多寡將州、縣劃分為上、中、下三級。根據規定，諸州「一萬五千戶之上者為上州，六千戶之上者為中州，六千戶之下者為下州」；諸縣「六千戶之上者為上縣，二千戶之上者為中縣，不及二千戶者為下縣。」〔註56〕按《元史·地理志》記載，大都路絕大多數縣都是下縣。至元七年中都路的戶籍數是147590戶，401350口〔註57〕。這一

〔註52〕《元史》卷93《食貨志一》。
〔註53〕《元史》卷93《食貨志一》。
〔註54〕《元史》卷6《世祖紀三》。
〔註55〕《元史》卷58《地理志一》。
〔註56〕《元史》卷91《百官志七》。
〔註57〕《元史》卷58《地理志一》。

地區相當於遼代析津府、順州、檀州、涿州、薊州所轄地域和金中都路大興府、順州、通州、薊州、涿州所轄地域，根據《遼史・地理志》和《金史・地理志》記載，這一地區在遼代有 162000 戶，金代則有 477051 戶。通過比較可以發現，元初中都路戶籍數尚低於遼代，不及金代戶籍的三分之一。

從至元初期歷年戶口統計來看，北方地區的戶口呈不斷增長的趨勢。隨著人口的增長和經濟的恢復，數年後一些城市陸續恢復，至元四年保定縣復置，保定城也恢復了縣級城市建制；至元五年縉山縣復置。至元七年以後，由於大規模籍戶之後，各地戶口猛增，因此，不得不復立原先省並的州縣。至元十三年，復置平谷縣，仍屬薊州。同年，升漷縣爲漷州。大都東南的延芳淀一帶，地勢低窪，「原隰平衍，渾流芳淀，映帶左右」，元初皇帝每年來此遊獵，「建元以來春秋澄融之際，上每事羽獵，歲嘗駐蹕，民庶覩羽旄之光臨，樂遊豫之有賴，故生聚市闤，旋踵成趣」，金元之際因兵火而蕭條的漷縣城日益繁華，於是置漷州，「升縣爲州，從吏民之請也」〔註58〕，並「割大興府之武清、香河二邑來屬」〔註59〕，漷州城市地位提升。

經過世祖的經營，元朝的政治、經濟、軍事、文化、交通等各個方面都取得了顯著的發展。此後歷經元成宗、武宗、仁宗之世，多守成之治，國運昌盛。這個時期，京津地區的城市也處於鼎盛發展時期。如大都附近的順州，「地沃而民淳，自國家罷兵百年，涵濡撫育，生殖日繁，蔚爲饒郡。」〔註60〕元世祖時歐洲人馬可波羅來到中國，遊歷了許多地方，他對大都地區的城市進行了繪聲繪色的描述。如涿州是「一大而美麗之城。」自涿州向西至太原途中，「沿途皆見有環以城垣之城村及不少工商繁盛之聚落，與夫美麗田畝，暨美麗葡萄園，居民安樂。」〔註61〕

至元二十一年，置大都路總管府〔註62〕，專理民政。至元二十三年（1286年），大都路雄州、易州又被劃歸保定路。至元二十七年（1290 年），元朝在全國範圍內調整行省建制，中書省直轄河北、山東、山西等地；在地方設立十個行省。同年，大都路涿州所轄奉先縣改爲房山縣。延祐三年，升縉山縣爲龍慶州，因爲元仁宗於至元二十二年誕生於縉山縣香水園，故於延祐三年

〔註58〕〔元〕王惲：《大都路漷州隆禧觀碑銘》，《秋澗集》卷 57。

〔註59〕《元史》卷 58《地理志一》。

〔註60〕〔元〕明善：《順州儀門記》，《元文類》卷 29。

〔註61〕馮承鈞譯，黨寶海新注：《馬可波羅行紀》，河北人民出版社，1999 年。

〔註62〕《元史》卷 58《地理志一》。

九月「改縉山縣爲龍慶州。帝生是縣，特命改焉」〔註63〕。京津地區分屬大都路和河間路管轄，其中大都路及所領大興、宛平、良鄉、永清、寶坻、昌平 6 縣的治所，涿州及所領范陽、房山 2 縣的治所，霸州及所領益津、文安、大城、保定 4 縣的治所，通州及所領潞縣、三河 2 縣的治所，薊州所領漁陽、平谷 2 縣的治所，漷州及所領香河、武清 2 縣的治所，順州、檀州、東安州、固安州的治所，河間路靖海縣的治所，隸屬於上都路宣德府奉聖州的縉山縣治所均位於京津地區。大都路與附郭縣大興、宛平均治於大都城，涿州與附郭縣范陽、霸州與附郭縣益津，薊州與附郭縣漁陽縣，通州與附郭縣潞縣均治一城，而漷州、順州、檀州、東安州、固安州沒有附郭縣，因此京津地區建制城市有路級城市 1 個，州級城市 10 個，縣級城市 13 個，區域建制城市總數爲 24 個。

表 5-1　元代京津地區城市體系等級規模

等級	行 政 區	數量	%	城　市　名
II	路級城市	1	4.2	大都
III	州級城市	10	41.7	通州（潞）、薊州（漁陽）、順州、涿州（范陽）、漷州、霸州（益津）、檀州、東安州、固安州、龍慶州
IV	縣級城市	13	54.2	良鄉、永清、寶坻、昌平；房山；文安、大城、保定；平谷；香河、武清；三河；靖海
	合計	24	100	

注：州縣建制以元延祐三年（公元 1316 年）爲準。

資料來源：《元史·地理志》。

3、元末京津地區城市的蕭條

元朝末年，政治黑暗，財政敗壞，災害頻仍，國內各種矛盾極其尖銳。尤其元順帝執政以來，全國各地的反抗活動此起彼伏，元代社會也陷入動蕩不安的局面中。1351 年，江淮地區爆發了聲勢浩大的紅巾軍起義，糧食供應嚴重依賴江淮地區的大都頓時陷入困境，「元京軍國之資，久倚海運，及失蘇州，江浙運不通；失湖廣，江西運不通；元京饑窮，人相食，遂不能師。」〔註64〕作爲一個嚴重依賴外界能量輸入的體系，一旦外界能量供應中斷，那麼這個體系也就必然瓦解。至正十四年（1354 年），「京師大饑，加以疫

〔註63〕《元史》卷 25《仁宗本紀二》。
〔註64〕〔明〕葉子奇：《草木子》卷 3 上《克謹篇》。

癘，民有父子相食者」〔註65〕；「至正十八年（1358年），京師大饑疫，……至正二十年（1360年）四月，前後埋者二十萬。」〔註66〕然而慘劇不止於此。1358年，紅巾軍北伐，東路軍毛貴攻陷薊州，犯漷州，至棗林〔註67〕。為保衛京師，大都附近屯集了大量的軍隊，由於糧餉不足，出現了軍隊攻破城鎮，掠人為糧的慘劇。根據元夏以忠《昭告祐靈惠公廟碑記》記載：「至正十九年乙亥春，妖寇侵畿甸，京師戒嚴，徵調方殷，遠邇騷動。時諸將貪暴，師冗無律，數百里內掠人為糧，郡邑率自殘毀，惟涿未破。」三月，一支官軍攻下涿州，「民之膏其鼎鑊者日以千百計。居十有五日而去。」次年四月，另一支官軍攻陷城池，「剽掠焚蕩慘甚，驅以負荷者男女無算，又將割烹之。」〔註68〕在外界糧食無法輸入和內部動蕩同類相殘的雙重打擊之下，京津地區城市土崩瓦解，迅速衰落下去。

圖 5-2　元代京津地區城市體系

〔註65〕 《元史》卷43《順帝紀六》。
〔註66〕 《元史》卷224《宦者傳》。
〔註67〕 《元史》卷45《順帝紀八》。
〔註68〕 《日下舊聞考》卷129《京畿·涿州三》引《元夏以忠昭告祐靈惠公廟碑記》。

二、明代中前期京津地區州縣城市的發展和演變

1、明初京津地區社會經濟的恢復

元末明初的王朝更替戰爭對京津地區的社會經濟造成很大的負面影響，人口大量減少，區域城市因戰亂而衰落。如良鄉縣在洪武二年的戶口統計中僅有 41 戶，139 口〔註69〕；寶坻縣縣治「元季兵火無存」〔註70〕；潞縣「兵火之餘，民寡賦微」〔註71〕；三河縣「當明初戶口凋殘，十室九空。」〔註72〕除此以外，明王朝還採取了疏散元大都人口的種種措施則進一步使區域人口數量下降，如洪武元年「徵元故官送至京師（南京）」〔註73〕，「北平府應有南方之人，願歸鄉里者聽」〔註74〕，「命徙北平在城兵民於汴梁」〔註75〕，「縱降人北還。」〔註76〕明軍北伐，雖然號稱「人民皆安堵」〔註77〕，但事實上元大都地區人口為躲避戰爭多有逃逸者〔註78〕。洪武二年（1369 年）明太祖在詔書中說：「近者燕都既平，土地疆宇盡為國家所有，其民久被兵殘，困於征歛，尤甚齊魯之民。」〔註79〕根據當年的戶口統計，北平府有 14974 戶，48973 口〔註80〕。

表 5-2　洪武初年北平府部分州縣戶口狀況

縣	洪武二年初報戶口		洪武八年實在戶口		資　料　來　源
	戶	口	戶	口	
大興	2993	9892	10249	39192	《順天府志》卷 12《大興縣》
宛平	2966	8140	11063	40885	《順天府志》卷 11《宛平縣》
永清	199	802	1860	8805	《順天府志》卷 12《永清縣》

〔註69〕《順天府志》卷 13《良鄉縣・戶口》。
〔註70〕《日下舊聞考》卷 113《京畿・寶坻縣》引《寶坻縣志》。
〔註71〕〔明〕蔣一揆：《長安客話》卷 6《畿輔雜記》。
〔註72〕康熙《三河縣志》卷上《風土志・戶口》。
〔註73〕《明太祖實錄》卷 34，洪武元年八月壬午。
〔註74〕《明太祖實錄》卷 35，洪武元年九月至十月。
〔註75〕《明太祖實錄》卷 35，洪武元年十月。
〔註76〕《明史》卷 124《擴廓帖木兒傳》。
〔註77〕《明太祖實錄》卷 34，洪武元年八月庚午。
〔註78〕《明太祖實錄》卷 35 記載大都「故官及軍民人等近因大軍克取之際倉惶失措，生離父母妻子，逃遁他所」。
〔註79〕嘉靖《宣府鎮志》卷 14《貢賦考》。
〔註80〕《順天府志》卷 8《戶口》。

固安	479	1368	4156	16804	《順天府志》卷 12《固安縣》
香河	266	831	954	3309	《順天府志》卷 13《香河縣》
懷柔	577	1734	4213	16177	《順天府志》卷 13《懷柔縣》
良鄉	41	139	2732	11967	《順天府志》卷 13《良鄉縣》
昌平	451	1636	4159	14145	《順天府志》卷 14《昌平縣》
東安	448	1455	3774	15851	《順天府志》卷 14《東安縣》

在京津地區的局勢相對穩定之後，明朝政府便開始了對北平地區移民屯田，以增加人口，恢復殘破的經濟，發展社會生產。經過短時間的修養，北平府人口恢復很快，洪武八年實在戶 80666，口 323451〔註 81〕，六年時間內戶數增加 5.4 倍，口數增加了 6.6 倍。

當時，北平地區屯田包括軍屯和民屯兩種形式，具有規模大、分佈廣的特點。根據統計，洪武至建文年間，遷入北平等府州縣者至少有 86000 餘戶，約 46 萬餘口〔註 82〕。儘管明初在北平設立軍衛和招撫北逃軍民導致人口遷入北平地區，但是明初採取向外疏散北平人口的政策，導致當時區域人口銳減、并且使區域人口減少到歷次政權更替人口規模最低點〔註 83〕。由於明王朝初期建都南京，北平府成為沿邊軍事重鎮，防禦北方蒙古的入侵。因此，在北平地區的遷入人口中，軍戶佔有相當大的比重。人口的增加鞏固了明王朝對北平地區的統治，使殘破的區域經濟得到恢復，京津地區的城市也走出了遲滯不前的局面。

表 5-3　明初北平移民統計

年　　代	遷出地	移民性質	遷入地	移民數量		移民職業
				戶	口	
洪武四年 （1371 年）	順寧、宜興州	沿邊之民	北平府州縣	17274	93878	屯戍
洪武四年 （1371 年）	北平山後	山後之民	諸府衛	35800		籍為軍，編為民
洪武四年 （1371 年）	漠南北	沙漠移民	北平府管內	32860		置屯 254 處

〔註 81〕《順天府志》卷 8《戶口》。
〔註 82〕韓光輝：《北京歷史人口地理》，北京大學出版社，1996 年。259 頁。
〔註 83〕韓光輝：《北京歷史人口地理》，北京大學出版社，1996 年。259 頁。

洪武五年 （1372 年）	嬀州、宜興、興、雲四州	四州之民	北平附近		屯田
洪武十七年 （1384 年）		降族	北平地區		
洪武二十二年 （1389 年）	山西沁州	應募平民	北平、山東、河南	598	
建文四年 （1402 年）		罪囚及家屬	北平		種田
建文四年 （1402 年）	山西	丁多田少及無田之家	北平各州縣		屯種
合計				86532	

注：本表來自韓光輝：《北京歷史人口地理》260 頁。

　　明初，明太祖又對北平府的行政建置做了調整。洪武元年，將元直隸中書省所轄之地「分屬山東、河南兩行中書省」〔註 84〕；以北平府隸於山東行省。以保定及其以南眞定、順德等府隸於河南分省〔註 85〕。洪武二年（1369年）三月，置北平行中書省，「北平之眞定等府州縣隸山東、河南者皆復其舊。凡北平所轄府八，州三十七，縣百三十六，長蘆鹽運司一。」〔註 86〕爲了加強中央集權，朱元璋於洪武九年（1376 年）下令廢除行中書省建置，設立承宣布政使司。在全國設立京師所在地直隸和 12 布政司，洪武十五年增設雲南布政司，這樣全國一共 13 布政司。洪武九年六月，改北平行中書省爲北平布政司。

　　隨著行政建置的調整，京津地區的城市建制也出現了新的變化。首先，明政府將元代的部分州降爲縣，如元代固安州，東安州於洪武元年都降爲縣，改屬順天府。另一措施就是洪武初年將州治所在附郭縣省並，涿州以州治范陽縣省入，霸州以州治益津縣省入，薊州以州治漁陽縣省入，通州以州治潞縣省入。洪武元年十一月，並懷柔、密雲二縣地入檀州，十二月，仍改檀州爲密雲、懷柔二縣，省檀州入密雲縣；同月，改順州爲順義縣。懷柔、密雲、順義都屬順天府。洪武七年，保定縣省入霸州，十三年，復置保定縣，仍屬霸州；洪武十年，將香河縣省併入漷州，平谷縣省入三河縣。十三年復置香

〔註 84〕《明史》卷 40《地理志一》。
〔註 85〕明初在地方行政建置上沿襲元朝舊制，設行中書省，行中書省之下廢除路的建置，改路爲府。山東行省和河南分省均於元至正二十八年置。
〔註 86〕《明太祖實錄》卷 40，洪武二年三月癸丑。

河縣，改屬順天府。同年復置平谷縣，仍屬薊州。洪武十二年將元漷州所屬武清、寶坻改屬通州，洪武十四年降漷州為縣，「本朝以兵燹之餘，民寡賦微，復抑為縣。」〔註87〕明初清州所轄靖海縣改為靜海縣，洪武八年改屬北平府，十年又改屬河間府〔註88〕。

　　洪武中後期，京津地區在行政上分屬於順天府和河間府管轄，其中順天府及所領大興、宛平、良鄉、固安、永清、東安、香河、密雲、懷柔、順義、昌平11縣的治所，通州及所領三河、武清、漷州、寶坻4縣的治所，霸州及所領文安、大城、保定 3 縣的治所，涿州及所領房山縣的治所，薊州及所領平谷縣的治所，以及河間府靜海縣的治所均位於京津地區，故區域建制城市有府級城市1個，州級城市4個，縣級城市19個，區域城市總數有24個。

表 5-4　明初京津地區城市體系等級規模結構

等級	行 政 區	數量	%	城　　市　　名
II	府級城市	1	4.2	順天府
III	州級城市	4	16.7	通州、霸州、涿州、薊州、
IV	縣級城市	19	79.1	良鄉、固安、永清、東安、香河、密雲、懷柔、順義、昌平；三河、武清、漷州、寶坻；文安、大城、保定；房山；平谷；靜海
	合計	24	100	

注：州縣建制以明洪武十四年為準（公元 1381 年），本表據《明史·地理志》整理。

　　明初京津地區州城的城垣規模限於資料不足還無法深入瞭解，根據記載，明初修通州城，「周圍九里十三步，高四丈六尺」〔註89〕，薊州城；「圍九里十三步，連女牆高三丈五尺」〔註 90〕。涿州和霸州明初資料不詳。而縣城城垣規模一般小於州城，且為土城，一般周長 2～5 里左右，城內都設有按察分司、縣治、稅課局、官鹽局、惠民藥局、急遞鋪之在城鋪等官署，城內坊市一般為 1～5 個。各個縣城內均設有縣學，還有養濟院和安樂堂等慈善救濟機構。在一些縣城，還設有其它機構，如懷柔縣地近邊關，邊防緊要，故在縣城內設有馬驛，「以東北至密雲縣古北口乃邊將往來要道，洪武

〔註87〕 〔明〕蔣一葵：《長安客話》卷 6《畿輔雜記》。
〔註88〕 《明史》卷 40《地理一》。
〔註89〕 《日下舊聞考》卷 108《京畿·通州一》引《名勝志》。
〔註90〕 《日下舊聞考》卷 114《京畿·薊州一》引《薊州志》。

九年始約量設置。」〔註91〕在各個縣內的交通要地往往設有巡檢司，如永清縣巡檢司在東船里，「東船里在縣東南四十里，南接霸州信安古城，北抵東安縣，東南有淀泊，乃舟楫會集之所，今設巡檢司。」〔註92〕良鄉縣在琉璃河設巡檢司，「琉璃河在縣南三十里，關津四通，舟車所轄，設置巡檢司以防守之。」〔註93〕東安縣有葛榆城巡檢司，「城在縣南四十里淀泊中，周圍二里許，沙阜隆起，若城垣然。其地南通靜海，東接武清之醎水沽，乃水路衝要之所，今設巡檢司。」〔註94〕

表5-5　明初順天府部分城市城垣與衙署設置狀況

縣	城　垣　狀　況	官　署　設　置	資　料　來　源
永清	土城歲久傾圮，惟東北一隅僅存二十餘步。	按察分司、縣治、稅課局、官鹽局、惠民藥局、急遞鋪之在城鋪	《順天府志》卷12《永清縣》
固安	土城周圍二里零三百四十四步，歲久傾圮，遺址僅存。壕已湮塞。	按察分司、縣治、稅課局、惠民藥局、急遞鋪之在城鋪	《順天府志》卷12《固安縣》
香河	土城周圍五里二百七十三步，年深傾圮，遺址僅存。	按察分司、縣治、惠民藥局、官鹽局、急遞鋪之在城鋪	《順天府志》卷12《固安縣》
懷柔	土城周圍九里一十三步，歲久頹闕，基址僅存。	按察分司、縣治、稅課局、惠民藥局、官鹽局，急遞鋪之在城鋪、馬驛	《順天府志》卷13《懷柔縣》
良鄉	土城周圍三里，歲久摧毀，壕池湮塞。	按察分司、縣治、稅課局、固節驛、惠民藥局、官鹽局、急遞鋪之在城鋪	《順天府志》卷13《良鄉縣》
昌平	土城周圍四里八十四步，高一丈五尺，上闊五尺，下闊一丈，壕池深闊各不等。	按察分司、縣治、稅課局、惠民藥局、官鹽局、急遞鋪之在城鋪	《順天府志》卷14《昌平縣》
東安	縣治新徙，故城池未及設置。	按察分司、縣治、稅課局、惠民藥局、官鹽局、急遞鋪之在城鋪	《順天府志》卷14《東安縣》

永樂二年，明政府從山西遷民萬戶實北京，「徙山西太原、平陽、澤、

〔註91〕《順天府志》卷13《懷柔縣‧廟宇》。
〔註92〕《順天府志》卷12《永清縣‧關隘》。
〔註93〕《順天府志》卷13《良鄉縣‧關隘》。
〔註94〕《順天府志》卷14《東安縣‧關隘》。

潞、遼、沁、汾民一萬戶實北京」〔註95〕；永樂三年，「徙太原、平陽、澤、潞、遼、沁、汾民萬戶實北京。」〔註96〕為培植根本，明成祖永樂元年（1403年），下令「徙直隸蘇州等十郡、浙江等九省富民實北京」〔註97〕，「令選浙江、江西、湖廣、福建、四川、廣東、廣西、陝西、河南及直隸蘇、松常、鎮、揚州、淮安、廬州、太平、寧國、安慶、徽州等府無田糧並有田糧不及五石殷實大戶，充北京富戶，附順天府籍。」〔註98〕永樂時期還曾遷罪人於北京，永樂十年成祖以「奸民好訟由無恒產，而北京尚多閒田」，於是命「據律當笞者，免罪，令挈妻子徙北京良鄉、涿州、昌平、武清為民，授田耕種。」〔註99〕永樂年間，明政府還曾遷民至山後地區，明人林廷舉在《延慶州城記》中記載永樂十二年，永樂帝巡狩北邊，駐蹕團山（在今延慶縣東北），見其地「厥土曠沃，群山環峙，遂創州治，遷民以實其地，命官以蒞民」〔註100〕。根據統計，永樂宣德中政府統一組織的遷移民人匠役等戶達68000戶以上。

在實行民屯的同時，永樂時期還實行軍屯。永樂遷都時，「在南（京）諸衛多北調」〔註101〕，大量軍隊北調，遷入京津地區。據《明史·兵志》記載，永樂十八年（1420年）遷都北京，南京舊衛調或分調北京者達41衛1所；此外，永樂初「移山西行都司所屬諸衛軍於北平，設衛屯種」〔註102〕；在遷大寧都司於保定之後，其所屬諸衛軍均內移；同時河南都司衛所有改調直隸者〔註103〕。總共調入京津地區的衛所有通州左、右衛，神武中、定邊衛，營州中、左屯衛，興州中屯衛等七衛〔註104〕。永樂二年，在海口設天津衛，「以直沽海運商舶往來之衝，宜設軍衛。且海口田土膏腴，命調緣海諸衛軍士屯守」〔註105〕，並將這裏命名為天津，京津地區增加了一個具有濃厚軍事色彩的衛城。永樂初期明王朝遷入北京周圍地區的衛所頗多，軍隊

〔註95〕《明太宗實錄》卷34永樂二年九月丁卯。
〔註96〕《明太宗實錄》卷46。永樂三年九月丁巳。
〔註97〕《明史》卷6《成祖二》。
〔註98〕萬曆《明會典》卷19《富戶》。
〔註99〕《明太宗實錄》卷124，永樂十年正月壬子。
〔註100〕光緒《延慶州志》卷1《城池·附》。
〔註101〕《明史》卷90《兵志》。
〔註102〕《明史》卷90《兵志》。
〔註103〕《明史》卷90《兵志》。
〔註104〕萬曆《順天府志》卷4《武備》。
〔註105〕《明太宗實錄》卷36永樂二年十一月己未。

雲集，韓光輝認爲遷入京津地區的衛所達 48 衛 1 所。按衛所編制標準，遷入軍人約 25 萬多人，連軍屬在內約 64 萬口。若加入宣德中組建和調入京師的 9 衛，約 5 萬餘人，15 萬口。永樂宣德中總共遷入京津地區的衛所至少達 57.2 個，30.5 萬人，約 79 萬口〔註 106〕。永樂遷都北京前後，遷入京津地區的軍民戶口規模龐大，以致北京所轄州縣，「地多衛官、陵戶、皇莊、戚畹、戍守諸人所託處，其土著之民僅什三、四耳。」〔註 107〕

　　洪武、永樂時期，由於明政府採取一系列積極措施，社會經濟得以復蘇，人口也有了顯著增長。根據明代資料，洪武十四年（1381 年）北平布政司的戶口統計數據爲 338517 戶，1893403 口。洪武二十四年，北平布政司人口統計數據爲 340523 戶，1980895 口。永樂宣德兩朝的人口統計數據雖然沒有保留，但是從歷史記載來看，永樂遷都之後，採取移民填實京師的政策，顯然促進了京津地區人口的增長。人口的增加爲地區開發提供了充足的勞動力，有力地促進了社會經濟的恢復和發展。同時，京津地區的行政建置也有所調整，在山後地區，元龍慶州在明初洪武年間廢置，永樂十二年於此置隆慶州，同時置永寧縣於永寧衛，永寧縣隸屬於隆慶州。山後地區州縣的設置顯然反映了這裏人口增長的事實。

表 5-6　永樂宣德中京津地區移民統計

年　代	移出地	移民屬性	移入地	移民數量		資　料　來　源
				戶	口	
永樂元年 （1403 年）		罪囚	順天府、永平府			《明太宗實錄》卷 22
永樂元年 （1403 年）	蘇州、浙江等地	富民	北京	3800		《明太宗實錄》卷 22；《國朝典彙》卷 90；《天府廣記》卷 2
永樂元年 （1403 年）	太原	民人	北京			《續文獻通考》卷 13
永樂二年 （1404 年）	北京	所屬吏民犯流、徒者	北京人少處			《明太宗實錄》卷 31
永樂二年 （1404 年）	山西	民人	北京	10000		《明太宗實錄》卷 34

〔註 106〕韓光輝：《北京歷史人口地理》，北京大學出版社，1996 年。264 頁。
〔註 107〕康熙《昌平州志》卷 6《賦役志・戶口》。

永樂三年 （1405 年）		犯笞罪無力準工者	北京		《明太宗實錄》卷 44
永樂三年 （1405 年）	山西	民人	北京	10000	《明太宗實錄》卷 46
永樂四年 （1406 年）	湖廣、山西、山東等地	郡縣吏願爲北京民者	北京	214	《明太宗實錄》卷 50
永樂五年 （1407 年）	山西平陽、山東青州等府	民人	北京上林苑	5000	《天府廣記》卷 31
永樂五年 （1407 年）		死囚赦戍南邊者	北京郡縣		《明太宗實錄》卷 72
永樂十年 （1412 年）		據律當笞者	北京良鄉、昌平等縣		《明太宗實錄》卷 124
永樂十五年 （1417 年）	山西	民人	北京、眞定、南宮等		《明太宗實錄》卷 188
永樂十八年 （1420 年）	南京	吏民工匠	北京	27000	《天下郡國利病書》14《江南》
永樂廿二年 （1424 年）		罪吏	北京		《明仁宗實錄》卷 4 上
永樂宣德中	蒙古諸部	降民	北京	10000	《明英宗實錄》卷 25，《明史》卷 176《李賢傳》。
合計				68550	

注：本表據韓光輝《北京歷史人口地理》263 頁改編。

2、明代前期京津地區城市的繁榮發展

自永樂、宣德、正統時期，京津地區社會長期穩定，民間得以修養生息，城鄉經濟發展，戶口逐漸增加，京津地區的城市進入繁榮發展時期。成祖遷都北京後，「京師百司庶府，衛士編氓，仰哺於漕糧。」〔註108〕因此，從江南漕運糧食成爲城市生存和發展的根本，《明史・食貨志》說：「漕爲國家命脈攸關，三月不至，則君相憂，六月不至，則都人啼，一年不至，則國有不可言者」〔註109〕，因此漕運成爲京津地區城市人口和邊疆駐防軍隊的生命線。

〔註108〕〔清〕孫承澤：《天府廣記》卷 14。
〔註109〕《明史》卷 79《食貨志》。

京杭大運河作爲溝通南北的物資交流通道自然也催生了沿岸城市的商業，進而促進了運河沿岸的城市發展。北運河沿線的通州、張家灣、河西務、天津等城鎮在明代都是運河沿線的重要商業節點，與北京關係十分密切，成爲北京城的輔助城鎮。

通州是大運河起點，自金元以來就因漕運而使城市地位上升，成爲北京東部的門戶，是北京城的重要經濟補給站。「國家奠鼎燕京，而以漕挽仰給東南，長河蜿蜒，勢如遊龍，而通州實咽喉之地。」〔註110〕明代通州是重要的倉儲要地，京城糧食有十分之三在通州儲藏。明代在嘉靖七年最終修復通惠河之前，海運及河運的漕糧都是由白河（今北運河）轉運到通州和張家灣，然後陸運至北京。北京與通州之間聯繫十分密切，正因爲如此，明代曾多次修繕北京至通州之間的道路，如英宗時，「命築治通州抵京師一帶道路〔註111〕。景泰帝也曾「詔塡築京城內外直抵通州街道，以便往米糧車。」〔註112〕

通州附近的張家灣，是重要的水陸碼頭，商業十分繁盛。張家灣之得名，根據《方輿紀要》記載：「元萬戶張瑄督海運至此而得名。」明代由於明政府大力整治通州以南運河河道，漕船可徑直北上直抵張家灣，「每歲漕運京糧至張家灣，陸運至京」〔註113〕，即漕糧到張家灣之後經過陸路運至京師。「張家灣至京城一路，實爲京師要衝。凡入貢、軍需、糧運，以至商賈經營、官民趨赴，率皆由此。」〔註114〕元代除了京倉外，則以通州和河西務倉最多〔註115〕，而明代倉儲除了京倉之外，以通州和張家灣倉最多，這說明張家灣在明代取代了河西務而成爲運河終端樞紐。嘉靖《通州志略》描述張家灣爲「南北水陸要會之處，人煙輻輳，萬貨駢集，爲京東第一大碼頭」〔註116〕。明人徐階曾描述說：「自都門東南行六十里，有地曰張家灣，凡四方之貢賦，與士大夫之造朝者，舟至於此，則市馬僦車陸行以達城下，故其地水陸之會，而百物之所聚也。」〔註117〕

河西務鎮，在元代曾一度爲潞縣縣治，入明以後，仍然是漕船往來的必

〔註110〕〔明〕蔣一揆：《長安客話》卷6《畿輔雜記》。
〔註111〕《明英宗實錄》卷132，正統十年八月戊申。
〔註112〕《明英宗實錄》卷226，景泰四年二月己巳。
〔註113〕《明憲宗實錄》卷139，成化十一年三月辛未。
〔註114〕《明孝宗實錄》卷91，弘治七年八月戊午。
〔註115〕于德源：《北京漕運和倉場》，同心出版社，2004年。201～202頁。
〔註116〕嘉靖《通州志略》卷1《輿地志・市集》（《北京舊志彙刊》第1冊）。
〔註117〕《光緒順天府志・地理志三・城池》引《徐階張家灣城記略》。

經之地，商業發達，戶部在這裏設分司権稅，並有「京東第一鎮」之稱。「河西務，漕運之咽喉也。江南漕艘畢從此入。……兩岸旅店叢集，居積百貨，爲京東第一鎮。」〔註118〕

明初，鑒於天津地處河海要津，地理區位優越，「東臨海，西臨河，南通漕粟，北近上都。武備不可一日馳也。」〔註119〕於是，明政府加強了對天津地區的經營和開發。永樂二年，在天津先後設立天津衛和天津左衛，並動工修建土城。永樂四年調山東青州左衛爲天津右衛，不久移天津三衛指揮署於城內。從天津城市性質來說，自然以軍事功能爲主，但是在城市發展過程中，巨大的經濟力量使天津城市的軍事色彩逐漸褪去，不斷向商業城市轉變。永樂十三年，會通河成，罷海運，漕糧全部改爲經運河北上，作爲漕糧儲運要地的天津扼水陸咽喉，通達四方，百貨聚集，成爲「聚天下之粟，致天下之貨」〔註120〕的重要商品集散地，並且天津附近鹽業生產興旺，天津成爲長蘆鹽的重要產地和轉銷中心。宣德時，在天津城內中心和四門形成了五個集市，弘治年間又「添設五集一市」〔註121〕，各地商賈雲集，「魚貫而進，殆無虛日。」〔註122〕嘉靖時期，河間府附近「販粟者至衛輝、磁州並天津沿河一帶，間以年之豐欠，或糴之使來，或糶之使去，皆輦致之。」〔註123〕明代李東陽曾描述天津商業繁盛的景象時說：「玉帛都來萬國朝，梯航南來接天遙；千家市遠晨分集，兩岸河平夜退潮。」〔註124〕徐永志認爲，至少在明中葉以降，天津城市後來居上，一躍而成爲以輔助京師爲主導功能的畿內繁華重鎮了〔註125〕。

明代洪武、永樂時期，明廷多次北伐，一直採取對蒙古進行主動進攻的態勢，從而保障了京津地區的社會穩定。正統年間，明王朝進入中衰時期，此時塞外蒙古瓦剌部日漸興盛，不斷南下侵擾。正統十四年（1449年），瓦剌大舉南侵，在懷來縣土木堡大敗明軍，英宗被俘，史稱「土木之變」。之後，瓦剌準備進攻北京，在大臣於謙等人的主持下，明政府積極備戰，挫敗了瓦

〔註118〕〔明〕蔣一揆：《長安客話》卷6《畿輔雜記》。
〔註119〕〔明〕李邦華：《修造城垣書》，載《文水李忠肅先生集》卷3《撫津茶言》。
〔註120〕乾隆《天津縣志》卷21《藝文志》載陳廷敬《海門鹽坨平浪元侯廟碑記》。
〔註121〕康熙《新校天津衛志》卷1《建置》。
〔註122〕康熙《新校天津衛志》卷首《呂跋》。
〔註123〕嘉靖《河間府志》卷7《風俗》。
〔註124〕乾隆《天津縣志》卷22《藝文志》載李東陽《過天津詩》。
〔註125〕徐永志：《開埠通商與津冀社會變遷》，中央民族大學出版社，2000年。17頁。

刺進攻的計劃。這次入侵，對京津地區的城鎮形成很大的衝擊。「順天府所屬州、縣城市、鄉村、屯堡居住軍民人等，被其驚散。」〔註126〕昌平諸帝陵寢也受到瓦剌軍侵擾，如長陵，「達賊驚犯陵寢，殺死本衛官吏，虜去人口，不計其數。」〔註127〕自景泰之後，明王朝內部社會基本上維持穩定狀態，蒙古亦鮮入寇。但是由於朝政日益腐敗，封建土地兼併加劇，京畿人民大量逃亡，流民問題十分突出，這對社會經濟產生了負面影響，社會危機日益嚴重。在這樣的社會環境中，城市的發展也必然步入衰退之中。如潞縣是北京東南小縣，永樂初置九屯，至天順初，民眾相繼逃亡，只剩下十餘家，土著居民也不滿千戶。加之地瘠民貧，賦繁役重，官吏漁獵，經濟凋敝，「故邑無郛郭、肆市、大小公宇，圮毀湫穢，蕩如村墟。」〔註128〕

正德年間，明政府對京津地區的行政建置作出調整，昌平由縣級城市升為州級城市。明成祖遷都北京後，在昌平縣北黃土山建造陵寢。以後明朝歷代帝王在這裏修建陵寢，終明之世共有十三個皇帝埋葬於此，稱為十三陵。正統中，「調長、獻、景三陵衛於中、東、西三山口及東、西二營地方駐紮，以護陵。」土木之變後，為了加強陵寢的防衛，「景泰元年，於昌平縣東八里築城，徙衛於內，名曰永安。」〔註129〕景泰三年，昌平縣治從白浮圖城遷移到永安城內，「並昌平治徙焉。先是，治在白浮圖城，至是始徙於此。」〔註130〕然而，「昌平以陵寢所在，供藝滋煩，民不聊生。」〔註131〕正德元年，「南京吏部尚書林瀚言陵寢所在，歲三大祭，欽遣百官陪祀及帝后忌辰，歲暮正旦並遣駙馬詣陵。縣小民貧，供藝煩苦，請改為州，以密雲、順義、懷柔三縣隸之，助其力役，凡有科派差徭悉皆優免，從之。」〔註132〕正德元年七月「改昌平縣為昌平州，以密雲、順義、懷柔三縣隸之。」〔註133〕不久又降為縣，「至是昌平縣丞張懷以聞，且疏民有十苦，言甚且至」〔註134〕，於是正德八年，復升為州，領順義、懷柔、密雲三縣〔註135〕。正德八年之後，京津地區州縣建置始終保持穩定，一

〔註126〕《明英宗實錄》卷184，正統十四年冬十月癸酉。
〔註127〕《明英宗實錄》卷184，正統十四年十月己巳。
〔註128〕康熙《通州志》卷12《藝文志》引岳正《潞縣奉敕重建記》。
〔註129〕〔清〕顧炎武：《昌平山水記》卷上。
〔註130〕《光緒順天府志·地理志三·城池》
〔註131〕《明武宗實錄》卷111，正德九年四月己亥。
〔註132〕〔清〕顧炎武：《昌平山水記》卷上。
〔註133〕《明武宗實錄》卷15，正德元年七月癸卯。
〔註134〕《明武宗實錄》卷111，正德九年四月己亥。
〔註135〕《明史》卷40《地理志一》。

直延續到明末。只是在隆慶登基後，爲避諱於隆慶元年改山後隆慶州爲延慶州，依舊領永寧縣。此後，京津地區城市體系的等級規模結構始終保持穩定狀態。在此期間，京津地區有府級城市 1 個，州級城市 6 個，縣級城市減少 20 個，加上海口的天津衛城，區域城市總數有 27 個。

表 5-7　明中後期京津地區城市等級規模

等級	行　政　區	數量	%	城　市　名
II	府級城市	1	4.2	順天府
III	州級城市	6	20.8	通州、霸州、涿州、昌平州、薊州、延慶
IV	縣級城市	20	75.0	良鄉、固安、永清、東安、香河；三河、武清、漷州、寶坻；文安、大城、保定；房山；密雲、懷柔、順義；平谷；靜海，天津；永寧
	合計	27	100	

注：州縣建制以明萬曆十年爲準（公元 1582 年）
資料來源：《明史·地理志》

圖 5-3　明代京津地區城市體系

三、明代中後期邊疆形勢轉變與京津地區州縣城市的衰退

1、明代中後期京津地區進入社會動盪時期

蒙古南犯和土木之變的發生，開啓了明王朝中後期的邊疆危機，其結果不僅造成了京津地區軍民大量傷亡，而且加重了人民的經濟負擔，加之北京爲帝都所在，貢使往來，皇陵守護等，差役繁多，京畿州縣要比其它地區承擔更多的賦役。如良鄉，「去京師西南七十里，爲萬方朝會，陸道輻輳之衝，煩且劇，視它縣倍徙。」〔註 136〕武清縣，「武清爲京兆之嚴邑，當南北舟車孔道，賦重而差煩，龐雜無等，民不勝累。」〔註 137〕在昌平州，民眾生活也十分困苦，「昌平距都城七十里，密邇王室，城曰永安，保障賴之。天壽山據其上游，陵寢在焉。蓋肱骨重地也。所供億轉致道路，使者相絡繹不絕，而膏腴之地盡入陵園，富厚之丁半充陵戶。遺有瘠薄單丁，豐年僅足糊口，歲一不登，悲露根、歌瑣尾者，比屋也。」〔註 138〕自正統之後，京畿州縣戶口因差役繁重以及頻年被災而不斷流失，如宛平、大興、順義以及昌平四縣自成化七年（1471 年）的 219800 人減少到嘉靖三年（1524 年）的 162435 人，50 多年間人口平均遞減率在 6‰以上〔註 139〕。

明朝中期以來，土地兼併日益嚴重，在京津地區，皇帝、大臣、貴族、宦官在京畿設立許多皇莊、宮莊。燕王朱棣曾在京畿設有宛平王莊，朱棣即位後稱爲皇莊。洪熙年又設仁壽、清寧、未央等宮莊。憲宗時將太監曹吉祥在順義縣安樂里板橋村的土地沒收改爲宮莊，後又兼併二十四頃八十七畝地，立爲皇莊。此外王室貴族、親王、勳戚、權臣、外戚以及宦官等都加入到土地兼併的狂潮之中，皇莊、官莊遍佈京畿諸縣。弘治時，「畿內之地，皇莊有五，共地一萬兩千八百餘頃；勳戚太監等官莊三百三十有二，共地三萬三千一百餘頃。」〔註 140〕武宗時期，皇莊數量急劇發展，武宗即位後在一月之間就在大興縣等地建立七處皇莊。之後，又在順天府大興、昌平、三河、東安、通州、寶坻、武清以及眞定府、河間府、保定府等地增置皇莊，到正德九年多達三十餘處。《國朝典彙》說：「時內官用事，皇莊始盛，後至連州

〔註 136〕《光緒順天府志·地理志五·祠祀上》引《景泰七年創修城隍廟碑記》。
〔註 137〕《光緒順天府志·地理志五·祠祀上》引《陳懿典李公生祠記》。
〔註 138〕康熙《昌平州志》卷 21《藝文志·記》引趙廷英《兵憲曹公生祠記》。
〔註 139〕韓光輝：《北京人口歷史地理》，北京大學出版社，1996 年。98 頁。
〔註 140〕《明孝宗實錄》卷 28，弘治二年七月己卯。

跨邑三百餘處，畿內之民愈困矣。」〔註141〕正德十六年通州知州劉繹奏：「近京地方，若皇莊及皇親、駙馬、功臣舊土，大為民害」，並建議「乞以皇莊田地盡付所在軍民耕種，輸納國課，管莊內臣永為裁革。」〔註142〕嘉靖即位之初，戶部右侍郎指出「今日為地方之害，莫甚於求討田莊。」〔註143〕給事中夏言奏曰：「皇莊為厲於民」〔註144〕，戶科給事中田秋言：「勳戚俸入俱以千石計，今常祿之外，濫求恩澤，莊田遍於畿甸。」〔註145〕農民在失去土地的同時，還要承擔數不清的賦役和名目繁多的苛捐雜稅。加上水旱蝗澇等自然災荒頻仍，農民大量流亡。昌平縣「蓋昌平土田，原額四千三百餘頃，而民丁一萬三千九百有奇。頻年以來影射轉徙，地虧十之四，而丁虧其九，民土減昔，徵輸倍昔，民困不聊生。」〔註146〕順天府各州縣人口減少狀況，還可以從地方志書中有關里甲編審的記載中反映出來，「里甲之多寡，係民數之增損。」〔註147〕洪武時期，東安縣編戶 44 里，由於人口大量逃亡，弘治十五年並為 30 里，嘉靖時又並為 18 里〔註148〕。香河縣，「弘治間編戶十里，後逃亡者多，並為六里；其遷發者別為四屯，而四屯地蹙，戶口晨星。」〔註149〕昌平州「昌郡里分原設五十三里，先並一十四里，後又並二十三里，今見存止一十六里。」〔註150〕正統初，僅霸州、東安等處逃民達 27159 戶之多〔註151〕。土地兼併使廣大農民喪失土地，還要承擔稅賦，產生了不穩定因素，造成嚴重的社會問題。不僅於此，土地大量佔用影響了州縣正常的稅課收入，自然對地方經濟產生負面影響，從而抑制了區域城市的正常發展。

　　流民問題一直是困擾著明王朝的社會問題，明中後期愈加嚴重。天災人禍交加，民無生計，或起義反抗，或聚眾為盜，遂引起了嚴重的社會治安問題。明代有關「盜賊」記載頗多，如景泰時工部尚書石璞上書曰：「北直隸等

〔註141〕〔明〕徐學聚：《國朝典彙》卷 19《莊田》。
〔註142〕《明世宗實錄》卷 3，正德十六年六月丁未。
〔註143〕《明世宗實錄》卷 4，正德十六年八月庚寅。
〔註144〕《明史》卷 77《食貨志一》。
〔註145〕《明世宗實錄》卷 113，嘉靖九年五月申寅。
〔註146〕《光緒順天府志·地理志五·祠祀上》引《史繼偕白公生祠記》。
〔註147〕隆慶《昌平州志》卷 4《田賦志》。
〔註148〕乾隆《東安縣志》卷 5《賦役志·戶口》。
〔註149〕康熙《香河縣志》卷 2《地理志》。
〔註150〕隆慶《昌平州志》卷 4《田賦志》。
〔註151〕《明英宗實錄》卷 1，宣德十年一月辛巳。

處今年秋被水患，小民缺食，盜賊潛起。」〔註152〕順天府一帶，「京城內外多盜，或白晝肆劫」〔註153〕；「通州群盜，白晝橫行，道奪官軍馬。」〔註154〕在種種剝削和壓迫之下，正德年間終於引發了一場聲勢浩大的農民起義。正德年間，武清、東安、固安、涿州等地，都有農民起來進行反抗鬥爭，其中影響最大的是在霸州爆發的劉六、劉七起義，義軍轉戰南北，「破邑百數，縱橫數千里，所過若無人。」〔註155〕在京津地區，起義軍「北走霸州，犯香河、寶坻、玉田諸縣。這對京津地區的部分城市發展形成了一定的負面影響。

　　就在明王朝內憂不絕之時，外患又接踵而至。自土木之變後，塞外蒙古內部又陷入長期混亂狀態，瓦剌部逐漸衰落，韃靼部乘機興起，併入據河套地區。從此，河套地區成為韃靼部對外擴張和侵擾明朝邊疆的北部基地。約在弘治時期，韃靼部統一了蒙古各部，蒙古勢力逐漸壯大。嘉靖時期，土默特的俺答汗成為蒙古各部的封建主。俺答汗稱霸蒙古，遂頻繁地騷擾明朝邊境。明前期，明王朝與蒙古存在著貢市貿易，如永樂時先後在廣寧、開原開設馬市，又在甘州、涼州、寧夏等地進行互市貿易；正統三年在大同開設了馬市。自土木之變後，明朝與蒙古的互市貿易基本斷絕，這嚴重地打擊了蒙古的經濟。俺答汗曾經幾次遣使明朝要求互市，但是均遭到拒絕，於是自嘉靖十九年後，俺答汗對明朝發動了一次又一次的進攻，「或在宣大、或在山西、或在薊昌，甚至直抵京畿，三十餘年迄無寧日，遂使邊境之民肝腦塗地，父子夫妻不能相保，膏腴之地，棄而不耕，屯田荒蕪，鹽法阻壞。」〔註156〕嘉靖二十九年，俺答率軍自古北口南下，由密雲轉掠懷柔、圍順義，經通州直至北京城下，「分掠畿甸州縣，京師戒嚴」〔註157〕，史稱這次戰爭「庚戌之變」。在這場戰爭中，京津地區的許多城市慘遭蹂躪，康熙《薊州志》記載「北兵入逼京師，通薊等地方殘破。」〔註158〕在通州，蒙古兵「分掠馬林店等處，殺擄居民無數。」〔註159〕萬曆《懷柔縣志》描述說，到萬曆時

〔註152〕《明英宗實錄》卷223，景泰三年十一月丙戌。
〔註153〕《明世宗實錄》卷8，正德十六年十一月甲戌。
〔註154〕《明世宗實錄》卷1，6嘉靖元年七月丁巳。
〔註155〕《明史》卷187《馬中錫傳》。
〔註156〕〔明〕高拱：《虜眾內附，邊患稍寧，乞及時大修邊政以永圖治安疏》，《明經世文編》卷301。
〔註157〕《明史》卷18《世宗紀二》。
〔註158〕康熙《薊州志》卷1《輿圖志·祥異》。
〔註159〕《明世宗實錄》卷364，嘉靖二十九年八月庚辰。

期，懷柔城中經歷這次戰爭的人尚談之色變，「彼中父老傳聞正統己巳之變，胡人突入閭巷膠庠，荼毒不可勝紀。若庚戌之慘猶及，睹者談之且色戰而胏。」〔註160〕蒙古的這次入侵使北京及其周圍地區的城鄉社會經濟遭到打擊。此後，蒙古寇邊不斷，要求互市。直到隆慶時期，明王朝終於和俺答達成封貢互市協議，邊境始獲安寧。自隆慶五年開始，在宣府、大同、山西、延綏、寧夏、甘肅等地開設馬市以及民市、月市和小市。明朝北部邊疆危機也暫時解除了。

2、明中後期京津地區的築城風潮

古代城垣重要功能之一就是保衛居民生命和財產的安全，正如萬曆《順天府志》中所描述的：「蓋城之為利，平居則奸暴可譏，庾獄可固，廛廬可安，蓋藏可恃，有急則散亂可扼，軍興可恃，收保可聚。」〔註161〕然而，自元入明，京津地區的許多城市沒有城牆，如固安縣城，「縣治初無城郭，官寺民居露之曼野。」〔註162〕大城縣城也是如此，「吾邑地悉遼曠，無邊警之虞，故城未設爾。」〔註163〕正是由於城垣的缺失，才為以後城市安全留下了隱患。在明代中後期社會動亂以及外敵不斷入侵，對城市尤其是沒有城牆的城市造成了很大的衝擊和破壞。文安縣因無城垣，在正德年間的農民起義中，城市遭受兵火荼毒，損失巨大，「正德辛未，河北盜起，剽掠諸州縣，已而大眾屯聚文安，視他州縣荼毒獨甚，坐城之廢故也。」〔註164〕武清縣城也一度遭到了破壞，「正德辛未之季，流民劉六、劉七輩，直走武清闤市中，殺吏民，劫庫獄，焚廬舍，慘不可言。」〔註165〕時人張位在其撰寫的《潄縣新城記》中指出：「昔嘉靖庚戌秋，虜騎闌入古北口，直薄都城下，蹂躪三輔近地，潄固汲汲，假令彼時百邑皆城守，虜進無攸獲，寧能深入重地，充斥自恣耶？」〔註166〕

此時的明王朝處於內憂外患之中，社會動蕩，在這種背景下，各地掀起了廣泛的修築城垣的風潮。崇禎《固安縣志》記載：「正德辛未，群盜起山

〔註160〕萬曆《懷柔縣志》卷3《兵戎志》。
〔註161〕萬曆《順天府志》卷6《藝文志》引張位《潄縣新城記》。
〔註162〕崇禎《固安縣志》卷1《方輿志》。
〔註163〕崇禎《大城縣志》卷8《藝文志》引馬雲凰《大城仁賢保障記》。
〔註164〕《光緒順天府志‧地理志三‧城池》引《李時修城記略》。
〔註165〕《光緒順天府志‧地理志三‧城池》引《修武清縣磚城記》。
〔註166〕萬曆《順天府志》卷6《藝文志》引張位《潄縣新城記》，。

東，轉掠河朔，邑嘗被戕，民始知懼，上以廷議詔增築郡縣之無城郭者。」
〔註167〕如固安、永清、武清、文安以及其它城市等均開始修築或者增修城
垣。大城縣城垣修建於正德年間，「正德六年，遭流寇之變，緣土築垣。」
〔註168〕嘉靖庚戌之變時，由於北京城外關廂居民稠密，爲加強防衛，「於臨
郊街口築牆治濠，結立柵門，以遏衝突。」〔註169〕嘉靖三十二年，進一步
修築外羅城，加強了京師的防禦功能。保定縣城就是在庚戌之變後開始修建
的，「縣故無完城，頹垣故址，爲宋團練使楊延朗所築，以控契丹，數百年
來無能改其故。歲庚戌秋，羽書告急，郊圻震驚。………度地量工，酌舊址
而較其內地，棄東南，依西北，以便守也。」〔註170〕事實上，明代中期以
後，社會一直動蕩不休，因此明末京畿各州縣均有不斷增修、加固城牆之舉。

　　明中後期，不僅僅各州縣城市開始修築城垣，京畿地區許多鄉鎮也都修
建了城堡自固。如通州的張家灣，「張家灣城，明嘉靖四十三年，順天府尹劉
畿，以邊警請築張家灣城。周圍九百五丈有奇，厚一丈一尺，高二丈餘，內
外皆甃以磚。東南濱潞河，西北環以壕。爲門四，各有樓，又爲便門一，水
關三，中建屋若干楹。」〔註171〕在豐潤縣，「沿鄉各鎮設立堡城，連絡不絕，
相爲犄角之勢。各設總小甲火夫巡守，晨昏啓閉，以防不虞，遇警則率眾以
備敵。但城牆之高畢係民命之休戚，不可不爲築也。」〔註172〕豐潤縣各鎮皆
修建堡城，這絕非是豐潤一帶的個別事件，而是一個普遍的社會現象。當時
豐潤縣內有 7 個城堡，分別是鐵城坎、高麗鋪、沙流河、白官屯、韓城、宋
家營、胥家莊〔註173〕。清初順天府各州縣地方志中關於明代堡壘記載頗多，
如固安縣有牛塢堡、禮讓堡，俱明嘉靖時創建〔註174〕；良鄉縣有舊店堡、燕
谷堡〔註175〕；霸州有南孟堡、辛店堡，煎茶鋪堡等〔註176〕。這從側面反映了
明末京津地區到處呈現出堡壘林立的局面。城堡的修築，在明末社會動亂時
期，在保護人民生命和財產方面的確起到了一定的積極作用。如寶坻縣梁城

〔註167〕崇禎《固安縣志》卷1《方輿志》。
〔註168〕《光緒順天府志・地理志三・城池》引《馬雲鳳保障記略》。
〔註169〕《明世宗實錄》卷364，嘉靖二十九年八月戊寅。
〔註170〕《光緒順天府志・地理志三・城池》引《王顯忠呂公生祠記略》。
〔註171〕《光緒順天府志・地理志三・城池》。
〔註172〕隆慶《豐潤縣志》卷4《建置志》。
〔註173〕隆慶《豐潤縣志》卷4《建置志・城堡》。
〔註174〕康熙《固安縣志》卷1《方輿志・堡寨》。
〔註175〕康熙《良鄉縣志》卷1《輿地志・堡》。
〔註176〕康熙《霸州志》卷1《輿地志・城池附》。

所，「當明末流兵四起，攻城擄掠，薊州、寶坻等處俱失，惟本所西城規模尚在」，「百里外多逃難於此，賴以得全者不下數萬計。」〔註 177〕

　　隆慶議和之後，京津地區西北的軍事威脅解除，「東起延永，西抵嘉峪七鎮，數千里軍民樂業，不用兵革」，明邊境暫時安寧下來，社會經濟也開始恢復，「九邊生齒日繁，守備日固，田野日闢，商賈日通，民始知有生之樂。」〔註 178〕隆慶年間，北京北部的昌平縣城中，呈現出日漸繁華的景象，「城中軍衛既眾，生齒日繁，鋪舍頗多，室宇漸盛，加以商賈畢集，貿易咸趨。」〔註 179〕人口也出現了增加的趨勢，根據萬曆《明會典》記載，順天府弘治四年（1491 年）人口總數為 669033 口，萬曆六年（1578 年）人口總數為 706861 口。然而明朝社會矛盾並沒有緩解，土地兼併劇烈，朝廷徭役加派，致使農民破產流亡，賦役黃冊登記制度名存實亡；自正德以來，明王朝開始財政虧空，「自正德後，出多入少，國用盡不支矣。」〔註 180〕為改變明朝積弊，嘉靖、隆慶以及萬曆年間明政府先後出現以清丈田畝、平均賦役為主要內容的一系列改革。萬曆初年內閣首輔張居正開始實行改革。他在政治方面整頓吏治，扭轉了先前國庫空虛的被動局面。在經濟方面，改革賦役制度，清丈全國土地，實行一條鞭法。一條鞭法的施行，對社會經濟發展起到了強有力的推動作用，促進了商品貨幣經濟的發展。北直隸的京津地區，文安縣「行鞭法，以便徵解」〔註 181〕，東安縣「條鞭立而民無觭苦之差。」〔註 182〕一條鞭法的實行緩解了社會矛盾，在一定程度上促進了社會生產了的發展。在軍事方面，改善與蒙古的關係，同時加強軍事防禦。抗倭名將譚綸、戚繼光此時受任，主持邊務。戚繼光坐鎮薊州，積極練兵，並修繕長城，「築臺三千，起居庸，至山海，控守要塞。」〔註 183〕戚繼光鎮守薊鎮期間，邊境安定，京師無警。總之，外部邊疆危機的解除和內部社會經濟的改善，京津地區的城市必然朝著有利的方向發展。

3、明末京津地區州縣城市的衰落

　　明王朝中後期的和平時期並沒有維持多久，東北邊疆形勢日益嚴峻。明

〔註 177〕乾隆《寧河縣志》卷 8《人物志》。
〔註 178〕《明史》卷 222《方逢時傳》。
〔註 179〕隆慶《昌平州志》卷 1《地理志・風俗》。
〔註 180〕《續文獻通考》卷 30《國用一》。
〔註 181〕崇禎《文安縣志》卷 4《貢賦志》。
〔註 182〕天啟《東安縣志》卷 6《人物志》。
〔註 183〕《明史》卷 222《譚綸傳》。

隆慶、萬曆年間，崛起於東北地區的建州女真建立後金政權，與明王朝分庭抗禮。清太宗皇太極時期，開始了征服明朝的戰爭。崇禎二年（1629年）、七年（1643年）、九年（1636年）、十一年（1638年）、十五年（1642年）皇太極先後五次破關而入，橫掃京畿地區以及山東、山西等地，俘掠人口達百餘萬〔註184〕。崇禎二年，清軍自喜峰口入塞，連下馬蘭峪、漢八莊、潘家口、洪山口等諸邊城，又攻陷遵化城，「其城中官兵人民拒命者，盡屠之。」〔註185〕崇禎九年，寶坻縣城「因兵火城中死亡男婦數千餘人。」〔註186〕崇禎十五年，「大清兵大舉入塞，敗明兵於密雲。庚寅，入薊州，全城被屠。」〔註187〕崇禎《固安縣志》記載，「崇禎己巳歲（1629年），虜殺傷縣內外人口約有萬餘」，「虜自初三日破城，十三日方拔營北走。是夜劫賊憑城焚略。」〔註188〕在後金的軍事打擊下，京津地區人戶逃亡，市井蕭條，社會經濟呈現出敗落景象。

　　隨著東北邊患日緊，明王朝不得不派駐大量軍隊以備禦後金。為籌集鉅額軍費，明政府開始在全國範圍內加派「遼餉」。崇禎十年，為了鎮壓農民起義，又在田賦上加派「剿餉」；十二年，為訓練邊兵，又加派「練餉」。三餉加派遠遠超過了額賦，又有各級官吏私派，結果導致民怨沸騰。明末田賦、徭役以及各種加派之多，程度空前。自張居正改革之後，明政府財政危機得以緩解，但是隨著張居正的去世，明王朝再度陷入政治、財政雙重危機之中。為了聚斂錢財，萬曆帝任命大批內官為礦監稅使，派往全國四處搜刮民財。稅使所到之處，巧立名目，無所不征稅，直隸巡案在奏疏中說：「先是畿內額稅七萬，又加魚葦稅銀四萬，稅監王虎罔利取盈，魚船葦場之外，稅及賣葦箔及賣魚處所，無魚葦則派落地之稅，算及果園菜畦以致窯井。」〔註189〕運河自張家灣至河西務段，「百里之內，轄者三官，一貨之來，榷者數稅。」〔註190〕礦監稅使大肆搜刮，對社會經濟造成極大的破壞，工商業者紛紛破產，京畿地區的城市經濟日趨凋敝，如河西務號稱京東第一鎮，十分繁華，僅布店

〔註184〕韓光輝：《北京歷史人口地理》，北京大學出版社，1996年。215頁。
〔註185〕《清太宗實錄》卷5，天聰三年十一月甲申。
〔註186〕康熙《寶坻縣志》卷6《叢業紀・義冢》。
〔註187〕《光緒順天府志・故事志三・兵事》引《薊州沈志》。
〔註188〕崇禎《固安縣志》卷3《食貨志》。
〔註189〕《明神宗實錄》卷360，萬曆二十九年六月甲戌。
〔註190〕《古今圖書集成・食貨典》卷230《雜稅部・藝文二》引蕭彥《商稅議》。

就有 160 多家，由於「稅使征歛，以致商少」，到了萬曆三十年九月，布店大部分倒閉，僅剩 30 多家〔註191〕。

　　明王朝的橫征暴斂加重了百姓的負擔，關外後金鐵騎屢屢入寇使近畿百姓生命財產遭到洗劫，禍不單行，明末自然災荒又頻頻發作，對區域社會經濟造成重大影響。明代自宣德以後，自然災害也日益增多。根據研究，京津地區在明宣德至弘治年間、嘉靖年間和萬曆至崇禎年間，都是多種災害的頻發期〔註192〕。京津地區南部的固安、霸州、文安、保定、大城、永清等地，處於瀕海低窪地帶，永定河、子牙河、白溝河、滹沱河等河流彙聚於此，嘉靖《霸州志》云「渾河橫於中，亂流繞其境。」〔註193〕《長安客話》也說「霸故苦多水，而文安形如釜底，尤爲諸水所彙。」〔註194〕因此這裏歷來水害頻仍，深受水災之苦，城市發展也因此受到很大影響。如永清縣，「永邑舊苦桑乾河，嘉靖三十一年，水溢，漂沒廬舍。三十五年淫雨四十餘日，城垣堤岸俱崩，邑人晝夜鵠立水中凡七日，幾不能存活。」〔註195〕文安縣「萬曆三十五年，大水，廖家口決，四鄉民房盡行沖毀，城垣坍塌殆盡。」〔註196〕保定縣「正德前頗稱繁庶」，然而到嘉靖年間，「殆嘉靖癸丑、甲寅連遭洪濤之患」，志書中也記載「（嘉靖）三十二年，大水決堤，漂田廬，民疫饑；三十三年，大饑，人相食，逃亡殆盡。」〔註197〕鄰縣文安也有同樣的記載，「（嘉靖）三十二年秋，大水決沙口堤，平地水深丈餘，四門用土屯，人皆上城登舟；三十三年春大饑，逃亡殆盡，人相食。」〔註198〕當時遠近民眾四處逃亡，保定尤其嚴重，「遠邇逋逃過半，而保定尤十之八九，邑雖凋敝。迄今六十餘祀，尚未復舊。」〔註199〕萬曆《保定縣志》詳細地記錄了歷年人口狀況，從當時的人口數據來看，嘉靖二十三年保定有 720 戶，7300 餘口人，而大水之後的嘉靖三十四年，人口驟然減少到 210 戶，1012 人〔註200〕，戶數減少 70.83%，

〔註191〕《明神宗實錄》卷 376，萬曆三十年九月丙子。
〔註192〕尹鈞科、于德源、吳文濤：《北京歷史自然災害研究》，中國環境科學出版社，1997 年。87 頁。
〔註193〕嘉靖《霸州志》卷 1《輿地志‧形勝》。
〔註194〕〔明〕蔣一揆：《長安客話》卷 6《畿輔雜記》。
〔註195〕康熙《永清縣志》卷 3《建置‧河渠》。
〔註196〕崇禎《文安縣志》卷 8《災祥志》。
〔註197〕萬曆《保定縣志》卷 9《藝文志‧附災異》。
〔註198〕崇禎《文安縣志》卷 8《災祥志》。
〔註199〕萬曆《保定縣志》卷 2《方輿志‧堤堰》。
〔註200〕萬曆《保定縣志》卷 6《食貨志‧戶口》。

口數減少了 86.14%，人口損失之嚴重，由此可見一斑。

　　自萬曆後，京津地區更是「無歲不災。」〔註 201〕據統計，從萬曆到崇禎的七十多年時間裏，有六十多年各地災害不斷，到處出現「人相食」的慘狀〔註 202〕。萬曆二十七年至二十九年，畿輔地區連續三年大旱，農業遭到毀滅性打擊，「三輔嗷嗷，民不聊生；草茅既沒，剝及樹皮」，「道殣相望，村室無煙」〔註 203〕。萬曆三十五年六月，北京持續二十多天大雨，這場長時間的持續強降水，導致京城一片汪洋，「高敞之地，水入二三尺；各衙門內皆成巨浸，九衢平路成江；窪者深至丈餘，官民廬舍傾塌及人民淹溺，不可數計。」〔註 204〕昌平州「官廨民舍人畜漂沒不可勝紀」〔註 205〕；通州張家灣附近，「沿河民戶漂沒者不復能稽。」〔註 206〕萬曆《順天府志》也描述到：「比歲以來旱蝗爲祟，繼以水澇，嗷嗷之眾，四方流離，野無人居。」〔註 207〕崇禎年間，大災重災更多，崇禎元年夏，「畿輔旱，赤地千里」〔註 208〕，崇禎十六年，「京師大疫，自二月至九月止。」〔註 209〕在天災人禍的雙重打擊之下，民眾或四處逃亡，或鋌而走險，如「通州、三河等處劫掠蜂起，始於饑民之嘯聚。」〔註 210〕明末京津地區人口耗減十分嚴重，至清初，京畿一帶「百姓流亡十之六七。」〔註 211〕京津地區兵火連年，盜匪橫行，使區域城市喪失了健康發展的外部環境，而官府的層層盤剝、民眾逃亡又使城市經濟陷極端凋敝的境地。

四、明末京津地區鎮的興起

　　明代中後期，經過長達百年的休養生息，人口增多，社會經濟日益繁榮，遍佈城鄉的集市貿易迅速發展起來。在此基礎上，鎮開始大量出現，其經濟職能也開始日益強化。根據記載，明代鎮的標準是「民聚不成縣而有稅課者

〔註 201〕　〔明〕呂坤：《陳天下安危疏》，《明臣奏議》卷 1。
〔註 202〕　曹子西主編：《北京通史》第六卷，中國書店，1994 年。342 頁。
〔註 203〕　《明神宗實錄》卷 359，萬曆二十九年五月己巳。
〔註 204〕　〔明〕朱國楨：《湧幢小品》卷 27。
〔註 205〕　《古今圖書集成·方輿彙編·職方典》卷 39《順天府部·紀事》引《昌平州志》。
〔註 206〕　康熙《通州志》卷 11《祲祥》。
〔註 207〕　萬曆《順天府志》卷 3《食貨志·戶口》。
〔註 208〕　《明史》卷 30《五行志三》。
〔註 209〕　《明史》卷 28《五行志一》。
〔註 210〕　《明神宗實錄》卷 534，萬曆四十三年七月丙午。
〔註 211〕　《清世祖實錄》卷 12，順治元年十二月庚申。

則爲鎮」〔註212〕，可見鎮要有一定的規模，其次要有較爲一定規模的商業經濟基礎。根據《明宣宗實錄》記載，宣德四年曾有加征稅課之舉，其徵收範圍包括了京津地區的鎮，「增北京順天府、南京應天府、并直隸蘇州等府州縣鎮市諸色店肆、門攤，課鈔時，行在戶部以鈔法不通，皆由客商積貨不稅與肆鬻賣者沮撓所致，……凡順天、應天……共三十三府州縣商賈所集之處，市鎮店肆門攤稅課增應十倍。上以太重，令增五倍。」〔註213〕河西務是運河沿岸的大鎮，故朝廷在這裏設戶部分司以征稅，「距雍奴東北一舍而遙，有關市焉。以其在白河之西，曰河西務，居然重鎮也。故榷部駐是。」〔註214〕當然，像張家灣、河西務等還是屬於比較大的市鎮，至於普通市鎮現存文獻記載不明。僅崇禎《文安縣志》明確記載了縣內的7個鎮的名稱，「鎮七，曰柳河、勝芳、蘇橋、狼虎廟、岳村、孫氏、圍河」〔註215〕，且每個鎮都是五日一市，承擔一定的經濟功能。固安縣有知子營鎮，「縣之直東約十五里許，鎮名知子營。」〔註216〕根據嘉靖《固安縣志》記載，知子營有定期集市，時間是每月逢一、六日〔註217〕；除在城集市外，固安縣還有13個鄉鎮集市，這些集市一年的稅額爲銀29兩，遇閏月，每年加納銀2兩4錢5分〔註218〕。其它市鎮如霸州有蘇家橋鎮、豐潤縣有韓城鎮等等。這些小城鎮的發展多在水路沿線，或者手工業和土特產品集中的地區，市鎮發揮著商品集散和轉運的功能。明代對於市鎮管理很重視，一般設有彈壓司、巡檢司等。「巡檢司主緝捕盜賊，盤詰奸偽，凡在外各府州縣津關要害處設置。」〔註219〕除了經濟型鎮外，京津地區還有軍鎮的設置，如昌平黃花鎮，遵化馬蘭峪鎮。這些軍鎮多分佈在長城沿邊地帶，負有軍事防禦功能。

　　雖然北直隸在明代中後期，從村落集中湧現出許多交易比較繁盛的小鎮集，從總的情況來看，明代的集鎮無論居民數量還是交易規模，一般還很有限〔註220〕。儘管如此，作爲城市體系底層基礎的小城鎮的大量出現，預示著

〔註212〕嘉靖《蘭陽縣志》卷1《地理志‧鎮店》。

〔註213〕《明宣宗實錄》卷52宣德四年三月壬申。

〔註214〕《光緒順天府志‧地理志五‧祠祀上》引《米萬鍾重修河西務漢前將軍關侯廟記》。

〔註215〕崇禎《文安縣志》卷2《建置志‧街鎮》。

〔註216〕《光緒順天府志‧地理志五‧祠祀上》引《傅好禮重修知子營真武廟碑記》。

〔註217〕嘉靖《固安縣志》卷1《方輿志‧集場》。

〔註218〕崇禎《固安縣志》卷1《方輿志‧集場》。

〔註219〕《明史》卷75《職官志四》。

〔註220〕張崗：《河北通史》明朝卷，河北人民出版社，2000年。215～216頁。

城市體系正朝著穩定的結構發展，這是社會進步的表現，是符合社會經濟發展潮流的。

五、元明時期京津地區城市體系等級規模演變特點

　　元明時期京津地區城市體系的等級規模仍然在遼金時期的基礎上繼續發展。元代，大都成為封建統一王朝的都城，既是國家政治中心也是地區中心城市。明初，京津地區中心城市的地位有所降低，北平從全國政治中心降為區域行政中心城市。自永樂遷都後，區域中心城市再次上升為國家都城，並集地區中心，國家中心於一體。

　　元代大都地區行政建置變化較多，區域城市體系的等級規模變化較大。元代至元初年先後省並幾個縣級城市，隨後復置，固安、安次、潞陰四縣先後升州，延祐年間縉山縣又升為州，因此元代京津地區州縣城市建制變動頻繁，故城市體系的等級規模變動最大。明代京津地區州縣城市則在等級規模比較穩定。明代在行政上實行布政使司（相當於省）、府、州、縣四級行政體系，因此形成省城－府城－州城－縣城這樣城市等級系列。京津地區分屬順天府和河間府管轄。順天府直接隸屬於京師，洪武初年領通州、霸州、漷州、涿州、薊州五州，此外還有河間府所領靜海縣。由於大興、宛平附郭於北京，因此京津地區洪武初有府級城市 1 個，州級城市 5 個，縣級城市 18 個，區域城市總數為 24 個；洪武十四年，降漷州為縣，屬通州。此時，京津地區有府級城市 1 個，州級城市 4 個，縣級城市 19 個，區域城市總數仍然保持為 24 個。永樂二年，由於天津衛的設置，京津地區增加了一個衛城，區域城市總數增加到 25 個。永樂十二年，置隆慶州和永寧縣於山後地區，此時京津地區有府級城市 1 個，州級城市 5 個，縣級城市 20 個，衛城 1 個，區域城市總數達 27 個。正德年間，昌平升州後，京津地區有府級城市 1 個，州級城市 6 個，縣級城市 19 個，衛城 1 個，共有城市 27 個。可見，明代京津地區州縣城市等級規模相對來說變動不大，基本上處於穩定發展狀態。

表 5-8　元代京津地區城市體系等級規模演變

等級	行政級別	1234-1263		1263-1265		1265	1266	1267	1268-1276		1276-1316		1316-1368	
		數量	%	數量	%	數量	數量	數量	數量	%	數量	%	數量	%
II	府級城市	1	4.2	1	4.2	1	1	1	1	4.3	1	4.2	1	4.2
III	州級城市	6	25.0	8	22.3	8	8	8	8	34.8	9	37.5	10	41.7

| IV | 縣級城市 | 17 | 70.8 | 15 | 62.5 | 13 | 12 | 13 | 14 | 60.9 | 14 | 58.3 | 13 | 54.2 |
| | 合計 | 24 | 100 | 24 | 100 | 22 | 21 | 22 | 23 | 100 | 24 | 100 | 24 | 100 |

表 5-9　明代京津地區城市體系等級規模演變

等級	行政級別	1368-1381		1381-1404		1404-1414		1414-1513		1513-1644	
		數量	%	數量	%	數量	%	數量	%	數量	%
II	府級城市	1	4.2	1	4	1	4	1	4	1	4
III	州級城市	5	20.8	4	16	4	16	5	20	6	20
IV	縣級城市	18	75	19	80	20	80	21	76	20	76
	合計	24	100	24	100	25	100	27	100	27	100

第三節　區域城市體系職能組合結構的演變特徵

一、元明時期京津地區軍事防禦體系與區域城市體系的軍事職能

1、元朝京津地區軍事防禦體系

元朝軍事系統分為戍衛京師（大都和上都）的宿衛系統和鎮守全國各地的鎮戍系統。大都附近的宿衛軍隊由怯薛軍和侍衛親軍構成。忽必烈建國後，保留了成吉思汗創立的四怯薛輪番入侍之制，常額在萬人以上；在四怯薛之外，忽必烈還設立了五衛親軍，後來又陸續設置了一些侍衛親軍。這些軍隊大部分駐紮在大都城內。京畿附近有密雲縣的貴赤衛，駐紮在昌平南口、北口的隆鎮衛，在昌平小湯山和密雲潮河川等地還有阿速衛等，在永清、涿州、漷州（河西務）等處也有侍衛親軍屯駐。元代天津漕運為大都的生命線，元政府向天津派駐軍搞屯田，加強防守。因此，元朝在大都附近的京津地區設置了眾多的軍衛，形成了一個龐大的軍事防衛體系。

2、明初軍事防禦體系的建立

明代，北方草原地區的蒙古人一直對明王朝構成巨大的軍事威脅。《明史·兵志》說：「終明之世，邊防甚重」，主要就是指對北方蒙古防禦而言的。儘管元朝退回草原，但是仍然維持著強大的政治、軍事實力，對明王朝時時構成威脅。為了抵禦蒙古入侵，明王朝在北方邊境地帶設置大量衛所，建立了嚴密的軍事防禦體系。

（1）北平都司和北平行都司的建立

早在洪武元年（1368 年）徐達收復元大都之後，為了防禦蒙古，保衛北平，明太祖命建燕山六衛，隨後置大都督分府於北平，掌管燕山六衛。洪武三年，升為都衛。洪武八年，改燕山都衛為北平都指揮使司，簡稱北平都司。北平都司是北平行省的最高軍事機關，掌管全省各個衛所的軍政事務。洪武九年，明政府對燕山前後、永清左右，薊州、永平、密雲、彭城、濟陽、濟川、大興 11 衛分別屯守古北口、居庸關、喜峰口、松亭關等關隘。此後，衛所不斷增置，至洪武十七年，「北平諸衛將校士卒之數，凡士有七衛，計將士一十萬五千四百七十人。」〔註221〕洪武二十六年定天下都司衛所，北平都司領 16 衛 1 千戶所。

此外，在明初的二十多年間，為肅清沙漠蒙古勢力，洪武二年、三年、五年先後用兵蒙古，對北元進行征討。洪武十二年之後，明王朝又不斷主動出擊蒙古，洪武二十年明朝平定了東北。之後，朱元璋加強了對塞北的經營，置軍戍守，加強防禦。洪武二十年九月，明王朝平定東北後，在今內蒙古寧城附近的大寧廢府建立大寧都司，「置大寧都指揮使司及大寧中、左、右三衛，會州、木榆、新城等衛悉隸之。以周興、吳汯為都指揮使，調各衛兵二萬一千七百八十餘人，守其城。詔左副將軍傅友德編集新附軍，且令簡練精銳於大寧屯駐，以防北虜寇抄。」〔註222〕次年，改大寧都司為北平行都司。洪武二十四年，朱元璋封其子寧王朱權於大寧，加強對北平行都司的鎮守。洪武二十六年，置營州前屯衛於興州，右屯衛於建州，中屯衛於龍山縣，左屯衛於塔山北。至洪武末期，北平行都司共領 22 衛，3 千戶所及 3 護衛。

（2）大寧都司內徙和萬全都司的建立

成祖朱棣即位以後，為加強北邊的防禦力量，同時也為了鞏固自己的統治，開始對京津地區的軍事部屬進行調整。建文四年（1402 年），朱棣首先對山後地區宣府駐軍進行調整，徙就藩宣府的谷王於長沙，罷谷王二護衛，改置宣府左、右二衛，分別徙治於保定府和定州，直隸行後軍都督府。永樂元年（1403 年），將宣府前衛、萬全左、右衛、懷安衛和興和千戶所改隸行後軍都督府。同年，朱棣也對大寧地區的北平行都司重新調整，封就藩大寧的寧王於南昌，裁撤營州左、右、中三護衛，以及新城、會州、木榆、全寧四衛，

〔註221〕《明太祖實錄》卷 166，洪武十七年十月壬申。
〔註222〕《明太祖實錄》卷 185，洪武二十年九月癸未。

開平左、右、前、後四屯衛及宜興千戶所。同時，將北平行都司的衛所內遷，將大寧中衛、前衛，福餘衛、開平衛徙置北京，直隸後軍行都督府；將興州左、右、中、前、後 5 屯衛，分別徙治於玉田、遷安、良鄉、豐潤、三河等縣，開平中屯衛徙治於眞定府，不久再徙治於永平府灤州石城廢縣。改北平行都司爲大寧都司，徙治於保定府城，領營州左、右、中、前、後五屯衛及寬河千戶所，分別徙治於順義、薊州、平谷、香河、三河、遵化等州縣，寬河千戶所後移治北京，尋廢。又增設保定左、右、中、前、後五衛，隸大寧都司，均治於保定府城。宣德五年（1430 年），徙開平衛於獨石，築獨石、雲州、赤城、雕鶚四城堡。又在宣府建立萬全都司，「以諸軍散處邊境，猝有緩急無所統一，乃命於宣府立都司，宣府等十六衛所隸焉。」〔註 223〕萬全都司初領 15 衛 1 千戶所，後經改易，宣德末期一共領 15 衛 4 千戶所。在大寧衛內遷之後，明王朝在塞外大寧地區實行羈縻制度，通過設立羈縻衛所來保護邊塞。這類衛所以降附明朝的首領爲都督、都指揮使、指揮使、千戶、百戶、鎮撫等官職，自己管理內部事務，定期向明廷朝貢。明初，兀良哈、朵顏請求內附，洪武二十三年（1389 年），朱元璋以其地置泰寧、福餘、朵顏三衛，藉以抵禦蒙古殘餘勢力。

經過明初的軍事調整，北京附近重兵雲集，衛所林立，邊寨堡壘密佈，形成一個防守嚴密、堅固森嚴的軍事防禦體系。這對京津地區的城市體系形成了很大的影響，使北京及其周圍的許多城市具有了明顯的軍事功能。

3、京津地區城市的軍事職能組合結構

（1）長城沿線軍事城堡

北京作爲明王朝都城所在，防衛尤關緊要。爲了防禦蒙古，明王朝在北部邊境地帶東起山海關，西至嘉峪關，修築了長城，稱爲邊牆，其中宣化、大同之南還修築了內長城，稱爲次邊，這就是今日的萬里長城。長城的修築工程在有明二百多年時間裏一直沒有間斷過，「太祖始逐元君，此地後爲中國有，乃命徐達起古北口至山海關增修關隘，以爲內邊。成祖於此建都，益加繕治。累朝以來，凡有關闕敞，即加修築。」〔註 224〕明代修築長城主要集中在洪武、嘉靖和隆慶、萬曆三個時期內。明王朝在長城沿線設置軍事重鎮，派駐重兵。自明初至中葉，明朝先後設置了九個重鎮統領前線軍士，這

〔註 223〕《明宣宗實錄》卷 67，宣德五年六月壬午。
〔註 224〕《明世宗實錄》卷 446，嘉靖三十六年己巳。

九個重鎮統稱九邊鎮。「初設遼東、宣府、大同、延綏四鎮，繼設寧夏、甘肅、薊州三鎮，而太原總兵治偏頭，三邊制府駐固原，亦稱二鎮，是爲九邊。」〔註225〕沿長城一線的薊鎮、昌鎮、宣府鎮、大同鎮因地近京師，軍事防禦尤爲重要。明人論述北京的軍事形勢說：「京東之外鎮，營、薊、遼陽也。京西之外鎮，宣、大、偏頭也。京東之內險，山海也。京西之內險，居庸、白羊、紫荊、倒馬、雁門、龍泉也。外鎮以屯重兵，進與之戰，內險以嚴隘塞，退爲我守。」〔註226〕

　　京津地區東部長城屬薊州鎮管轄，薊鎮形成於永樂二年，「設總兵駐寺子谷，鎮守邊關，遂爲薊鎮云。」後期薊州總兵移駐三屯營，「天順四年建三屯營城，移駐總兵府於內。」〔註227〕而昌鎮形成於嘉靖時期，「嘉靖三十年，分薊、昌爲二鎮，設提督一員護視陵寢，防守邊關，遂爲昌鎮云，三十九年改提督爲鎮守總兵。」〔註228〕長城沿線關寨羅列。薊鎮長城「東自山海關連遼東界，西抵石塘路並連口接慕田峪昌鎮界，延袤一千七百六十五里。」〔註229〕長城沿線自東向西分爲12路，山海路，有關堡八；石門路，有寨二十八；臺頭路，有關寨十；燕河路，有關寨十；太平路，有關寨九；喜峰口路，有關寨十二；松棚路，有關寨二十四；馬蘭路，有關寨二十五；牆子路，有關寨十一；曹家路，有關寨二十二；古北口路，有關寨十八；石塘嶺路，有關寨二十三。昌鎮長城「東自慕田峪連石塘路薊鎮界，西抵居庸關鎮邊城接紫荊關眞保鎮界，延袤四百六十里。」〔註230〕分爲3路，居庸路，有隘口十八；黃花路，有隘口十七；橫嶺路，有隘口三十九。「其邊牆皆依山湊築，大道爲關，小道爲口，屯軍曰營，列守曰砦」〔註231〕，形成長城沿線關隘林立的局面，居庸關、古北口、松亭關、喜峰口、白羊口等等，都是重點防禦地帶，因此在這些地點修築了許多城堡。這些城堡巧妙地借助地形而精心修築，控制大大小小的隘口以及交通要道，軍事設施齊備，置軍戍守，易守難攻，軍事功能十分完善。在長城的一些重要關口，有衛所駐紮，

〔註225〕《明史》卷91《兵志三》。
〔註226〕〔明〕蔣一揆：《長安客話》卷7《關鎮雜記》。
〔註227〕〔明〕劉效祖：《四鎮三關志》卷1《建置考·沿革》。
〔註228〕〔明〕劉效祖：《四鎮三關志》卷1《建置考·沿革》。
〔註229〕〔明〕劉效祖：《四鎮三關志》卷2《形勢考·薊鎮形勢》。
〔註230〕〔明〕劉效祖：《四鎮三關志》卷2《形勢考·昌鎮形勢》。
〔註231〕〔清〕顧祖禹：《讀史方輿紀要》卷11《直隸二·昌平州》。

如古北口城有密雲後衛，黃花路城駐紥渤海千戶所，白羊口城駐紥白羊口千戶所，鎮邊城駐紥鎮邊城千戶所，潮河川駐紥潮河川千戶所。

（2）山前地帶城市的軍事功能

明代除了在長城沿線建造大量的軍事城堡之外，還在長城內的各個州縣大量設置衛所。明初，明王朝一直採取對蒙古的進攻態勢，對塞外地區能夠有效地經營，因此京津地區駐兵不多。永樂初，因兀良哈三衛內附，成祖乃徙大寧都司於保定，大寧三衛故地盡爲蒙古兀良哈所據。大寧都司所轄營屯衛所大量內遷，分佈於順天、永平、保定等地區。這些內遷的營屯衛所主要設置於靠近長城關隘的各個州縣等城市，因而使這些城市具備了一定的軍事功能，成爲拱衛京師的重要戰略據點。

密雲地處北京通往塞外的古北口大道上，軍事戰略地位十分重要，「夫密雲西拱京陵，與居庸、紫荊相爲犄角，北臨古北，東控漁陽，西南則爲潞河，萬艘並下，國計攸關，此要害之地也。今者崇城百雉，層臺數尋，以畜眾則士馬雲屯，以貯餉則芻糧山積，此可謂金城天府之國也。」〔註232〕明初，由於在塞外設立北平行都司，薊鎮尚屬於內地。自永樂大寧都司內徙之後，兀良哈三衛內附，薊鎮就成爲邊鎮。嘉靖年間，俺答從古北口侵入內地，逼進京師。爲了加強防衛，明政府「特遣重臣督鎮薊遼，駐節於密，是爲薊鎮。其總兵開府兵備專司俱在密治，遂稱總鎮城。」〔註233〕形成了「邊與腹錯地，軍與民錯居，兵與餉錯事」〔註234〕的局面。密雲縣城中有火藥局、神器庫等軍事設施〔註235〕。

薊州控制著北京通往東北的山海關大道和東北部的各個長城關口，是北京的東部門戶，距離各個戰略要地距離適中，具有非常的軍事地位，「薊州爲京輔要鎮，左扼山海，右控居庸，背連古北，距東西南各四百餘里，而薊當其衝，枕山帶河，重關復鎮，遞爲應援，以翼蔽畿輔。又東則朝鮮、多顏，貢使往來，率道境上；南通西河，饋餫食；玉田、寶坻魚鹽之利，雄甲他鎮；故崇墉巨屏，特設守備。宿勁兵，豐儲峙，以顓城守備。」〔註236〕

隆慶《昌平州志》云：昌平「東爲諸口之屏蔽，西爲各區之軍餉，北爲

〔註232〕《光緒順天府志・地理志三・城池》引《劉應節新建重城記略》。
〔註233〕〔明〕蔣一揆：《長安客話》卷7《關鎮雜記》。
〔註234〕〔明〕蔣一揆：《長安客話》卷6《畿輔雜記》。
〔註235〕民國《密雲縣志》卷2之二《輿地・街道》。
〔註236〕《光緒順天府志・地理志三・城池》引《明陸樹聲薊州重修城樓記略》。

陵寢之護衛，南爲京師之屏障，較諸他郡城池，誠重且大焉。」〔註 237〕自朱棣選中天壽山作爲陵園之後，昌平成爲陵寢重地，並於正德年間升爲州城，顯見昌平城市地位的提升與陵寢的密切關係。嘉靖三十年，分薊鎮置昌鎮，「爾時廷議重其地，爰立大將，以總兵都督官鎮守之，割黃花、居庸、鎮邊三要害，以三參戎嚴斥堠，定左右中軍四營，以四遊擊選健兒，於是士農工賈，悉於窟宅，迄今稱雄鎮哉。」〔註 238〕其職能除了防守邊關以外，更爲重要的功能之一就是護視皇家陵寢。昌平州城，原名永安城，修建於明景泰元年，最初是爲陵衛營軍建造的，《昌平州志》說：「我州之城名雖州稱，實非州設。初爲三衛營軍而始建之。」〔註 239〕城池修建之後，「徙長、獻、景三陵衛於內，以護陵寢。」〔註 240〕隨著時間的推移，歷代帝王陵寢的不斷增加，陵衛也不斷增置，因此到隆慶年間，昌平城中共有長陵衛、獻陵衛、景陵衛、裕陵衛、茂陵衛、泰陵衛、康陵衛、永陵衛等八個陵衛。人口的增加使昌平城郭也因此顯得狹小，加之年深日久，城池破敗，嘉靖年間重新修茸〔註 241〕。昌平州城中還開辦有軍工生產機構，康熙《昌平州志》記載明代昌平城中有火藥局，昌平甲作局等生產機構〔註 242〕。

　　平谷縣城位於薊州西北八十里，地勢險要，「西連密雲、古北口，東連山海，道經遼東，北臨極邊諸山」，因此，「永樂初，置營州中屯衛以鎮之，蓋重鎮也。」〔註 243〕

　　事實上，自古以來形成以北京爲中心向四外輻射的交通大道成爲重要的軍事分佈區。沿山前太行山東麓大道上的涿州、良鄉等城市、居庸關大道上的昌平州城、古北口大道上的順義、密雲等，由北京通往山海關的燕山南麓大道上的通州、三河、薊州、香河、遵化、玉田、豐潤等州縣城市均有衛所駐紮，成爲軍事重地，因此明人張瀚說：「自眞定北至永平，素稱厄塞，非商賈出入之地。」〔註 244〕

〔註 237〕隆慶《昌平州志》卷 3《建置志‧城池》。
〔註 238〕《光緒順天府志‧地理志五‧祠祀上》引《韓四維尤公生祠碑記》。
〔註 239〕隆慶《昌平州志》卷 3《建置志‧城池》。
〔註 240〕《光緒順天府志‧地理志三‧城池》
〔註 241〕隆慶《昌平州志》卷 3《建置志‧城池》。
〔註 242〕康熙《昌平州志》卷 3《建置志‧局》。
〔註 243〕《光緒順天府志‧地理志三‧城池》引《商輅平谷新城記》。
〔註 244〕〔明〕張瀚：《松窗夢語》卷 4《商賈紀》。

　　另外，瀕海地區也是重要的軍事防禦地帶，明政府爲了漕運和海防的需要，在天津設立三衛。萬曆時，明政府爲防倭寇在設天津海防營和海防水陸營，「因（萬曆）十九年間，倭情叵測，春秋遞防海邊。」〔註245〕明末後金崛起，天津形勢危急，明政府再次增設軍隊以加強防禦。另外，明政府還在寶坻縣東南瀕海地區設立梁城所，加強海上防禦。

　　從空間結構來看，明代京津地區城市按軍事功能可以劃分爲三個城市分佈帶。首先，自山海關開始，向西一直到宣府、大同外長城沿線，自居庸關向西南轉折一直到倒馬關的內長城沿線分佈許多關隘城堡，這些城堡分佈在燕山山脈和太行山山脈之中，形成軍事型城堡分佈帶。其次，自保定到京師再向東到達山海關的山前大路地帶的城市中，駐紮許多的軍事衛所，形成山前軍事防禦帶。京津地區東南瀕海地帶形成以天津和梁城所組成的瀕海城鎮防禦帶。在京津地區南部的固安、永清、霸州、保定、文安、大城等城市距離邊境較遠，沒有軍隊駐紮，形成京南地區非軍事型城市帶。

圖 5-4　明代京津地區城市體系的軍事職能

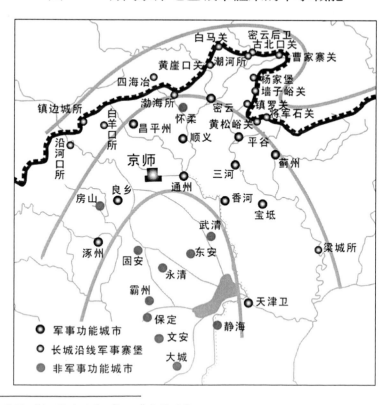

〔註245〕萬曆《河間府志》卷6《武備志》。

（3）北京城的防衛與四輔城的規劃

明代京津地區靠近邊關，防衛自然尤爲緊要。除了在長城沿線駐紮大量軍隊，京畿周圍州縣設立衛所外，還成立五軍、三千、神機三大營，合稱「京軍」，專門負責保衛京城。土木之變後，京軍損失殆盡，於是改爲團營。嘉靖時又恢復三大營舊制。明代中後期，隨著朝政日益腐敗，武備鬆弛，邊患益緊，蒙古部瓦剌、韃靼部先後攻破長城，逼進京師，因此加強京城防衛成爲首要問題。

在這種背景下，萬曆年間，大臣張位提出建立四輔城的建議。萬曆二十年（1592 年）七月，張位上書神宗皇帝說：「今京東距薊鎮不二百里，西去宣府不四百里，東南去天津口不二百里，西南去紫荊關不三百里」，「關隘彌近，拱衛宜嚴」，「況今虜警倭防，桑土綢繆尤亟」，於是提出建立四輔城規劃，「臣以爲近京周圍十里，宜卜水土要害，特建輔城四，以衛京師。每城置兵萬人，內設營房，外設教場，照常操練，聲勢犄角。」在軍事部署上和管理體制上，「遵照五軍舊制，以三大營官兵爲中軍，其四城應撥營兵各萬，或取京衛、京營各屯餘丁選精壯以充數，擇五府官知兵者統之，聽戎政大臣節制，將領一視大營。」對於輔城的其它設置，張位在建議中作多方面的考慮，並提出了具體措施：「城內多貯芻糧，再設憲司文臣二員，監操督餉，兼儲邊材，量撥近地，給軍耕耘，四隅聯絡墩臺，以嚴守望，周遭開溝植樹，以扼戎馬，此國家強本之圖也。」張位將輔城的建設規劃繪製草圖，上報朝廷，得到了萬曆皇帝的讚賞曰：「京師根本之地，添築四城，深爲鞏衛至計。」〔註246〕並且也初步決定於京郊六里屯、八里屯施工建造。但是這個計劃遭到了一些人的置疑而暫時擱置，「兵科給事中許宏綱、御史樊玉衡等稍稍尼之，上乃命俟倭事寧息舉行，其說遂中寢。」加之不久以後，張位被彈劾去職，這個計劃再沒人去理會〔註247〕，關於四輔城的規劃遂胎死腹中。

根據明人沈德符《萬曆野獲編》的記載，早在萬曆以前，丘濬曾提出過建設四座「輔城」以保衛北京的意見，「以宣府爲爲北輔；永平爲東輔，俾守松亭關一帶，及扼控遼土；以易州或眞定爲西輔，俾守紫荊一帶關隘；以臨清爲南輔，俾護漕運。」〔註248〕《明實錄》中也有關於丘濬四輔城的記

〔註246〕《明神宗實錄》卷 250，萬曆二十年七月丙子。
〔註247〕〔明〕沈德符：《萬曆野獲編》卷 24《畿輔‧四輔城》。
〔註248〕〔明〕沈德符：《萬曆野獲編》卷 24《畿輔‧四輔城》。

載：「昔丘濬曾議京師當設四輔，以臨清爲南，昌平爲北，分薊州及保定東、西，各屯兵一二萬以拱護京師。」〔註249〕兩條記載中的四個「輔城」出入較大，除了南輔城臨清相同外，其餘三個輔城各不相同。沈德符認爲以臨清爲輔城則離京城太遠，應當在河間和天津之間立城，最南也應當以德州故城爲輔城〔註250〕。由於歷史記載過於簡略，我們無法確切知道張位所規劃的四輔城的詳細狀況，不過張位所規劃的四座輔城是在北京近郊，與丘濬的思想是大同小異的。

圖 5-5　明代北京四輔城規劃

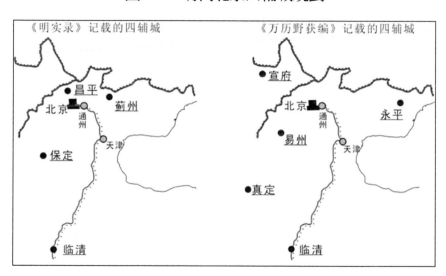

雖然四輔城的規劃實際上並沒有實施，但隨著明后期京津地區形勢危急，明王朝也加強了在京城近郊修建城堡工作。嘉靖年間，禮部尙書嚴嵩曾建議在京城北部沙河行宮遺址建立城池，他說：「沙河爲聖駕展祭陵寢之路，南北道里適均。我文皇帝肇建山陵之日，即建行宮於茲。正統時爲水所壞，今遺址尙存，誠宜修復而不容緩者。且居庸、白洋近在西北，若鼎建行宮於中，環以城池，設官戍守，寧獨車駕駐蹕爲便。而封守愼固，南護神京，北衛陵寢，東可以屛密雲之衝，西可以扼居庸之險，聯絡控制，居然增一北門重鎭矣。」〔註251〕嘉靖皇帝採納了他的建議。嘉靖十九年以行宮爲中心，修

〔註249〕《明世宗實錄》卷185，嘉靖十五年三月丁丑。
〔註250〕〔明〕沈德符：《萬曆野獲編》卷24《畿輔·四輔城》。
〔註251〕《明世宗實錄》卷198，嘉靖十六年三月丁未。

建了鞏華城。嘉靖二十一年（1542 年），明政府以鞏華城「南衛京師，北護陵寢，實爲畿輔保障」，仿南京外守備例，增設守備一員，「令其專駐城，守其本城。千戶所設立千戶、百戶以下官如制。」〔註252〕崇禎年間，明政府爲了加強北京城的防衛，在盧溝橋建造了一座小城。「議者謂盧溝橋畿輔咽喉，宜設兵防守，又須築城以衛兵。於是當橋之北，規里許爲斗城，局制雖小，而崇墉百雉，儼若雄關，城名拱北。南曰永昌，北曰順治。創於崇禎丁丑，特設參將控制之。」〔註253〕可見，鞏華城和拱極城的修建，完全是出於衛護京城的需要，實際上承擔了保衛北京城的輔城的職能。

二、元明時期京津地區城市體系的經濟職能

1、元明時期京津地區城市體系經濟職能的增強

　　蒙古族歷來重視商業活動，蒙古帝國建立後，因國土遼闊，遂建立四通八達的交通驛站系統，加強了各地之間的聯繫，經濟文化交流日益頻繁，加之元朝採取有利於商業的政策措施，由此促進了商業貿易的繁榮。元代的涿州，南北人員來往頻繁，商業更加興盛，馬可波羅稱之爲「一大而美麗之城」。這裏的「居民以工商爲業」，城內「亦有不少旅社以供行人頓止。」〔註254〕元太宗八年，「建織染七局於涿州」〔註255〕。馬可波羅也記載說，涿州「織造金錦絲絹及最美之羅。」〔註256〕元代涿州城設有工部大都人匠總管府所屬的涿州羅局，宣徽院和儲政院所轄的管領涿州成錦局人匠提舉司、管領涿州等處民匠異錦局、管領大都涿州織染提舉司等手工業生產機構。北京西北一帶山區，歷代是礦冶生產之地。元政府在這裏設立機構進行管轄，「中統始置景州提舉司，管領景州、灤陽、新匠三冶。至元十四年，又置檀州提舉司，管領雙峰、暗峪、大峪五峰等冶。大德五年，檀州、景州三提舉司，並置檀州等處採金鐵冶都提舉司，而灤陽、雙峰等冶悉隸焉」〔註257〕。元大德五年（1301

〔註252〕《明世宗實錄》卷 264，嘉靖二十一年七月壬申。
〔註253〕《日下舊聞考》卷 92《郊坰・西二》引《破夢閒談》。
〔註254〕馮承鈞譯，黨寶海新注：《馬可波羅行紀》，河北人民出版社，1999 年。第 393 頁。
〔註255〕《元史》卷 123《直脫兒傳》。
〔註256〕馮承鈞譯，黨寶海新注：《馬可波羅行紀》，河北人民出版社，1999 年。第 393 頁。
〔註257〕《元史》卷 85《百官志一》。

年），檀州、景州提舉司隸屬 7 冶：雙峰、暗峪、銀崖、大峪、五峪、利貞、錐山〔註258〕。元代，中都宛平縣和西南的奉先縣產銀礦，「銀山在墳山西北，其山東西形勢。嶺南屬奉先縣，有銀洞五十四處；山嶺北屬宛平縣，有銀洞六十二處。」〔註259〕在大都路檀州和薊州也有銀礦開採，「至元十一年，聽王庭璧於檀州奉先等洞採之。十五年，令關世顯等於薊州豐山採之。」〔註260〕此外，房山縣還有煤礦，民國《房山縣志》說：「房山煤業，發創於遼金以前，濫觴於元明以後。」〔註261〕元代大都城西山產煤，至元二十四年（1287 年）「置西山煤窯廠，管領馬安山、大峪寺石灰煤窯。」〔註262〕《析津志輯佚》記載：「城中內外經紀之人，每至九月間買牛裝車，往西山煤窯載取煤炭，往來於此。新安及城下貨賣，咸以驢馬負荊筐入市。」〔註263〕明代礦業生產由於政府的控制而受到抑制。京津地區沿山一帶儘管有銀礦、銅礦等，但因明代官府嚴格控制而不能開採。嘉靖年間由於明政府財政困難，陸續開放銀礦，嘉靖十五年（1536 年）開薊州瀑水峪銀礦，十七年（1538 年）開房山水洞山及浮圖峪等處銀礦。但因採礦收效甚微，隆慶後又禁採。

明代自給自足的自然經濟占統治地位，隨著社會生產的發展，各地交通往來的加強，農業、手工業商品化程度日益提高，自然促進各地商業貿易的發展與繁榮。明中葉以後，隨著商品性生產的擴大，商業往來的加強，城鄉市場得到普遍發展。在北直隸地區，自嘉靖、萬曆之後，通常每個州縣都有在城集和若干村落集〔註264〕。在這一時期，京津地區各個州縣城市集市貿易也蓬勃發展，承擔了區域經濟中心地的職能。如固安縣有清河流經縣西，商業流通範圍較大，「富商大賈自遠方而來，泛舟以營利。其本縣居民，或以貨物而貿遷，或以魚米而生息，鋪店如星，行市如蟻，誠一方之利源也。」〔註265〕

從部分州縣的地方志記載來看，各個州縣均有在城集和鄉鎮集市，在所

〔註258〕《元史》卷 94《食貨志二》。
〔註259〕《大金集禮》卷 18《時享上‧攝行禮》。
〔註260〕《元史》卷 94《食貨志二》。
〔註261〕民國《房山縣志》卷 5《實業》。
〔註262〕《元史》卷 14《世祖紀十一》。
〔註263〕〔元〕熊夢祥：《析津志輯佚‧風俗》，北京古籍出版社，1983 年。
〔註264〕張崗：《河北通史》明朝卷，河北人民出版社，2000 年。213～214 頁。
〔註265〕崇禎《固安縣志》卷 1《形勝》。

統計的順天府 12 個州縣當中，明末各州縣所在地都有集市，而鄉鎮集則分佈不一，除了懷柔縣沒有鄉鎮集市之外，其它州縣都有數目不等的鄉鎮集市。從地理分佈來看，北京東北部的懷柔、平谷一帶集市貿易不甚活躍。雖然明人記載說：「懷柔地壤深厚，漁鹽黍稷之利甲於圻內」〔註266〕，但是鄉村經濟卻十分凋敝，「生齒輻輳僅見之城郭，而村舍郊坰一望淒涼，草為瓦，葦為門，亂石為壁」〔註267〕，這是鄉鎮集不發達的原因。京津地區東部薊州和南部的涿州、霸州等州縣集市貿易較為活躍，如固安號稱「京畿大邑」〔註268〕，鄉鎮集數多達 13 個，顯示其地方商業貿易的活躍。根據嘉靖《固安縣志》記載，固安縣知子營鎮有定期集市，時間是每月逢一、六日〔註269〕；除在城集市外，固安縣還有 13 個鄉鎮集市，這些集市一年的稅額為銀 29 兩，遇閏月，每年加納銀 2 兩 4 錢 5 分〔註270〕。京津地區南部各州縣所屬鄉鎮集經濟職能相對較強，在地方的經濟生活中扮演重要角色。如文安縣柳河、勝芳、蘇橋、狼虎廟、岳村、孫氏、圍河 7 個鎮都是五日一市〔註271〕，承擔一定的經濟功能。明代對於集市的管理有相應的制度，「視地理之通塞，量居民之多寡，聚貨為集，定日為期，貿遷化居，各得所欲」〔註272〕，集市中交易一般來說以本地物產為主，與外界交易則比較少。在涿州，「本境之民各以其土之所產者通其有無，若江淮遠方之貨輻輳於市，涿郡視它郡為盛。」〔註273〕

表 5-10　明代中後期京津地區部分州縣城市集市

州縣城市	在　城　市　集　及　日　期	數目/月次數	村鎮集數	資　料　來　源
香河縣城	南街每月逢一日集；東街每月逢三日集；北街每月逢五日集；西街每月逢七日集；西關每月逢九日集。	5/15	5	萬曆《香河縣志》卷2《地理志·市集》

〔註266〕〔明〕蔣一揆：《長安客話》卷 6《畿輔雜記》。
〔註267〕萬曆《懷柔縣志》卷 1《地理志》。
〔註268〕《光緒順天府志·地理志五·祠祀上》引《陳口重修城隍廟碑記》。
〔註269〕嘉靖《固安縣志》卷 1《方輿志·集場》。
〔註270〕崇禎《固安縣志》卷 1《方輿志·集場》。
〔註271〕崇禎《文安縣志》卷 2《建置志·街鎮》。
〔註272〕康熙《豐潤縣志·市集》。
〔註273〕嘉靖《涿州志》卷 2《坊市》。

固安縣城	北街每月逢三日；北新街每月初十日；南新街每月初五日，今街廢並於北新街；南街每月逢八日；西街每月十五、二十五日；東街每月初一、二十、三十日。	5/13	13	嘉靖《固安縣志》卷1《方輿志·集場》
懷柔縣城	聚賢坊以西，初一日；縣治前，初六日；縣治後，十一日；文廟前，十六日；守備街，二十一日；聚賢坊以東，二十六日。	6/6	0	萬曆《懷柔縣志》卷1《地理志·集市》
薊州城	在城集每月一、六日；西關集，八日；南關集三日。	3/12	5	嘉靖《薊州志》卷3《坊市》
平谷縣城	在城集每月五、十日；西關廂三、八日集。	2/12	1	
玉田縣城	在城集每月三、八日；東關廂一、六日。	2/12	8	
豐潤縣城	在城集每月一、七日；西關集，三日；南關集，五日；東關集，九日。	4/15	10	
涿州城	大街市、東街市、通會北街市、南門市俱十日一集；槐樹街市、南郭市、常盈倉市俱五日一集。	7/？	5	嘉靖《涿州志》卷2《坊市》
房山縣城	大街市	1/？	3	
霸州城	長春街、興賢街、澄清街、嘉善街、新街	5/？	8	嘉靖《霸州志》卷1《輿地志·市廛》
文安縣城	城內間日一市。	？/15	7	崇禎《文安縣志》卷2《建置志·市》
大城縣城	東街逢六日、西街逢一日、南街逢三日、北街逢八日。	4/12	3	康熙《大城縣志》卷1《輿地志》

2、漁鹽經濟與京津地區的城市職能

京津地區瀕海一帶向來是漁鹽產地，這裏的城市具有漁鹽生產與轉銷職能。元代，大都設有鹽司，轄金代寶坻鹽司各場，至元初曾在寶坻設鹽使司〔註274〕。經過元初的恢復，寶坻鹽司所轄越支場經營良好，「鹽課以贏，席

〔註274〕至元二年，元政府曾以禮部侍郎倪德政爲中都路轉運使，提領稅課等事，並以答木丁同知使事，寶坻鹽使崔岩臣副之。可見既有寶坻鹽使，必有寶坻鹽使司的設置。見《日下舊聞考》卷44《京畿附編·玉田縣豐潤縣》引《元徐

袋山積，瓦廬相連，牛馬蔽野，熙熙然如在春臺和氣中。咸曰：自再立鹽司以來，幾五百年，未有如今日之安靜無擾也。」〔註 275〕至元十九年罷大都鹽運司，改立大都蘆臺、越支、三叉沽鹽使司一〔註 276〕。二十五年復立蘆臺、越支、三叉沽三鹽使司〔註 277〕。大德年間大都鹽運司併入河間鹽運司。元代瀕海蘆臺鹽業興盛，「漁陽東南三百里有蘆臺焉，面海背山，左踞曠野，右跨大河，地僻而卑，民勤而野，男薪女汲，聚土而煮之成醯而後已。舟車水陸，運之於民，令貴富賤貧旄倪大小均食之，日獲萬緡以輸公府。」〔註 278〕在直沽附近，還有三沽、豐財等鹽場，所產食鹽先彙集於直沽，然後運往通州、大都，臨清等地。可以看出，元代以後，寶坻已經失去了鹽業集散中心的地位，逐漸被直沽所取代。其中原因，應該在於元代白浮堰修建後，北運河航道順暢，漕船往來不再經過遼海運故道，寶坻交通優勢頓時一落千丈，自然也就失去了鹽業轉運功能。

洪武初，明政府在滄州設「北平河間鹽運司」，後改「河間長蘆都轉運鹽使司。」長蘆鹽區管轄北自山海關，南至山東交界的渤海沿岸產鹽區，共有二十四場。永樂十三年以長蘆鹽課御史下轄鹽使司，其下設青州分司和滄州分司，「以判官爲青州分司，轄北十二場；同知爲滄州分司，轄南十二場。」〔註 279〕長蘆鹽在明代是六大產鹽地之一，大量銷往黃河中下游地區。而天津扼通往華北地區各地的水路咽喉，遂成爲鹽業產銷中心。隆慶年間長蘆鹽場合併爲二十場，青州分司下設小直沽批驗所，駐天津。萬曆年間，青州分司移駐天津。這表明鹽業已經成爲天津城市經濟職能之一，對天津城市發展起著重要作用。至清康熙年間，滄州分司和長蘆轉運鹽使司等機構都移駐天津，標誌天津已經確立爲長蘆鹽區的鹽業中心〔註 280〕。

3、運河沿線的商業城市帶的形成

對於京津地區來講，北運河是自天津至大都間的重要水上通道，運河沿

世隆越支社重立鹽場記》。，

〔註 275〕光緒《豐潤縣志》卷 4《文苑》。

〔註 276〕《元史》卷 12《世祖紀九》。

〔註 277〕《元史》卷 15《世祖紀十二》。

〔註 278〕《日下舊聞考》卷 113《京畿・寶坻縣》引《元平州路廉訪趙鑄重修蘆臺興寶聖母廟記》。

〔註 279〕民國《天津縣新志》卷 17 之一。

〔註 280〕傅崇蘭：《中國運河城市發展史》，四川人民出版社，1985 年。248～249 頁。

線的直沽、通州、河西務等地，都是運河沿線重要的商業城市，漕運繁忙，商業發達。通州作爲漕運樞紐，毗鄰大都，商業繁榮。元代河西務鎮發展十分迅速，漷縣治所一度遷往河西務，並升爲漷州，城市的行政層級較高。永樂九年（1411年），明政府重濬會通河，自山東濟寧引汶水、泗水至臨清，通漳、衛二河，南北大運河全線暢通，自此漕糧和兵餉通過大運河源源不斷地由江南運往北京以及北部邊境地區。明政府規定，漕船可以攜帶一定數量的南北土貨，在運河沿岸自由買賣，因此大運河就在承擔南北物資流通方面發揮重大作用，成爲一條溝通南北商業貿易的重要通道。永樂時山東巡按陳濟言：「淮安、濟寧、東昌、臨清、德州、直沽，商販所聚。」〔註281〕可見，明初大運河沿岸各個城鎮已經是商販雲集之地，商業貿易也因此繁榮發展。在京津地區，北運河沿線成爲區域商業城市分佈的密集地帶，沿著這條線分佈著通州、張家灣、河西務、楊村、天津、楊柳青、獨流、靜海等城鎮。

元明時期，由於北京城的生存與發展和大運河息息相關，因此運河沿線城市也與北京建立了緊密的聯繫，其中與京城關係最爲緊密的城鎮主要有通州、張家灣和河西務。隨著北京城市規模的日益擴大，北京周邊部分城鎮開始承擔起京城的部分職能，如明代在北京設置了四個宣課司，分別在正陽門外、正陽門、張家灣、盧溝橋。通州、張家灣和河西務都有明中央政府的派出機構，從而形成了以北京爲中心的城市功能組團。

通州是京師水路咽喉，承擔著向京師輸送和存儲漕糧的重要功能，爲了加強漕運的管理，通州城內設有很多中央派出機構，如戶部分司、工部修倉分司、工部管河分司等，還有負責漕運官兵兌運漕糧事務的漕帥府等等〔註282〕。隨著漕運的發展，通州城市商業也逐漸興旺，「自文皇帝定都以來，肇立京府，並置州衛，東南漕運，歲入四百萬，析十之三貯於州城，既久且富。」〔註283〕通州城中設有抽分竹木局、北關竹木局、通州稅課局等商業稅務機構，以加強對商業的管理。由於通州商業發達，成化年間出現了京城權貴在通州自行設立市肆的事件，「近時權貴之家多於在京通州張家灣等處修造市肆，邀留商貨，與民爭利。」〔註284〕

〔註281〕《明史》卷87《食貨志五》。
〔註282〕萬曆《順天府志》卷2《營建志・公署》。
〔註283〕光緒《通州志》卷10《藝文志》。
〔註284〕《明憲宗實錄》卷260，成化二十一年正月己丑。

運河沿岸的張家灣，位於通州東南，由於張家灣以上河道屈曲狹窄，天旱水淺時漕船在張家灣卸載，因此張家灣成爲漕船碼頭，商業因而繁盛。「張家灣爲潞河下流，南北水陸要會也。自潞河南至長店四十里，水勢環曲，官船客舫，漕運舟楫，駢集於此。弦唱相聞，最稱繁盛。」〔註285〕張家灣設有宣課司，其商業之繁盛，可以從《明史・食貨志》關於商稅記載看出來，「崇文門商稅、牙稅一萬九千餘兩，錢一萬八千餘貫。張家灣商稅二千餘兩，錢二千八百餘貫。」〔註286〕張家灣設有巡檢司、料磚廠、花板石廠、鐵錨廠等機構〔註287〕。李賁詩描述道：「鐵甕新城十萬家，閭閻舊俗競繁華。隄連第宅公勳店，岸擁旌旗使者艖。稅権五材充國計，商同四海足生涯。會同諸夏咽喉處，名利煙波炫晚霞。」〔註288〕張家灣不僅是運河樞紐，而且是京城送行人離別之地，「出都門半取水道，送行人，閒者別張家灣，忙者置酒此祠亭（崇文門外三忠祠）。」〔註289〕

河西務也是重要漕糧樞紐之地，商業繁盛，城內設有工部分司，戶部分司，河西務稅課局，管河主簿廳等機構〔註290〕。由於河西務地處「入京門戶」〔註291〕的有利位置，「國初止收商稅，未有船鈔，宣德間始設鈔關，凡七所」，河西務即爲其中之一〔註292〕。明萬曆初期，「令商貨進京者，河西務給紅單，赴崇文門並納正、條、船三稅；其不進京者，河西務止收正稅，免條、船二稅。」〔註293〕可見，河西務稅務機構的設立，承擔了京城的一部分稅收職能。

4、天津城市的迅速發展與城市職能的擴展

元代，大都東南海口的直沽寨位於河運和海運這兩條經濟大動脈的會合處，成爲重要的漕糧轉運和裝卸港口，「漕運糧儲及南來諸物商賈舟楫，皆由直沽達通惠河。」〔註294〕漕運樞紐職能的確立，使這裏南北人員彙聚，直沽逐漸發展成爲南北方重要的商品集散地，商業因而繁盛。直沽還是通往高麗

〔註285〕〔明〕蔣一揆：《長安客話》卷6《畿輔雜記》。
〔註286〕《明史》卷82《食貨志六》。
〔註287〕萬曆《順天府志》卷2《營建志・公署》。
〔註288〕〔明〕蔣一揆：《長安客話》卷6《畿輔雜記》。
〔註289〕〔明〕劉侗、于奕正：《帝京景物略》卷2《城東內外》。
〔註290〕萬曆《順天府志》卷2《營建志・公署》。
〔註291〕〔明〕徐復祚：《華當閣叢談》卷1《鈔關》。
〔註292〕〔明〕朱國禎：《湧幢小品》卷2《鈔稅》。
〔註293〕《明史》卷81《食貨志五》。
〔註294〕《元史》卷64《河渠志一》。

的重要港口，據《老乞大諺解》記載高麗商人的行經路線：「正月裏，將馬和布子，到京都（大都）賣了，五月裏到高唐，收起絹綿，到直沽裏上船過海，十月裏到王京（今朝鮮開城），投到年終，貨物都賣了，又買了這些馬弁毛施布來了。」〔註295〕憑藉漕運之利，直沽不斷發展，元祐年間在此設海津鎮，元末又在海津鎮設立鎮撫司。

明永樂初，於天津海口設天津三衛，有官兵10695人〔註296〕，負責海河以南運河至德州一帶的軍事防衛事務。成祖遷都北京後，天津成為拱衛首都的重鎮，軍事功能有所加強。但是由於有港口之利，因漕糧轉運而出現的各種經濟活動卻使天津這個城市從一個衛城不斷成長壯大，城市職能也不斷向多樣化發展。

明初，山東會通河未通之時，漕糧實行海運，其終點就是天津。永樂十三年（1415年）「始罷海運，而專事漕河。」〔註297〕根據傅崇蘭的研究，從這一年到宣德九年（1434年），「漕運京師攢運過糧」一直在二百萬石至五百萬石之間浮動，自宣德十年至明末，漕糧數量一直四百萬石左右〔註298〕。事實上，儘管永樂十三年罷海運，但是天津仍有海運存在，「海陸二運皆罷，惟存遮洋船，每歲於河南、山東、小灘等水次，兌糧三十萬石，十二輸天津，十八由直沽入海輸薊州而已。」〔註299〕明末，隨著遼東戰事緊張，明王朝遂由登州運軍糧至天津，然後再運至遼東寧遠。《明史·河渠志》記載：「先是，寧遠軍餉率用天津船赴登州，候東南風轉粟至天津，又候西南風轉至寧遠。」〔註300〕

明代運河沿線城市中，天津地處水路樞紐地位，沿運河北至北京，南下江南，自海路東北可達遼東，東南到達膠東半島乃至東南沿海地區。且由於華北平原上各河流均彙集天津入海，水運就使華北地區成為天津的直接腹地，正是這種水路中心地位促使天津逐漸發展成為華北地區重要的商業貿易中心。「自真定北至永平，素稱厄塞，非商賈出入之地。由廣、大、順、平，

〔註295〕〔元〕《老乞大諺解》卷上。
〔註296〕此處採用高豔林研究結論，他認為天津三衛實際正軍數是10695人，而非16800人，與一般兵制的規定不相符合。見高豔林《天津人口研究》，天津人民出版社，2002年。8頁。
〔註297〕乾隆《天津縣志》卷11《河渠志·附漕運》。
〔註298〕傅崇蘭：《中國運河城市發展史》，四川人民出版社，1985年。240～241頁。
〔註299〕《明史》卷79《食貨志三》。
〔註300〕《明史》卷86《河渠志四》。

乃東西腰膂，南北舟車，並集於天津，下直沽、漁陽，猶海運故道也。河間、保定商賈多出其途，實來往通衢。」〔註301〕據《天津衛志》記載，弘治以前天津城廂共有五集，弘治六年（1493）年，又增置五集一市，城廂總共十集一市。集市的增加反映了城市商業貿易的活躍和日趨繁榮。天津水路交通便利，各地糧商都把糧食運至這裏進行交易，從而使天津成為糧食交易中心，這又進一步推動了天津商業的發展。如明末為籌糧供應遼左，曾經「招徠各商，收集重糈，不下五六十萬（石）。」〔註302〕天啓五年，在天津召買商豆，共計十萬八百六十九石，大約有天津及外埠 124 名商人參與此次購買〔註303〕。

天津作為水路通途，水上運輸繁盛也得益於造船業的發達。明初，為滿足漕運需要，天津三衛建造船隻，其中天津衛造 8 隻，天津左衛造 3 隻，天津右衛造 4 隻〔註304〕。天順年定天下漕運船數，天津漕船始定額數，隨著漕運規模的擴大，每年都要建造漕船，以致造船業在天津形成一定規模，明人畢自嚴就有關於天津海船、兵船廠的記載〔註305〕。萬曆四十七年（1619 年），為了將援遼糧餉北運，於是「議於天津造船可裝四百石者，共造百隻」〔註306〕，次年有疏曰：「天津見造船二百隻」之語〔註307〕。從造船數量來看，天津造船業規模當很大。

從城市管理角度來看，天津城市管理體制在明代不斷完善。由於天津漕運稅款的增多，宣德十年（1435 年）明王朝在天津設置戶部分司。正德四年，設漕運總兵，十三年，設天津通判。萬曆四十七年設督餉部院，為總督地方糧餉的最高機構。天啓時為防禦清兵，保衛京師，設天津巡撫，成為定制，併兼掌督餉部院事。這一系列市政機構的設置，表明明末的天津正從軍事區劃向行政區劃過渡，城市地位和功能進一步提高和擴充〔註308〕。天津最初作為軍事城市而設置，城市人口絕大部分屬於軍人，但由於天津地處水路樞紐，漕運、商業、運輸業以及製造業的興起，越來越多的軍衛人口從事經濟活動，

〔註301〕〔明〕張瀚：《松窗夢語》卷 4《商賈紀》。
〔註302〕〔明〕畢自嚴：《異常淫雨淹損官糧疏》，《督餉疏草》卷 1。
〔註303〕高豔林《天津人口研究》，天津人民出版社，2002 年。31 頁。
〔註304〕嘉靖《河間府志》卷 6《河道志・漕運》。
〔註305〕〔明〕畢自嚴：《河軍向隅彼此聚訟疏》，《撫津疏草》卷 3。
〔註306〕〔明〕謝純：《海運紀事》萬曆四十七年九月十九日條。
〔註307〕〔明〕謝純：《海運紀事》萬曆四十八年二月初一日條。
〔註308〕徐永志：《開埠通商與津冀社會變遷》，中央民族大學出版社，2000 年。16 頁。

他們的身份由軍人向生產者轉化，這種主體人口性質的轉化，自然要對城市性質的變化產生重大影響。加之，有明一帶，天津非軍事人口一直增加，這對天津城市軍事性質的削弱也有推波助瀾的作用。明末，天津城市的軍事功能基本蛻化殆盡，「天津之爲衛久已，名存實亡矣。」〔註309〕天啓初年，天津城外「商賈輻輳，駢塡逼側」，城中則是「屋瓦蕭條，半爲蒿萊」〔註310〕的慘淡景象。這也正說明天津城市性質發生了變化，從明初的一個軍事城堡向明末時經濟的、商業的新型城市轉變〔註311〕。

三、元明時期京津地區城市體系文化職能的完善

元初以武功奪取天下，缺乏文治。自世祖忽必烈即位後，興文重教，於是典章文物大備。元初重臣劉秉忠曾上書曰：「古者庠序學校未嘗廢，今郡縣雖有學，並非官置。宜從舊制，修建三學，設教授，開選教材，以經義爲上，辭賦論策次之，兼科擧之設，已奉合罕皇帝聖旨，因而言之，易行也。開設學校，宜擇開國功臣子孫受教，選達材任用之。」〔註312〕忽必烈時期多次下詔天下開設學校，培養人才。元代京津地區所屬州縣各級行政機構多創辦州學、縣學，官學數量顯著提高，固安、通州、寶坻、房山、霸州、漷州、武清等城市均設置了州學或縣學。另外，元代京津地區還出現了書院這一教育機構。書院教育興起於北宋，南宋時興旺發展，並對後世產生重大影響。元代也繼承了這一制度，鼓勵書院建設。元政府曾在燕京設立太極書院，此後，各地紛紛設立書院。京津地區的昌平設有燕平書院，「元泰定間，爲唐諫議大夫劉蕡建」，霸州設有益津書院，「元宮君祺建。」〔註313〕元代的書院初步具有官學性質，這是其與前代書院的不同之處。

明王朝十分重視教育，早在洪武二年，朱元璋下詔書說：「治國以教化爲先，教化以學校爲本。……宜令郡縣皆立學校，延師儒，授生徒，講論聖道，使人日漸月化，以復先王之舊。」〔註314〕於是，明王朝在全國大興學校，加

〔註309〕〔明〕畢自嚴：《河軍向隅彼此聚訟疏》，《撫津疏草》卷3。
〔註310〕〔明〕李邦華：《修造城垣疏》，《文水李忠肅先生集》卷3《撫津茶言》。
〔註311〕高豔林：《試論天津由「衛」改「府、縣」之人口原因》，載江沛、王先明主編《近代華北區域社會史》，天津古籍出版社，2005年。
〔註312〕《元史》卷157《劉秉忠傳》。
〔註313〕《光緒順天府志·經政志九·學校下》。
〔註314〕《明史》卷69《選擧一》。

強教育，形成了「無地而不設之學，無人而不納之教」的局面。明初，京津地區各州學、縣學絕大多數都得以重建或修葺，其中原來沒有教育機構的香河、保定、薊州等城市都建立了州學和縣學。懷柔縣設置後，很快就設立了縣學。天津雖不是縣城，但是也設立了衛學。北平府時期，北平城內設有府學，還有大興、宛平二縣學。至永樂遷都後，北平上升為國家都城，北京城內的地方教育機構只有順天府學，大興縣學、宛平縣學被取消併入順天府學。正是在明政府的大力推動和扶植下，社會的文化教育得以大大提高。京津地區城市體系的文化職能在這種背景下自然大大加強，各個州縣都設有州學、縣學，形成府學－州學－縣學地方文化教育體系，文化教育的普及程度比以前歷代大大進步了。正如《明史》所評價的：「明代學校之盛，唐宋以來所不及也。」〔註315〕

表 5-11　明代京津地區的州學和縣學

州縣學	始建年代	明代始修或創建情況
良鄉縣學	遼	洪武五年重建。正統十二年修。
固安縣學	元	明洪武三年，始建今所。
永清縣學	宋	明洪武六年，知縣盛本初重修。
東安縣學	唐	明洪武二年，改州為縣，又為縣學。三年，復因渾河水患，徙常伯鄉之張李店。
香河縣學		明洪武四年，知縣韓琚始建。
通州學	元	明永樂四年增修。
漷縣學	元	舊在河西務，明洪武四年，遷城內西北隅，漷州同知楊思賢建。
三河縣學	無考	明宣德、正統、正德間，先後修葺。
武清縣學	無考	舊在白河西十七里邱家莊南。明洪武初，避水患，遷縣治東北。
寶坻縣學	元	明洪武三年，知縣荊志重修。
昌平州學	無考	明天順三年，由白浮圖城徙置於今州署之東。
順義縣學	無考	明嘉靖三十七年，總督喻安性鑿泮池。萬曆四年，崇禎七年重修。
密雲縣學	唐	明成化十一年重修。
懷柔縣學		明洪武十五年建。
涿州學	唐	明正統元年重修。

〔註315〕《明史》卷2《太祖紀二》。

房山縣學	元	明正德十年，知縣曹雍改文昌祠爲名宦、鄉賢祠。嘉靖三十三年重修。
霸州學	元	明洪武三年，知州馬從龍撤而大之。
文安縣學	宋	明景泰二年，知縣何源重修。
保定縣學		明洪武十四年，知縣張仲謙創建。
薊州學		明洪武初年創建。
平谷縣學	金	明成化五年重修。
天津衛學		明正統元年建。
靜海縣學		明洪武初建。
延慶州學		明洪熙元年建。

資料來源：《光緒順天府志・經政志八・學校上》，光緒《重修天津府志》卷 35《經政九・學校》。乾隆《宣化府志》卷 12《學校》。

　　明初書院不及宋、元兩代發達。主要原因是明初統治者把興建官學、提倡科舉作爲辦教育的重點，對書院不予重視。所以明代在開國後的百餘年裏，書院教育一直處於沉寂狀態。大約是從成化年間，書院才開始發展。明代後期嘉靖至萬曆期間，京津地區先後出現了安次書院、通惠書院、白檀書院、崇正書院等幾個書院。安次書院，「在東安縣城內，本名金臺書院，明萬曆四十六年，知縣陸燧建」；通惠書院，「明嘉靖二十七年，御史阮鶚建」；白檀書院，「在密雲縣城內鄒大夫祠後，明萬曆二十二年，知縣康丕揚建」；崇正書院，「在文安縣城內，明萬曆四年建。」〔註316〕明代天啓年間，大太監魏忠賢禁燬書院，書院的發展遭到了破壞。

四、元明時期京津地區城市體系的倉儲與賑濟職能

1、元明時期京津地區城市體系的倉儲職能

　　元朝於太宗時始置倉廩。蒙哥即位後，開始設立常平倉。忽必烈時期，進一步完善了倉儲制度。中統元年（1260 年）在大都建千斯倉，專門儲備漕糧，並參考金代舊制建立「船漕入都常平救荒之法」〔註317〕。自此，元代糧倉的設置和管理制度初步完善。終世祖一朝，在大都城設置了可儲二百四十餘萬石糧的倉房九百五十五間，並在沿御河、運河及直沽沿海，建立了大

〔註316〕《光緒順天府志・經政志九・學校下》。
〔註317〕〔元〕王惲：《中堂事記序》，《秋澗集》卷 80。

量的糧倉儲備漕糧。至元初期，元政府還對中原地區金代舊倉進行了統一的規劃，添蓋了大量的糧倉。世祖之後諸帝陸續建立了一些新的倉房。元代糧倉遍佈全國各地，「以北則有上都、宣德諸處，自都而南則通州、河西務、御河及外郡常平諸倉……所供億京師，賑恤黎元者，其措置之方，可謂至矣。」〔註318〕在大都地區，儲藏漕糧的城市有大都、通州、河西務和直沽。這幾個城鎮修建了很多糧倉，以儲備運來的糧食。大都有 22 倉，可儲糧 310 萬石以上；通州 13 倉，可儲糧 182 萬石以上；河西務 14 倉，可儲糧 226 餘萬石。除了這幾個大的倉廒外，還有通州附近設置的李二寺倉和直沽設置的廣通倉〔註319〕。李二寺和直沽都只設一處倉群，兩地之所以不置大規模的倉群，在於它們的作用是轉運，所以不會有大量漕糧起岸卸載，更不會長時間在兩地貯漕糧。因此，李二寺倉和直沽廣通倉地規模比較小〔註320〕。

　　明王朝十分重視倉儲的建設，「國家倉庾之設，遍於天下。」〔註321〕《明史・食貨志》說：「各行省有倉，官吏俸取給焉。邊境有倉，收屯田所入以給軍。州縣則設預備倉，東南西北四所，以振凶荒。」〔註322〕可見，明代倉儲制度建設比較完備。在京津地區，北京和通州是最重要的兩個倉儲要地，京、通二倉承擔著京師皇室貴族、文武百官、軍隊以及工匠的糧餉、俸祿等。早在明初洪武時期，從南方運往北平的軍糧廣泛利用元大都舊倉廒進行儲藏。成祖即位之後，在北京積極興建新的倉廒，為遷都作準備。永樂四年（1406年），「增置北京順天府千斯倉。」〔註323〕永樂六年，增置通州左衛，建倉庾，以備儲運之粟。永樂六年，設燕山左、右、前，大興左倉，共 37 倉；永樂七年，設通州衛倉；永樂十六年，置通州衛通濟倉。同年，設北京壩上、義河、北高、汙石橋、南石渠、黃土、北草場七倉，隸順天府。宣德六年，增置北京及通州倉，次年增置北京在城倉廒。正統年間，為了緩解糧食儲存的壓力，明政府修繕在京及通州各倉，並修造 300 萬石倉。定通州倉在舊城內者為大運中倉、東倉，在新城內者為大運南倉、西倉。正統三年，在京城建太倉。正統九年建大軍倉。景泰元年，瓦剌入侵京畿，為保護糧倉，遂修建通州新

〔註318〕《元文類》卷 42《雜著・倉庫》。

〔註319〕《元史》卷 85《百官志一》。

〔註320〕于德源：《北京漕運和倉場》，同心出版社，2004 年。第 155～156 頁。

〔註321〕萬曆《明會典》卷 39《戶部二十四》。

〔註322〕《明史》卷 79《食貨志三》。

〔註323〕《明太宗實錄》卷 56，永樂四年七月乙卯。

城，將通州城外大運西倉納入其中。景泰四年，建造通州大運中倉。英宗天順年間，先後兩次增置通州新城內大運倉。弘治時，在京城擇地建造京倉，十八年建太平倉，嘉靖四十一年（1562 年）改建祿米倉。至此，明代京通二倉的營建才告完善。綜上，明代京通二倉經歷了成祖永樂年間，宣德年間，英宗正統、天順年間三次營建高潮，至嘉靖四十一年始告完備〔註 324〕。總計京倉數目 56，通倉數目 16〔註 325〕。

明朝每年漕額起初沒有定數，至弘治八年才確定漕糧數額爲每年四百萬石，分別儲存在京倉和通州倉中。永樂時，每年漕糧運抵通州三次，以兩運赴京倉，一運儲於通倉〔註 326〕。宣德年改行兌運之法，「官軍運糧五百餘萬石，以三分爲率，通州倉收二分，京倉收一分。」〔註 327〕英宗正統時期，則改爲漕糧「輸京者十之四，輸通州者十之六。」〔註 328〕成化年間實行改兌法，漕糧分爲正兌米和改兌米〔註 329〕，正兌米 300 餘萬石，改兌米 70 餘萬石。嘉靖十六年，議准兌運米照舊分派：京倉七分，通倉三分。改兌米京倉四分，通倉六分〔註 330〕。隆慶年間，「巡倉御史楊家相言：國家漕糧四百萬石，原定爲京七通三之制，分貯京、通二倉。近因京倉空虛，議將通倉原額正兌三分全改京倉，臣以爲不便。」朝廷根據他的建議，將改兌米全部入通倉，並撥兌運糧 66 萬餘石與改兌米同入通倉，以補通倉原額。剩餘正兌米全部入京倉，不再局限於三七四六之例〔註 331〕。此後，這成爲京通二倉收貯漕糧的制度〔註 332〕。明代向北方地區輸送的漕糧不僅僅供應京城，北方長城沿線大量的駐軍對糧食同樣產生巨大的需求。因此，京、通二倉還有很強的軍事後勤性質。京、通二倉中有 4 處（長安門倉、東安門倉、西安門倉、北安門倉）是屬皇室專用而歸光祿寺管理外，其餘各倉都是各衛所的衛倉。

〔註 324〕于德源：《北京漕運和倉場》，同心出版社，2004 年。237 頁。

〔註 325〕《明史》卷 79《食貨志三》。

〔註 326〕《明太宗實錄》卷 264，永樂二十一年十月己酉。

〔註 327〕《明宣宗實錄》卷 108，宣德九年正月丁酉。

〔註 328〕《明英宗實錄》卷 24，正統元年十一月己酉。

〔註 329〕江南等地納糧戶將漕糧運至瓜州或淮安水次倉再行北運之米爲正兌米，而自納糧州縣水岸收兌之米稱作改兌米。

〔註 330〕萬曆《明會典》卷 27《會計三‧漕運》。

〔註 331〕《明穆宗實錄》卷 34，隆慶三年閏六月丁未。

〔註 332〕于德源：《北京漕運和倉場》，同心出版社，2004 年。第 255 頁。

天津是重要的轉運碼頭，自然承擔了相當的倉儲功能。成祖遷都北京後，每年漕糧北運，沿途修建很多糧倉儲糧。永樂初期，爲了漕運的需要即在天津修建倉廠，「永樂元年，平江伯陳瑄督海運糧四十九萬餘石，餉北京、遼東。二年，以海運但抵直沽，別用小船轉運至京，命於天津置露囤千四百所，以廣儲蓄。四年定海陸兼運。瑄每歲運糧百萬，建百萬倉於直沽尹兒灣城。天津衛籍兵萬人戍守。至是，命江南糧一由海運，一由淮、黃，陸運赴衛河，入通州，以爲常。」〔註333〕永樂九年，大運河全線貫通，遂罷海運，江南漕糧大部分都要經天津轉運北京或薊州，也有部分屯在天津倉廠。明初，每年漕糧數額約在 200～300 萬石之間，宣德七年（1432 年）達到最高峰，爲 670 萬石，正統年間每年漕糧運量約在 450 萬石左右〔註334〕。大量漕糧彙聚天津，使天津也成爲畿輔地區糧儲重地之一，明人項中在《請平糴疏》說：「今天津、涿、薊、通等倉，並水次官糧，動稱萬計。」〔註335〕正德年間，天津城外軍家失火，「飛焰入城，燒三千餘家，延及倉廠，焚糧七萬一千石有奇，焦灼不堪用者一萬五千五百石有奇」〔註336〕，這次火災所焚毀糧食僅僅是天津糧食儲存量的一部分，由此可見天津糧食存儲當不在少數。運河沿線的城鎮如張家灣、河西務等也具有倉儲功能。明初還曾設武清倉於河西務，設通州衛倉於張家灣。明英宗時，毀臨清、德州、河西務倉各三分之一改建京、通二倉，景泰初移武清衛諸倉於通州。明中後期，兩地又曾建倉，如嘉靖時，「詔於張家灣新城置倉，以備地方有警，暫寄漕糧。」〔註337〕

京津地區沿邊州縣設有邊倉。宣德元年，「設北京順天府霸上南北二倉，各置大使一員、副使一員，專掌馬房草料。」〔註338〕天順三年，「設順天府良鄉縣豐濟倉。」〔註339〕這些倉廠主要分佈在長城沿線州縣，顯而易見這些倉廠具有軍事後勤服務性質。如薊州倉主要負責供給薊州沿線官軍糧餉，「永平、山海邊關官軍俱於薊州倉支糧」。後因官軍至薊州支糧路途艱難，遂提議濬還鄉河，運漕糧直抵豐潤。於成化十九年，「建豐盈倉於豐潤縣，以貯歲運

〔註333〕《明史》卷 86《河渠志四》。
〔註334〕張利民：《明清時期天津城市功能的轉換》，載江沛、王先明主編《近代華北區域社會史》，天津古籍出版社，2005 年。
〔註335〕〔明〕項中：《請平糴疏》，《明經世文編》卷 46。
〔註336〕《明宣宗實錄》卷 82，宣德六年八月甲辰。
〔註337〕《明世宗實錄》卷 535，嘉靖四十三年六月癸酉。
〔註338〕《明宣宗實錄》卷 18，宣德元年六月丁丑。
〔註339〕《明英宗實錄》卷 46，正統三年九月丙申。

糧儲」〔註340〕，以便永平、山海等地官軍支取糧餉。

明代各州縣還設有預備倉，如在昌平州，原有四個預備倉，設在四鄉，後來廢棄。景泰時移至州城，「以貯民間牛種粟穀及各衙門罰贖穀石，月給孤貧囚糧。遇旱澇災荒，歲春時借給於民間，俟秋收抵斗還倉，亦儲備之意也。」〔註341〕可見州縣預備倉的功能往往與促進地方農業生產、賑災與慈善事業有關。

2、京津地區漕運系統與倉儲城市分佈的關係

京津地區倉儲的分佈與漕運有很大的關係。由於京師存在大量的人口，以及北京北部長城沿線大量駐軍，明政府每年都要把大量的糧食從南方運到北京以及長城沿線。為了把漕糧運抵京師以及邊境沿線，明政府在京津地區利用區域內的眾多河流建立了便捷的漕運系統，先後開闢了潮河川、薊州河、昌平河以及豐潤還鄉河等幾個水運交通線。《明史·食貨志》記載，「由天津達張家灣曰通濟河，而總名曰漕河，其逾京師而東若薊州，西北若昌平，皆嘗有河通，轉漕餉軍。」〔註342〕

薊州河運道：「薊州河者，運薊州官軍餉道也」。薊州邊防稠密，「其東一帶控弦之士無慮十數萬人，而糧餉之需大抵取給於江淮，是以大河諸衛歲運三百六十艘直抵薊州，為倉而貯之，以便支用。」〔註343〕明初，曾利用海運運軍餉於薊州。天順二年，大河衛百戶閔恭言：「南京並直隸各衛，歲用旗軍運糧三萬石至薊州等衛倉，越大海七十餘里，風濤險惡。新開沽河，北望薊州，正與水套沽河直，表四十餘里而徑，且水深，其間阻隔者僅四之一，若穿渠以運，可無海患。」明王朝採納了這個建議，遂開直沽河。闊五丈，深丈五尺。正德十六年，運糧指揮王瓚言「直沽東北新河，轉運薊州，河流淺，潮至方可行舟。邊關每匱餉，宜濬使深廣。」最初，新河三年一濬。至嘉靖元年改為二年一濬，成為常制〔註344〕。經薊州河運來的漕糧儲存在薊州城內的薊州倉，供應薊鎮軍餉，嘉靖《薊州志》記載，薊州有倉廠 54 座〔註345〕。

〔註340〕《明憲宗實錄》卷237，成化十九年二月乙亥。
〔註341〕康熙《昌平州志》卷3《建置志·倉》。
〔註342〕《明史》卷85《河渠志三》。
〔註343〕嘉靖《薊州志》卷13《文章志》引李賢《薊州新開運河記》。
〔註344〕《明史》卷86《河渠志四》。
〔註345〕嘉靖《薊州志》卷2《公署》。

豐潤還鄉河運道：「豐潤環香河者，濬自成化間，運粟十餘萬石以餉薊州東路者也」。後來該河逐漸堙廢，再次改由薊州供給軍餉，十分不便。於是嘉靖四十五年再次疏濬還鄉河，建三閘於北濟、張官屯、鴉鴻橋以瀦水，以利於漕運〔註346〕。豐潤縣城設有豐盈倉儲備軍餉。

昌平河（榆河）運道：「昌平河，運諸陵官軍餉道也」。明代榆河（溫榆河）自沙河鞏華城東南流，至通州入漕河。漕船自鞏華城外安濟橋，可直抵通州渡口。長約一百四十五里，其中淤淺三十里難行。隆慶六年，「戶部奏請開濬榆河，自鞏華城連於通州渡口，運糧四萬石給長陵等八衛官軍月糧」〔註347〕，遂大濬榆河，運給長陵等八衛官軍月糧四萬石。萬曆元年復疏鞏華城外舊河〔註348〕。安濟橋頭的鞏華城內建有奠靖倉，存儲漕糧以供薊鎮永、鞏、昌、標四營並長陵等八衛官軍月糧。

潮河川運道：明代潮白河流經密雲、順義縣城，自通州與漕河匯合。嘉靖年間，密雲總督利用這條河道通漕，直抵密雲城下。「薊遼總督既移駐密雲，兵將屯結，歲用漕糧十餘萬石，悉由通州陸運至牛欄山，轉輸密雲，頗稱勞費。至是，總督劉燾發卒疏通潮河川水，達於通州，更駕小舟轉粟，直抵該鎮，大為便利，且省僦運費什七。」〔註349〕密云是軍事重地，衛所眾多，因此密雲一帶邊倉也很多，密雲城中有龍慶倉，古北口城中有古北口倉，大水谷有廣積倉，賈家集有廣有倉，石頭嶺有廣盈倉，白馬關有廣豐倉，牆子嶺有廣儲倉〔註350〕。

3、京津地區城市體系的慈善賑濟職能

城市是人口聚集的場所，往往存在大量的弱勢群體，對於這些弱勢群體的照顧與體恤關係到城市以及社會的穩定和發展。

元政府廣置糧倉，不但妥善保存了漕糧，而且在賑災方面發揮了十分重要的作用。大都地區是國家腹心所在，保持大都的相對安定是統治者極為關心的問題，所以對大都地區的賑濟格外重視。至元六年（1268年），固安州饑，「以米二萬六百石賑之」〔註351〕。文宗時，「發通州官糧賑檀、順、昌

〔註346〕《明史》卷86《河渠志四》。
〔註347〕《明神宗實錄》卷6，隆慶六年十月己卯。
〔註348〕《明史》卷86《河渠志四》。
〔註349〕《明世宗實錄》卷538，嘉靖四十三年九月癸丑。
〔註350〕萬曆《順天府志》卷2《營建志·公署》。
〔註351〕《元史》卷6《世祖紀三》。

平等處饑民九萬餘戶」〔註352〕。順帝時，「大都南城等處設米鋪二十，每鋪日糶米五十石，以濟貧民，俟秋成乃罷」〔註353〕。根據《元史》本紀和《元史‧五行志》記載，從元世祖至元六年（1269年）到元順帝至正四年（1344年）的76年間，元政府對大都地區的賑濟為50次，其中有具體數字記載的則有25次〔註354〕。

表5-12　元代京津地區的部分賑濟活動

時　　間	事　　件
1286年 （至元二十二年）	十二月，大都饑，發官米低其價糶貧民。
1289年 （至元二十六年）	八月壬戌，漷州饑，發河西務米兩千石，減其價賑糶之。
1292年 （至元二十九年）	二月己巳，發通州、河西務粟，賑東安、固安、薊州、寶坻縣饑民。
1301年 （大德五年）	十月丙寅朔，以畿內歲饑，增明年海運糧為百二十萬石。十一月丁未，減直糶米，賑京師貧民，設肆三十六所，其老幼單弱不能自存者，廩給五月。
1302年 （大德六年）	大都、平灤被災尤甚，……。四月丁卯，發通州倉粟三百石賑貧民。
1311年 （至大四年）	正月庚子，減價糶京倉米，日千石，以賑貧民。三月壬辰，發京倉米，減價以糶，賑貧民。六月大都三河縣、潞縣……雨水害稼。十一月甲子，敕增置京城米肆十所，日平糶八百石以賑貧民。
1331年 （至順二年）	二月，檀、順、灤、密、昌平五州饑。……癸卯，發通州官糧賑檀、順、昌平等處饑民九萬餘戶。

資料來源：據于德源《北京歷史災荒災害紀年：公元前80年～公元1948年》元代部分整理，學苑出版社，2004年。

明代十分重視城市救恤孤貧的功能。洪武五年，詔「天下郡縣立孤老院，民之孤獨殘疾不能自立者許入院，官為贍。」不久，「改孤老院為養濟院。」〔註355〕到永樂時，養濟院遍及於國內各府、州、縣。養濟院的設置對於緩解社會矛盾，剔除社會弊端自然起到了相當大的積極作用。在京津地區的各

〔註352〕《元史》卷35《文宗紀四》。
〔註353〕《元史》卷39《順帝紀二》。
〔註354〕孟繁清主編：《河北經濟史》第二卷，人民出版社，2003年。第241～243頁。
〔註355〕〔明〕張萱：《西園聞見錄》卷41《養濟》。

州縣都設有養濟院，如英宗時，「比聞京城貧窮無作之人，行乞於市，誠可憫恤。其令順天府於大興、宛平二縣各設養濟院一所收之。」〔註357〕嘉靖皇帝曾多次指示加強養濟院的救助工作，如嘉靖三年，「羽林前衛指揮使劉永昌奏：歲饑，京城內外人當隆冬時，凍餓死者相望。乞賜議處。得旨：令巡城御史都兵馬司盡收入養濟院。」〔註358〕嘉靖九年，「命收養宛平、大興縣貧民七百八十三人於養濟院。人月給糧三斗，歲布一匹。」〔註359〕

　　在災荒年份，饑民多流向城市尋求救助，因此城市的賑濟功能十分重要。官府往往採用設置粥廠，或者發放糧食的辦法來賑濟災民。即《明史·食貨志》所言賑粥之法與賑米之法。明英宗時，曾在京城煮米賑災，「暫於順便寺觀內京倉支米煮飯，日給二餐，器皿、柴薪、蔬菜之屬，從府縣設法措辦，有疾者撥醫治療，病故者，給以棺木。」〔註360〕萬曆四十年，「順天府以饑民就食日多，請再給米煮粥。得旨，饑民流移，填集京師，深可憫念，粥廠著展至麥熟，戶部酌量發米，務在全濟。」〔註361〕萬曆四十七年，因災荒又「命五城煮粥濟貧。」〔註362〕除煮粥救濟之外，明政府又廣泛採用在各州縣城發放倉儲糧米以平糶的辦法來賑災。明代災荒年份，京倉、通倉、薊鎮倉、天津倉等各州縣糧倉都發揮了重要作用。如正統四年，「行在戶部奏：『順天府固安縣饑民二千二百六十餘戶，縣倉乏糧賑濟，請令於附近涿州常盈倉支給。』」〔註363〕

表5-13　明代部分年份京津地區城市賑災情況

年　代	賑　災　事　件	資　料　來　源
弘治二年 （1489年）	弘治二年，「順天府所屬州縣水災，命支京通二倉粟米各二萬石、薊州倉一萬石，並發戶部原折糧銀五萬兩，與本府預備倉糧相兼放支，以濟貧民」	《明孝宗實錄》卷32弘治二年十一月丁巳。
弘治三年 （1490年）	弘治三年，水旱災，「發順天府薊州倉粟米四萬石減值糶之，以濟貧民」	《明孝宗實錄》卷36弘治三年三月丙辰。

〔註357〕《明英宗實錄》卷278，天順元年五月壬申。
〔註358〕《明世宗實錄》卷46，嘉靖三年十二月未。
〔註359〕《明世宗實錄》卷110，嘉靖九年三月辛卯。
〔註360〕《明英宗實錄》卷278，天順元年五月壬申。
〔註361〕《明神宗實錄》卷493，萬曆四十年三月丙午。
〔註362〕《明神宗實錄》卷577，萬曆四十七年十月丁巳。
〔註363〕《明英宗實錄》卷61，正統四年十一月癸亥。

弘治三年 （1490 年）	「固安、文安二縣，饑民獨多，貧不能糴，請暫將永豐等倉糧驗口給賑，……從之」。	《明孝宗實錄》卷 36 弘治三年三月乙亥。
嘉靖二十四年 （1545 年）	發通州倉粳米萬七百石、太倉銀二千兩，賑（順）天、永平饑民。	《明世宗實錄》卷 296 嘉靖二十四年二月壬寅。
嘉靖三十三年 （1554 年）	詔發京、通二倉米賑順天府屬饑民。	《明世宗實錄》卷 409 嘉靖三十三年夏四月甲戌。
嘉靖三十五年 （1556 年）	詔發京倉米五萬石欲居庸關，十萬石於懷來備賑。	《明世宗實錄》卷 432 嘉靖三十五年二月丁巳
嘉靖三十八年 （1559 年）	詔發通倉米一萬石，太倉銀二萬兩分賑薊州、遵化、豐潤、玉田等州縣。	《明世宗實錄》卷 474 嘉靖三十八年秋七月戊子。
嘉靖三十九年 （1560 年）	以水災發通倉粳粟米二萬五千石賑順天、永平二府饑民	《明世宗實錄》卷 481 嘉靖三十九年二月己未。
嘉靖三十九年 （1560 年）	北京饑荒，饑民流入北京，於是政府「以太倉米萬石悉錄見在流民，每日人給米一升，至四月終止。五月後係百里之外者，人給米五升，遠者以次遞加，至二斗而止，使還舊業」	《明世宗實錄》卷 483 嘉靖三十九年三月丁亥。
嘉靖四十二年 （1563 年）	發天津倉米一萬五千石、通州倉米六千石於順天、永平二府，太倉銀一萬五千兩於保定、河間等六府賑濟。	《明世宗實錄》卷 493 嘉靖四十二年二月癸丑。

第六章　元明清時期京津地區城市體系的發展演變（清代）

第一節　天津城市的極化式發展與區域雙中心城市並立的格局

清代京津地區城市體系出現了重大的變化。作為北京輔助城市的天津迅速崛起，成為北京東南海口的重要政治、經濟中心，打破了區域內北京一城獨大的單中心局面，呈現出雙中心城市並列的格局。

一、清代北京城的發展與演變

1644 年，清王朝定都北京。北京依然是集國家行政中心與地方行政中心於一體的城市。滿清入關之後，為了安置八旗將士及其屬下戶口，清政府在城內圈佔官民房舍給予八旗將士及其家屬，與京城漢官、漢民共處。順治元年（1644 年）規定「京師內官民房屋被圈者，皆免三年賦稅。其中有與被圈房屋之人同居者，亦免一年。」〔註1〕但是，由於滿漢矛盾日增，「劫殺搶奪，滿漢人等彼此推諉，竟無已時，……此實參居雜處之所致。」於是順治五年實行八旗居內城，漢民居外城的政策，形成旗民分住的格局。雍正十二年（1734年）清政府在城郊劃定北京城與大興、宛平兩縣的界線，北京城擁有了具有明確行政界線的郊區，即城屬。因此，清代北京城市地域包括內城、外城和

〔註1〕　《清世祖實錄》卷5，順治元年五月丙寅。

城屬三個部分，這三個部分是與順天府所屬州縣相互獨立的行政區域。

1、清代北京城市人口的緩慢增長

韓光輝在《北京歷史人口地理》一書中，對清代北京城市戶口進行了詳細的研究，他認爲清代北京城市戶口經歷了一個連續而緩慢的增長過程，其中乾隆、嘉慶時期是北京城市戶口的極盛時期。清初，北京城市人口約 55 萬 6 千人〔註2〕，經過一段時間的發展，康熙二十年，北京城市人口增加到 76.7 萬人。至康熙末期，北京城市人口繼續增長，以致「京城人民輻輳，就食者多。且太平日久，人口滋生，多至數倍。」〔註3〕康熙五十年，北京城市人口增加到 92.5 萬人，到乾隆四十六年，人口增加到近百萬。清代中期，由於北京人口倍增，清政府推行疏散京城旗人及控制外城人口遷移增長的政策，僅自京城遷出的旗下人口即達十萬人。這一政策極大地減緩並遲滯了北京城市人口的增長。儘管如此，北京城市人口依舊保持著緩慢的增長。至清末光緒八年，北京城市人口達 19.5 萬戶，108.5 萬人；清朝滅亡之前的宣統二年，城市人口達 21 萬戶，112.9 萬人〔註4〕。

清代北京都城制度沿襲明代，每城有坊，「凡五城地方各以巡視科道爲統轄官，指揮爲專管官，副指揮、吏目爲分管官，各治一坊。」〔註5〕即「於大、宛二縣之外，特設五城司坊官分領其地。」〔註6〕另據欽定《大清會典事例》記載，清代順天府屬州縣與京師劃界分治，「大、宛二縣與五城兵馬司接壤之地，五城以京營所轄爲界，兩縣以在外營汛所轄爲界，各治境內，以重官守。」〔註7〕可見，清代大興、宛平儘管附郭京城，但是對京師內城、外城卻無管轄職權。清代北京旗民分住，內城分八旗，轄於步軍統領；而外城分爲五城管理，「京師雖設順天府大、宛二縣，而地方分屬五城。」〔註8〕大興、宛平二縣「各掌其縣之政令，與五城兵馬司分壤而治，撫輯良民，緝禁奸匪，以安畿輔。」〔註9〕

〔註2〕 韓光輝：《建都以來北京歷代城市人口規模蠡測》，《人口與經濟》1988 年第 1 期。

〔註3〕 《清聖祖實錄》卷 268，康熙五十五年五月辛酉。

〔註4〕 韓光輝：《北京歷史人口地理》，北京大學出版社，1996 年。第 128 頁。

〔註5〕 乾隆《大清會典》卷 81《督察院》。

〔註6〕 光緒《大清會典事例》卷 1033《都察院三十六・五城》。

〔註7〕 康熙《大興縣志》卷 2《建置》。

〔註8〕 〔清〕吳長元輯：《宸垣識略》卷 1《建置》。

〔註9〕 《清通典》卷 33《職官・京尹》。

2、清代北京城市工商業的持續發展

清代定鼎北京後，內城由皇室貴族和八旗軍民居住，外城居民以漢官以及商民人等為主。按照清代定制，內城旗人不許從事其它職業，內城皇室貴族以及八旗軍民全賴國家提供俸祿養贍，再加上外城漢族官員、工商業者、士子等構成了一個龐大的消費群體。北京也因此成為一個商業繁華的大都會，城內彙集了來自全國各地的商人，其中以寧波、膠東、廣東、山西、徽州等地的商人為主，他們控制著京城的主要行業。全國各地以及國外的商品亦彙集於此。江南以及塞外的糧食，西北和東北的毛皮，江南的絲綢、布匹，南海珠寶，長蘆鹽以及各地的藥材、木材、生漆、銅、鐵、紙張等等。此外還有來自俄羅斯的毛皮以及西洋奢侈品，來自朝鮮的毛蘭布和馬匹。北京城內的市場有定時集合的曉市、夜市；有定期進行貿易活動的廟會。城內還形成了大的商業區和專業性市場。著名的商業區有鐘鼓樓商業區、前門大街商業區、東四商業區、西四商業區、王府井大街商業區。專業性的市場有花市、燈市、書市等。北京的商業主要集中在城內，遠離京城的一些地方，則商賈罕至，「距京師數十里，即棲茅啜菽，一如窮鄉僻壤。」〔註10〕大量商品的彙集使北京成為華北地區重要的商品集散地之一，除了大量的商品滿足本地消費需要外，還有一部分是轉銷到新疆、內外蒙古以及俄羅斯等地。京城的金融業在清代十分發達，有典當、錢莊、銀號、帳局、票號等數種。僅清代前期，京城開設的錢莊、錢鋪就有三百八十餘家。為了適應埠際貿易發展的需要，專營匯兌的票號開始出現並發展起來。早在清前期，京城已經有不少店鋪開始兼營匯兌業務，後逐漸轉變為專營匯兌業的票號，到了道光時期，票號業形成以山西票號為主的局面。商業、金融業的發展使北京成為北方地區，特別是對西部貿易的商業中心和金融中心〔註11〕。

清代的手工業分為官營與私營兩部分。官營手工業由工部和內務府掌管，工部「掌天下工虞器用辦物庀材，其有陵寢、官府、城垣、倉庫諸大事，各率所司分督監理」，其所屬機構有營繕司、虞衡司、都水司、屯田司；內務府「掌內府財用出入、祭祀、宴鄉、饍饈、衣服、賜予、形法、工作教習之事」〔註12〕，其所屬機構有廣儲司、內織染局和造辦處，這些局作都是為皇

〔註10〕　《光緒順天府志·地理志十三·風俗》。
〔註11〕　張立民等著：《近代環渤海地區經濟與社會研究》，天津社會科學院出版社，2003 年。第 63～68 頁。
〔註12〕　《清朝文獻通考》卷 81《職官五·工部》。

帝和王公貴族服務的機構。清代官營手工業的規模遠遠小於元、明兩朝。根據統計，北京城內官營手工業匠役爲 3449 名，其數目不及元代的百分之一，明朝的四分之一，並且，官營手工業行業也集中在與商品經濟發展有關的鑄錢業和軍火製造業方面〔註13〕。此外工部還長期管理門頭溝的一座官煤窯。官營手工業的衰落與商品經濟的發展和私營手工業的擴大有一定的關係，清初曾採取了一些鼓勵性措施來發展京城手工業，如廢除匠籍制度，按工給值，嚴禁官府私派里甲之役，騷擾民間手工業工匠，鼓勵民間開採京西煤礦等，這些措施的實行極大地促進了私營手工業的蓬勃發展。清代奢侈品生產行業超過一般消費品生產行業而極度繁榮，這是北京城市私營手工業的基本特徵，這些行業主要包括金銀器製作、景泰藍、宣德爐、漆雕、料器古玩等製造、印刷、裱褙等行業。北京的工商業一直維持著繁榮發展的態勢，直到近代以來才開始受到洋貨的衝擊，同時也開始了近代化的轉變過程。

十九世紀末期，近代工業開始在北京出現。光緒初期，北京在門頭溝創立了通興煤所，開始用機器採煤，這標誌著近代工業在北京開始起步。1883年，在三家店建立了神機營機械局，製造西洋槍炮和彈藥。自清王朝推行新政鼓勵興辦實業，北京近代工業開始迅速發展。1901 年，在長辛店建立機車車輛廠，1905 年建立長辛店電器修繕廠。1906 年在南口建立鐵路工廠。1904年，丹鳳火柴廠、京師電燈廠成立。1905 年永豐、啓華、華盛、益華、大象捲煙廠以及京華印刷廠成立。同時還有同昌等商辦紡織和織布廠成立。1906年，豐順技協麵粉有限公司、京師商辦毛織廠、愛國捲煙廠先後成立。1907年，清河製呢廠成立。1908 年，大恒磚瓦公司、京師自來水股份有限公司先後成立。1909 年，京師華商電燈股份有限公司、京師玻璃廠相繼成立。自庚子之變之後至清朝滅亡前 10 年，是北京近代工業快速發展的階段。

二、清代京津地區次中心城市天津的極化式發展

1、天津城市地位的不斷提高與政治職能的強化

清代是天津城市繼續蓬勃發展的時期，城市地位日益提升，其政治與軍事功能不斷強化。鑒於天津漕運、海防方面的重要作用，雍正三年（1725 年）清政府升天津爲州，天津從軍事性質城堡變成爲地方行政管理機構，同年十月又升爲直隸州，下轄武清、靜海、青縣。雍正九年（1731 年），直隸總督唐

〔註13〕孫健主編：《古代北京經濟史》，北京燕山出版社，1996 年。第 243 頁。

執玉因天津爲「水陸通衢，五方雜處，事物繁多，辦理不易，請升州爲府。」
〔註14〕於是清政府又升天津州爲府，天津成爲府治所在地，這標誌著天津城
市政治地位的進一步提高。

　　天津還是北京的政治輔助城市，清代中後期成爲清政府的對外政治交往
中心。1860 年《北京和約》簽訂之後，清政府在天津設立通商口岸，成爲中
國北方最早開埠的城市之一。由於天津距離北京很近，西方列強在天津設立
領事館，建立租界，在此居住、經商。清政府也把天津作爲中外交涉的前沿。
清同治九年，同治皇帝下諭旨，「洋務海防，本直隸總督應辦之事，前因東、
豫各省匪蹤未靖，總督遠駐保定，兼顧爲難，特設三口通商大臣，駐津籌辦，
繫屬因時制宜。而現在情形，則天津洋務、海防關係尤爲重要，必須總督一
手經理，以免推諉而專責成」，「三口通商大臣一缺，即行裁撤，所有洋務、
海防各事宜，著歸直隸總督經營……通商大臣業已裁撤，總督自當長駐津郡，
就近彈壓，呼應較靈，並著照所議，將通商大臣衙署，改爲直隸總督行館，
每年於海口春融開凍後，移紮天津，至多令封河再回省城。如天津遇有要件，
亦不必拘定封河回省之制。」〔註15〕此後，雖然保定仍爲直隸省會城市，但
是直隸總督卻長駐天津，直隸的政治中心逐漸向天津轉移，天津城市地位進
一步提高。清末，在李鴻章和袁世凱任直隸總督兼北洋大臣的 30 多年時間內，
天津的政治功能極度膨脹，辦洋務、建海軍、興辦實業，建立自治等活動均
已超出了府或省級政府的職能範圍，這顯示了天津在全國舉足輕重的政治地
位〔註16〕。

2、清代天津城市人口的快速發展

　　從天津廢衛進入府縣時期，天津人口呈逐漸增加的趨勢。根據高豔林對
城區街道里巷的統計，天津在明代共有里巷 118 條，清初順治、康熙時期天津
城內有里巷 58 條，在天津府縣時期的 133 年裏，共建有里巷 309 條，比明代
多 191 條，比順治、康熙時期多 251 條。至 1859 年，天津城內共有里巷 485
條。可見雍正至道光時期即府縣時期天津城區里巷建設之多，顯然反映了天
津城市人口增加的事實。也正是人口的增加促進了民居的建設，從而導致里

〔註14〕《清世宗實錄》卷 103，雍正九年二月丙辰。
〔註15〕《清穆宗實錄》卷 293，同治九年十月二十日。
〔註16〕張利民：《從軍事衛所到經濟中心——天津城市主要功能的演變》，載《城市
　　　　史研究》第 22 輯，天津社會科學院出版社，2004 年。第 26 頁。

巷的增多〔註17〕。道光二十六年（1846年）《津門保甲圖說》對天津人口進行了詳細的統計。當時天津縣共有 81223 戶，442342 口，這是包括天津縣城鄉的人口統計數字，其中有關戶口也有詳細記錄。

表 6-1　開埠前天津城鄉戶口統計

區　域	戶	大　口	小　口	合　計
城內	9914	30750	64601	95351
東門外	7008	23044	11060	34104
西門外	3399	9132	2068	11200
南門外	858	1935	881	2816
北門外	6608	24290	7204	31494
東北城角	2639	9131	4077	13208
西北城角	2335	6815	3727	10542
城廂合計	32761	105097	93618	198715

資料來源：《津門保甲圖說》。

道光二十六年，天津城內居民接近一萬戶，九萬五千餘人。城廂戶口合計近三萬三千戶，總人口將近二十萬人。天津的城市人口結構也有所變化，天津最初作爲軍事城堡而存在，由於漕運的發展，城中除了土著居民外，主要是軍士及其家屬、船戶和水手以及爲漕糧轉運服務的各類相關從業人員。清代以後，由於天津的商業日益發達，越來越多的商人定居在天津，成爲天津城市居民。根據《津門保甲圖說》有關各類職業記載統計，當時天津從事商業活動的人口達到 27628 戶，在天津占人戶總數的比例高達 65.7%，即天津城市超過半數的人口在經營商業，這樣的人口結構有力地說明了天津城市的商業性質〔註18〕。

天津開埠後，天津成爲對外開放的通商口岸。天津城市在工業和商業方面快速發展，成爲僅次於上海的全國第二大工商業城市。在工商業發展的刺激下，天津城市日益發展壯大，很快聚集了大量的人口。由於歷史文獻記載不足，天津開埠之後很長一段時間內人口發展軌迹無法詳細瞭解。根據《二十世紀初的天津概況》記載，1903 年，天津城市人口 64693 戶，326552 人

〔註17〕 高豔林：《天津人口研究（1404～1949）》，天津人民出版社，2002 年。第 63～64 頁。

〔註18〕 高豔林：《天津人口研究（1404～1949）》，天津人民出版社，2002 年。第 83 頁。

〔註 19〕，比開埠前道光時城市人口增加了 127837 人。在 57 年的時間內，平均每年增長 2243 人，可見人口增長幅度之快。

3、天津城市建設規模的不斷擴大

隨著天津城市的發展，城市建成區也不斷擴大。1840 年，天津城市建成區面積為 9.4 平方公里；1900 年建成區面積為 13.4 平方公里；1911 年，建成區面積達到 16.2 平方公里。天津自開埠後，城市進入快速發展時期。這從天津城市道路和里巷建設方面也可以得到反映。根據高豔林研究，從明至 1860 年天津城市共建有道路 54 條，而自 1860 年至 1899 年的 39 年中共建道路 54 條，在這 39 年中和以往 450 多年建設的道路一樣多。自 1900 年至 1909 年的 10 年之間，城市道路建設飛速發展，一共增加了 122 條。在里巷建設方面，1860 年至 1899 年，天津共建里巷 651 條；1900 至 1909 年，共建里巷 470 條，雖然這期間絕對數不如 1860～1899 年期間多，但是從時間因素來考慮，里巷建設速度明顯比前期高出許多，1860 年至 1899 年平均每年建設里巷 16.25 條，1900 至 1909 年平均每年建設里巷 47 條〔註 20〕。

圖 6-1　1860 年到 1900 年天津城市建設面積的擴大（據《天津城市歷史地圖集》繪）

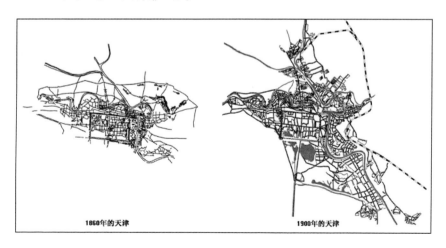

1860年的天津　　　　1900年的天津

〔註 19〕　〔日〕日本中國駐屯軍司令部編，侯振彤譯：《二十世紀初的天津概況》，天津市地方史志編修委員會總編輯室，1986 年。第 16 頁。

〔註 20〕　高豔林：《天津人口研究（1404～1949）》，天津人民出版社，2002 年。第 89～91 頁。

4、天津城市經濟職能的強化與擴展

　　早在明末，天津城市已經呈現出強勁的經濟功能。進入清代，隨著天津政治地位的提升，城市的巨大經濟潛力也得到釋放。康熙年間海禁開放之後，天津城市的海港貿易再次興旺，其貿易範圍迅速擴大到福建、廣東、臺灣等地。雍正年間每年有數十隻閩船來津貿易，乾隆年間增加到數百隻。與此同時，西洋商船來華貿易數量大增，各種洋貨也隨著閩廣海船大量販運至天津。隨著河運和海運的發展，天津城市商業也日漸發達，在天津北門外大街各種商業街市紛紛興起，並與東門外的宮南、宮北大街連成一體，順城牆沿河之走勢逐漸形成一個新月形的商業帶，成為天津最繁華的地段，城外街巷、居民數量漸漸超過了城內。天津城市的興起是以漕運為基礎的，而清代沿海貿易的發展推動了天津城市的迅速崛起，清代中葉天津成為華北地區最大的商業中心和港口城市〔註21〕。道光時期，天津一帶流傳著「天津衛，好地方，繁榮熱鬧勝兩江，河路碼頭買賣廣」的歌謠。商品經濟的繁榮也刺激了金融業的發展，乾隆時期出現了以兌換銀錢為業的小兌錢攤、換錢鋪和兼營兌換銀錢的首飾樓，以後逐漸發展成為以經營存放款和銀錢兌換的錢鋪、錢局或銀號。嘉慶初山西人在天津創立了票號，以異地銀錢匯兌為主業，到道光時期天津已經有17家票號，在金融市場上佔有重要地位〔註22〕。

　　明清時期，長蘆鹽課察院是管理長蘆鹽業的專門機構，「長蘆鹽課察院公署向在京師宣武門外，出巡天津、滄州、山東，皆設館廨。其天津公署向係原裁戶部餉司衙門商人修葺，為御史巡行之廨。自康熙初期，河西務鈔關衙署移駐天津，更名為天津鈔關，負責收取關稅事宜」。康熙七年，「御史孟戈爾代以衙署在京，無事退居私室，恐滋弊端。天津為鹽務總匯之地，奏請移駐天津，督催引課為便。……從之。」次年，鹽院移駐天津。「康熙十六年，因告運商人居北者眾，運司隸滄州未便督催引課，遂移至天津。」〔註23〕康熙十八年（1679年），鹽場並為十六處，並明確各場位置與範圍。至此所有司鹽機構都已移駐天津，標誌著天津作為長蘆鹽區鹽業中心的地位已經形成了

〔註21〕張利民等著：《近代環渤海地區經濟與社會研究》，天津社會科學院出版社，2003年。第68～73頁。
〔註22〕張利民：《從軍事衛所到經濟中心——天津城市主要功能的演變》，載《城市史研究》第22輯，天津社會科學院出版社，2004年。第25頁。
〔註23〕乾隆《天津縣志》卷7《城池公署志》。

〔註 24〕。明代萬曆四十年，青州分司移駐天津，而滄州分司和長蘆都轉運鹽使司未移駐天津。到了康熙十六年，這些機構都移駐天津，隨同移駐的還有經歷司衙署、知事庫大使衙署。這些行政機構遷移至天津城內，致使天津城市功能大大擴展。

5、區域經濟中心的初步形成

在鐵路還未出現以前，內河航運在客貨運輸中發揮著重要作用。在海河流域，以天津為中心，沿北運河向北經通州可達北京，再向北航行則可到達順義牛欄山鎮，溯流而上還可以到達密雲。在薊運河流域，還鄉河、沽河、泃河以及其它河流彙入薊運河，這樣沿薊運河海口的北塘北上，可達蘆臺、寧河、寶坻、三河、平谷、豐潤、玉田、薊州等地。自天津向西，沿大清河可達京津地區南部的文安、大城、霸州等地，沿著大清河支流琉璃河還可以到達涿州。因此，憑藉發達的水路交通網，天津與直隸各地建立緊密的經濟聯繫，從而使天津擁有了廣闊的經濟腹地。

圖 6-2　**清末天津與華北經濟腹地示意圖**（據李洛之、轟湯谷《天津的經濟地位》）

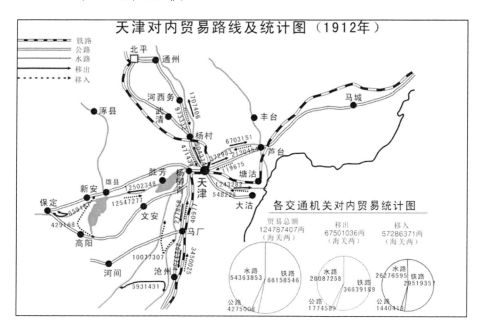

〔註 24〕傅崇蘭：《中國運河城市發展史》，四川人民出版社，1985 年。第 249 頁。

－173－

　　清代，天津仍然承擔著漕運樞紐功能，負責向首都和北方駐守官兵轉運糧餉和囤積漕糧的任務，有常年負責漕運和屯留的兵丁 14 萬人，運船萬餘隻，運送漕糧四百餘萬石，還擁有數百座倉廒儲藏漕糧。清初實行海禁政策，漕糧只能沿運河北上，天津沿河碼頭帆檣林立，商賈彙聚，百貨雲集。自康熙中葉海禁政策廢弛之後，南北沿海帆船貿易更加活躍，天津成爲溝通南北海運、河運商品流通的重要集散地。而在這個時期，塞外農業生產取得了前所未有的發展，東北以及口外地區成爲新的糧食供應地。南北商品交流依靠海運規模的擴大而日漸興盛。東北的糧食，江南的各種商品源源不斷地通過天津運往首都和內地農村。直隸各地的農產品也通過天津運往江南各地。因此，這時天津已經成爲南北商品的中轉集散地，在華北地區形成了以天津爲中心的經濟區。天津也憑藉優越的地理位置成爲渤海區域經濟中心城市，其經濟輻射能力已經影響到周圍各州縣。如康熙時，文安縣「城市不備絲枲、懸黃、刺繡下里奇觀，而閭左之需，不東走津門，則北走燕京。」〔註25〕乾隆《寧河縣志》記載：「寧邑統分縣後總無大商，所有一、二開典者來自山右與鄰近之左右縣耳。市有常期，列肆中只布米、魚蝦、菜蔬之類，其它細紉珍饈、衣履器玩及零星雜物未嘗見也。居民婚嫁之禮需備物者必過天津求之矣。」〔註26〕乾隆年間，來中國謁見皇帝的英國使臣曾提到天津是中國北方幾省的商業中心〔註27〕。

　　天津開埠通商以後，天津的經濟活動已經不再是僅僅以首都和華北地區爲對象了，而是面向世界市場，成爲世界市場的組成部分〔註28〕。客觀形勢的發展，促使天津城市地位與功能更加強化。天津開埠通商使大量洋貨進入天津商品市場，並通過天津運銷內地，打破了內地傳統的市場體系。洋行、銀行、買辦等新式商業機構也在天津出現並開始佔領市場。同時，近代工業也開始在天津起步，如官辦的天津機器局，洋商開辦的工廠以及小型民營企業在天津陸續建立。《辛丑條約》之後，天津近代工業重新興起。清政府實行振興實業的政策，在地方政府的推動下，出現興辦實業的熱潮。從 1902 年到 1913 年，天津出現了 38 家近代工業企業。近代工業的發展使天津城市發展獲

〔註25〕康熙《文安縣志》卷 1《建置・集市》。
〔註26〕乾隆《寧河縣志》卷 15《風物志》。
〔註27〕〔英〕斯當東：《英使謁見乾隆紀實》，上海書店出版社，2005 年。第 250 頁。
〔註28〕張利民：《從軍事衛所到經濟中心——天津城市主要功能的演變》，載《城市史研究》第 22 輯，天津社會科學院出版社，2004 年。第 32～33 頁。

得了巨大的經濟動力，天津迅速發展成爲北方地區首屈一指的工商業城市。隨著天津城市的政治地位的提高和經濟的飛速發展，城內中外商人彙集，官僚集中，大量移民湧入城市，天津城市人口迅速增加。開埠之前，天津城市人口將近 20 萬人，經過四十年的發展，到了 1903 年，天津城市人口已經達到 36.7 萬人。各國租界的建立擴大了城市的空間，城市社會階層分化，出現了近代城市所具有的複雜化、多樣化和多變化。天津開埠打破了中國傳統城市正常發展軌迹，被迫向世界開放，開始向近代化城市轉型。隨著天津成爲洋務中心和直隸總督所在地以及對外通商口岸，其政治影響力和經濟輻射力已經大大超過一個府、縣的範圍，成爲北方區域經濟中心〔註29〕。

圖 6-3　1897 年的天津城（據天津市檔案館）

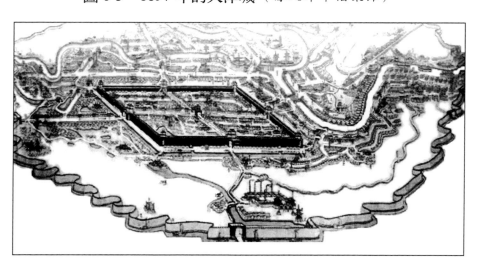

第二節　州縣城市的相對衰落與等級規模變化

一、清代中前期京津地區社會經濟的發展與州縣城市的繁榮

1、清初京津地區城市的凋敝與城市體系的調整

明末，世居東北地區的建州女眞逐漸崛起。萬曆十一年（1583 年）努爾哈赤以十三副鎧甲起兵，開始了統一女眞的大業。經過數十年的征討，努

〔註29〕張利民主編：《解讀天津六百年》，天津社會科學院出版社，2003 年。第 6～8 頁。

爾哈赤兼併了女眞諸部，於萬曆四十四年（1616 年）建立後金，定都赫圖
阿拉。後金天命三年（1618 年），努爾哈赤以「七大恨」告天，誓師伐明。
天命四年（1619 年），努爾哈赤在薩爾滸一舉大敗明軍。天命六年（1621
年），努爾哈赤佔領遼瀋地區，並遷都瀋陽。努爾哈赤去世後，皇太極即位。
皇太極勵精圖治，先後征服朝鮮，統一漠南蒙古，招撫漠北蒙古，同時不斷
向明朝發動進攻，襲擾京畿地區。崇德七年（1643 年），清軍在松山消滅明
軍主力，取得了決定性的勝利，關外被大清佔領。而此時，李自成農民軍正
向北京挺進，明王朝內外交困，風雨飄搖。此時京津地區時局動蕩，人心惶
惶，變亂迭生。順治元年（1644 年）三月初一日，「昌平兵變，官衙民舍，
焚劫殆盡。」〔註30〕三月十四日，李自成陷居庸關，十六日，攻克昌平州，
分兵略通州糧儲，焚明陵。十九日，李自成攻克北京，崇禎帝自縊煤山，明
亡。順治元年四月，清軍和已經投降的明將吳三桂在山海關附近大敗李自
成，李自成退還北京，「毀京城外民居數萬間，並夷牛馬牆，稍遲者殺之，
凡數萬人。」〔註31〕很快，清軍逼近北京，李自成被迫撤離，並放火焚燒
京城，「宮殿及太廟俱被焚毀」，「九門亦火，止留大明門及正陽門、東江米
巷一帶未燒。」〔註32〕在通州，李自成「縱火焚毀官民房舍過半，士民逃
竄。」〔註33〕北京及其周圍城市受到的破壞相當嚴重。順治元年五月，多
爾袞率清軍進入北京，並決定建都於此。八月，福臨自瀋陽遷都北京，「告
天即位，仍用大清國號，順治紀元。」〔註34〕

　　清軍入關之初，即頒行「剃髮令」，但很快就遭到漢族人民的強烈反抗。
「剃髮令」下時隔五天，昌平州起兵反抗，多爾袞派兵鎮壓。不久，京東地
區爆發反清鬥爭，清政府移順天巡撫駐密雲，薊州道駐遵化，加以彈壓。順
治二年，清政府重新頒佈「剃髮令」，強令人民剃髮變服。由於清初滿洲在京
津地區統治未穩，京畿一帶社會局勢混亂，土匪蜂起，流寇橫行，掠地攻城，
順治四年「昌平土賊韓顚克糾眾爲亂，順天巡撫耿焞檄副將張鎮等統兵剿滅
其眾。」順治五年「命梅勒章京羅璧剿霸州一路土寇。」〔註35〕同年秋，「大

<hr />

〔註30〕《光緒順天府志·故事志三·兵事》。
〔註31〕《明史紀事本末》卷 78《李自成之亂》。
〔註32〕《光緒順天府志·故事志三·兵事》引《明季北略》。
〔註33〕康熙《通州志》卷 11《祥祥雜誌·災異》。
〔註34〕《清世祖實錄》卷 9，順治元年十月初一日。
〔註35〕〔清〕蔣良騏：《東華錄》卷 6，順治五年正月。

饑，妖賊劉東坡肆掠渾河左右」，攻打東安縣城。順治六年七月，文安縣「淀賊竊發，勝芳鎮大遭蹂躪。」〔註 36〕清初畿輔混亂的社會局面對京津地區的城市發展形成很大的衝擊。

　　順治元年（1644 年）十二月，清政府下圈田之令，「今我朝定都燕京，期於久遠。凡近京各州縣民人無主荒田及明朝皇親、駙馬、公、侯、伯、太監等，凡沒於寇亂者，無主田地甚多，爾部可概行清查，若本主尚存，或本主已死而子弟存者，量口給予，其餘田地盡行分給東來諸王、勳臣、兵丁人等。蓋非利其地土，良以東來諸王、勳臣、兵丁人等，無處安置，故不得已而取之。」〔註 37〕自此，京畿地區圈地風潮開始。順治二年，又諭戶部：「河間、灤州、遵化等府州縣，凡無主之地，查明給予八旗下耕種，其故明公、侯、伯、駙馬、皇親、太監地，酌照家口給發外，餘給八旗。」〔註 38〕三年復諭，「京城內外無主園地，酌量撥給諸王府。」〔註 39〕京畿一帶，大部分田地都被圈佔，且多為良田，平民所有土地寥寥無幾，且多為沙城瘠薄之地。清初的大規模圈地導致京津地區旗莊密佈。如大興縣，「大興治內里社與他邑不同，以其錯滿漢而雜處也。莊屯棋布，廬墓星羅」〔註 40〕；北京東部的通州「旗莊錯布」〔註 41〕，順義縣「旗莊遍置，旗民雜處」〔註 42〕，東安縣「盡行圈丈訖，並無剩餘。」〔註 43〕此外，在圈佔土地之外，還有「投充」，即漢民投入旗下以奴僕身份為旗人勞作。其中還出現了帶地投充的現象，旗人通過投充這種形式又獲得大量土地。《懷柔縣新志》中記載，「按懷邑地畝自旗圈以後，所餘民地無幾。奸黠者又將民地投入旗下，名曰帶地投充。」〔註 44〕遵化經過圈佔和投充後，所剩民地不到原額的百分之一〔註 45〕；薊州被圈佔地 4803 頃 32 畝，投充帶去民地 1903 頃 72 畝，實存剩民地 70 頃 63 畝〔註 46〕，

〔註36〕 民國《文安縣志》卷終《志餘・兵禍》。
〔註37〕 《八旗通志》卷 18《土地志》。
〔註38〕 《清聖祖實錄》卷 20，順治二年九月甲子。
〔註39〕 光緒《畿輔通志》卷 95《略五十・經政二・旗租》。
〔註40〕 康熙《大興縣志》卷 2《營建・里社考》。
〔註41〕 光緒《通州志》卷 4《賦役志》。
〔註42〕 康熙《順義縣志》許惟模序。
〔註43〕 康熙《東安縣志》卷 4《賦役》。
〔註44〕 康熙《懷柔縣新志》卷 4《賦役》。
〔註45〕 康熙《遵化州志》卷 4《田賦》。
〔註46〕 《畿輔條鞭賦役全書・薊州》。

所剩民地不到原額的百分之二〔註 47〕。正如孫金淦所說：「直隸地方，順天、保定、永平、宣化、河間、天津等處，膏腴之地多被旗圈，所剩之田，非山岡水窪，即沙城瘠薄，小民零星承種，鮮有田連阡陌之家。」〔註 48〕清初圈地造成漢人田廬蕩然無存，畿輔人戶大量逃亡，以致於京畿一帶，士民破產，百姓流離。密雲縣被圈之民「相率逃徙，莫可禁遏。」〔註 49〕大興縣人口流失也十分嚴重，「大興爲畿輔首地，旗屯星列，田在官而不在民，土著者寡而戶口稀。」〔註 50〕清政府在近畿五百里內總共進行了三次大規模的圈地，持續二十多年，直至康熙八年（1669 年）因圈地導致「民生失業，衣食無資，流離困苦，深爲可憫，自後圈佔民間房地，永行停止。」〔註 51〕

滿清入關之後，出現了旗下奴僕大量逃亡的現象。其實早在入關之前，滿清曾擄掠大量中原人口北上爲旗下奴僕，這些人因不堪忍受旗人的役使，在入關之前即有逃亡之舉。入關之後，旗下奴僕逃亡在華北地區愈演愈烈。僅順治三年，「數月之間，逃亡人已幾數萬。」〔註 52〕順治十一年（1654 年）的一年間「逃人幾及三萬，輯獲者甚少。」〔註 53〕由於旗下奴僕逃亡關係到旗人生計，爲了維護旗人的利益，清政府嚴屬推行逃人法，並專門設立督補衙門，負責緝拿逃人。按逃人法規定，包括投充旗下的州縣人民在內，「有逃走者，逃人及窩逃之人、兩鄰、十家長、百家長，俱照逃人定例治罪。」〔註 54〕逃人法對京津地區的社會造成災難性影響。由於對隱匿者立法過重，株連太多，監獄中人滿爲患。以致順治十四年（1657 年）「年來秋決重犯，半屬窩逃。」〔註 55〕其次，逃人問題也引起了京津地區社會的動蕩不安。由於奸人構陷，往往冤獄叢生，以致城鄉人人自危。再者，逃人法的實行，使京津地區的逃亡百姓求救無門，逃生無路，「婦女躑躅於原野，老稚僵僕於溝渠，其強有力者，東西驅逐而無所投止」〔註 56〕，境遇極其悲慘。順

〔註 47〕康熙《薊州志》卷 3《賦役志・田賦》。
〔註 48〕孫家淦：《孫文定公奏疏》卷 8《蠲免事宜疏》。
〔註 49〕《清代檔案史料叢編》第 4 輯，第 52 頁。
〔註 50〕康熙《大興縣志》卷 3《食貨・戶口考》。
〔註 51〕《清聖祖實錄》卷 30，康熙八年六月。
〔註 52〕《清世祖實錄》卷 26，順治三年五月庚戌。
〔註 53〕魏裔介：《請解責令州縣疏》，《皇清奏議》卷 5。
〔註 54〕《清世祖實錄》卷 15，順治二年三月戊申。
〔註 55〕《清世祖實錄》卷 107，順治十四年二月戊寅。
〔註 56〕《清世祖實錄》卷 88，順治十二年正月庚戌。

治十年（1653 年），直隸一帶暴雨成災，「直隸被水諸處，萬民流離，扶老攜幼，就食山東。但逃人法嚴，不敢收留，流民啼號轉徙。」〔註57〕

滿清實行的民族高壓政策，導致了全國局勢巨大動蕩，社會生產大面積被破壞，遲滯了社會發展進程。三河縣自「鼎革以來，逃亡眾，投充多，而列本縣之民籍者寥寥。」〔註58〕寶坻縣清初戶口「計民竈丁猶一萬七千六百有奇，時值圈佔，民有乘時榷利冒厥田疇而投名旗下者二千二百一十九丁，……嗣後水旱頻仍，民鮮生計，流亡轉徙於四方者又九千四百五十六丁矣，……所餘之民僅得十一於千百耳。」〔註59〕寶坻縣人口耗減從里的設置上也可以反映出來，自明萬曆年間經明末兵火，崇禎時寶坻縣以原額三十二里減至二十六里，經過清初圈佔土地之後，又從二十六里減到二十里〔註60〕。京津地區經過清初的圈地、投充和逃人法的實行之後，區域社會經濟遭受了嚴重的打擊，社會時局動蕩，這對區域城市體系的影響是非常深刻的。文安縣的狼虎廟鎮，「雖百餘家，緣係南北通衢，頗稱輻輳，近因撥補，蕭條矣。」〔註61〕「三河自寇變後，市井蕭條，商販罕至。」〔註62〕京南的雄縣甚至出現了「丁男流離，城郭為空」的現象〔註63〕。運河沿岸被圈佔後，致使商旅不行，使沿岸商業貿易受到一定程度的影響，「通津運河一帶，漕艘商舶，銜尾往來，其河干居民，非擊柝防奸，則荷鍤疏淺，今皆圈佔，是以行旅驚畏，裹足不前。」〔註64〕由於人口耗減劇烈，順治十六年，清政府省漷縣入通州，「知縣鄭駿以其地狹人稀，申請裁併，遂於是年歸併通州。」〔註65〕自遼代以來設立的漷縣城市建制自此取消，漸漸淪為一般村落。

此時，京津地區自然災害也頻繁發生，社會經濟雪上加霜，區域城市在自然災害面前又受到了極大的破壞。寶坻縣「順治九年、十年、十一年連年大水，武清縣耍兒渡口岸決洩，直注坻境，淹沒田廬，人民飢餓流散相繼，以致戶口減額，田地多荒」，「康熙七年大水自西泛濫，其高處數丈，舟槽行

〔註57〕《清世祖實錄》卷90，順治十年七月寅壬。
〔註58〕康熙《三河縣志》卷上《風土志·戶口》。
〔註59〕康熙《寶坻縣志》卷3《賦役志》。
〔註60〕康熙《寶坻縣志》卷2《建置志·里甲》。
〔註61〕康熙《文安縣志》卷1《建置·集市》。
〔註62〕康熙《三河縣志》卷上《建置志·市集》。
〔註63〕康熙《雄縣志》卷上。
〔註64〕〔清〕衛周胤：《請陳治平三大要》，《皇清奏議》卷2。
〔註65〕康熙《通州志》卷1《封域志·附漷縣沿革》。

於城市，以致田室禾稼淹沒一空。」〔註66〕武清縣「順治十一年春民大饑，典妻鬻子，甚有全家俱賣者。」〔註67〕康熙四年三月「地震，從西北至東南連動數十餘次，通城雉堞、東西水關俱圮，民房圮三分之一。」〔註68〕潞縣舊縣城同日也因地震「城崩屋壞」。康熙十八年的平谷大地震對京津地區的城市造成極大破壞，康熙十八年七月二十八日，「京師地震，自西北起，飛沙揚塵，黑氣障空，不見天日。人如坐波浪中，莫不傾跌。未及，田野聲如霹靂，鳥獸驚竄，是夜連震三次，平地坼開數丈，德勝門下裂一大溝，水如泉湧。官民震傷不計其數，至有全家覆沒者。二十九日（辛酉）午刻，又大震。八月初一日（癸亥），子時，復震如前。自後時時簸蕩。十三日（乙亥）震二次；二十五日（丁亥）晚又大震二次。內外官民，日則暴處，夜則露宿，不敢入室。晝夜不分，有如混沌。朝士壓死者則有學士王敷治、員外王開運、總河王光裕、通冀道郝炳等，積屍如山，莫可辨識。通州城坍塌更甚，空中有火光，四面焚燒，哭聲震天。有李總兵者，攜妝眷八十七口進都，宿館驛，俱陷沒，止存三口。涿州、良鄉等處，街道震裂，黑水湧出高三四尺。山海關、三河地方平沉為河。環繞帝都連震一月。真亙古未有之變。」〔註69〕根據當時記載，這次地震京城倒塌房屋 12793 間，壞房 18028 間，死亡 485 人〔註70〕。

　　儘管滿清入關實行民族壓迫政策，對京畿一帶社會經濟造成了一定的負面影響。但是自清初以來，結束了明末長時期戰亂狀態，加之清政府實行輕徭薄賦的政策，緩解民力，這也為區域人口以及經濟的恢復提供了穩定的社會環境。「定鼎十餘年來，始城郭修，田野闢，人民聚，桑麻廬舍按籍可稽。雖冊板戶口未還舊觀，而男耕女織迥異囊者。」〔註71〕「清興三十年以來，招徠撫字，流民漸歸故居，村落漸為棋布。」〔註72〕隨著清王朝的建立和社會經濟形勢的變化，清初區域城市體系出現了復興的氣象。清順治十年，談遷一路沿運河北上京師，記述了京津地區運河沿岸城市的狀況，「己酉，

〔註66〕康熙《寶坻縣志》卷6《叢紀志‧祥異》。
〔註67〕康熙《武清縣志》卷1《天文志‧機祥》。
〔註68〕康熙《通州志》卷11《祲祥雜誌‧災異》。
〔註69〕〔清〕董含：《三岡識略》卷8《地震》。
〔註70〕〔清〕劉獻廷：《廣陽雜記》卷1。
〔註71〕康熙《增補盧龍縣志》卷2《賦役》。
〔註72〕康熙《武清縣志》卷3《地理志‧鄉鎮》。

發二十里，則武清縣獨流鎮。其人稱」；獨流北面的楊柳青，「地多柳，市倍於獨流。」天津「城中不見井，俱外汲於河⋯⋯鎮城百貨交集，魚蝦蟹鱸並賤。」過天津，經過楊村鎮，「發十里楊村驛，順天通判分蒞之，市屋整密。」〔註73〕

2、清代中前期京津地區社會經濟的繁榮與城市的興旺發展

清初全國範圍內經濟凋敝，人民生活及其困苦，正如給事中姚延啓所說：「天下之民，有圈地之苦，有逃人之苦，有餵養馬匹供應大兵之苦，有封船之苦，有盜賊焚略海寇出沒之苦，有水旱不時之苦。」〔註74〕加之清初軍事行動頻繁，財政年年入不敷出，清政府在經濟上陷入了極端困難的境地。爲了恢復經濟，發展生產，清政府實行了與民休息的政策，順治元年七月，「戶科給事中郝傑陳四事：一勸農以植根本，一撫逃亡以實戶口，一禁贖貨以除苛政，一嚴奢侈以正風俗。睿親王以有裨新政，飭部即行。」〔註75〕攝政王多爾袞下諭：「德惟善政，政在養民，養民之道，必省刑罰，薄稅斂，然後風俗醇而民生遂。」〔註76〕清政府實行省刑罰和薄稅斂的政策，「自順治元年爲始，凡正額之外，一切加派，如遼餉、剿餉、練餉及召買米豆，盡行蠲免。」〔註77〕康熙帝即位之後，爲緩和民族關係，大力推行有利於發展社會生產的種種措施，先後兩次下停止圈地令，逐漸放寬逃人禁令並裁撤督捕衙門，實行「更名田」等。康熙帝積極推行墾荒政策，規定新荒地三年起科，極荒地五年起科，康熙十年（1673年），將起科寬限到十年，極荒地永不起科。同時以功名利祿刺激士民階層墾荒，「監生員、民人墾地二十頃以上，試其文義通者以縣丞用，不能通曉者以百總用。一百頃以上文義通者以知縣用，不能通曉者以守備用。」〔註78〕與此同時，推行更名田，政府承認這些田地歸農民所有，「與民田一例輸糧。」〔註79〕康熙時期清政府的這種鼓勵政策顯然促進了耕地開墾面積的擴大，也使社會生產得以恢復和發展。雍正朝和乾隆朝繼承和推廣貫徹康熙朝的政策，加之從康熙中期開始，

〔註73〕〔清〕談遷：《北遊錄・紀程》。
〔註74〕〔清〕姚延啓：《敬陳時務疏》，《皇朝經世文編》卷12。
〔註75〕〔清〕蔣良騏：《東華錄》卷5，順治元年七月。
〔註76〕《清世祖實錄》卷6，順治元年七月壬寅。
〔註77〕《清世祖實錄》卷6，順治元年七月壬寅。
〔註78〕《清朝文獻通考》卷2《田賦》。
〔註79〕《清通典》卷1《食貨・民田》。

全國進入了相對穩定的百年發展階段。清政府先後實行「滋生人丁永不加賦」和「攤丁入畝」的賦役制度，使清代社會迅速走上繁榮發展的道路，從而出現了「康乾盛世」的社會局面。康熙年間實行的「盛世滋生人口永不加賦」的政策直接刺激了全國人口的增長，中國人口在清代迅速攀升，乾隆時全國人口突破兩億，道光年間，全國人口超過了四億。在此背景下，京津地區人口也開始增長，由於乾隆三十八年前沒有有關戶與口的詳細統計，但是從當時人丁統計數據亦可反映人口增長的事實，順治十八年順天府人丁數爲104392，康熙二十四年順天府人丁數爲 135131，雍正二年順天府人丁數爲158133〔註80〕。京津地區的許多荒地得到開墾，如大興縣在康熙時一共開墾了 1201 頃 16 畝，宛平縣墾地 408 頃 95 畝。荒地的開墾大大提高了京津地區的農業生產〔註81〕。自康熙至乾隆時期，清政府大力興修水利，治理永定河、北運河、清河以及團河和一畝泉等河流，使水害大爲減少，農業灌溉增加，從而促進了糧食產量的提高。隨著水利的興修，京津地區灌溉農業得到迅速發展，近畿地方開闢了許多水田，種植水稻等高產作物。雍正時因永定河的修治，水田種植面積增加到十三萬三千餘畝。清中期以後，玉米和番薯在京津地區開始種植，並日益普及。乾隆時，方觀承在直隸推廣番薯栽培技術，「購種雇覓（浙江）寧、臺能種者二十人來直，將番薯分配津屬各州縣，生活者甚眾。」〔註82〕光緒《遵化州志》記載：「（玉米）州境初無是種，有山左種薯者，於嘉慶中攜來數粒，植園圃中，土人始得其種而分種之，後則愈種愈多，居然大田之稼矣。」〔註83〕玉米、番薯等作物提高了糧食產量，無疑是十分有利於人口增長的。清代前期，直隸的棉花種植業迅速發展，直隸除宣化府因地理環境不適宜種植外，其餘各府州都有棉花種植。其中保定以南地區產棉比較集中，保定以北次之。京津所在的直隸北部地區棉花種植業不如南部普遍，但是城鄉棉紡織業也逐漸發展起來，如涿州、固安等州縣所產之棉不僅滿足自己使用，而且還銷往鄰縣永清等地。在寶坻縣農村，婦女「惟勤於紡織，無論老嫗弱息，未嘗廢女紅。」〔註84〕霸州、文安、大城

〔註80〕雍正《畿輔通志》卷 31《戶口》。
〔註81〕北京大學歷史系《北京史》編寫組：《北京史》（增訂版），北京出版社，1999年。第 262～263 頁。
〔註82〕〔清〕黃可潤：《畿輔見聞錄》。
〔註83〕光緒《遵化通志》卷 15《物產》。
〔註84〕乾隆《寶坻縣志》卷 7《風物》。

一帶，地勢低窪，淀泊廣泛分佈，這爲漁業、水植業提供了良好的發展條件。如霸州「郡東多水鄉，饒魚鹽席葦之利。」〔註85〕近水農民利用蘆葦和蒲草發展手工編織業，如文安、大城以及附近州縣「織葦之利通於數省，男人日可獲七八分之値，女人日可獲四五分之値。」〔註86〕

　　隨著瀕海地區的開發，區域社會經濟面貌也大爲改觀，瀕海地帶的城市發展進入新階段。雍正三年（1725年），天津由衛升爲直隸州，並將順天府武清縣改隸天津州。次年，武清縣復歸順天府。雍正九年，天津由直隸州升爲天津府，靜海縣劃歸天津府管轄。同年，清政府析寶坻東部瀕海一帶爲寧河縣，原梁城千戶所成爲寧河縣治所。雍正五年改三河、武清、寶坻、順義、懷柔、密雲、房山、大城、文安、保定均直隸順天府。乾隆八年，改平谷縣直隸順天府。順天府及其所轄各州縣的治所、天津府及所轄靜海縣的治所都位於京津地區。與明代有所不同的是，清代州不領縣，州與縣處於同一行政層級。地方行政層級劃分爲省－府（直隸州、直隸廳）－縣（州、廳）這樣的等級系列，從而形成省級城市－府級城市－縣（州）級城市三個城市等級系列。清代，京津地區共有府級城市2個，州縣級城市23個，區域城市總數有25個。

表6-2　清代中前期京津地區城市體系等級規模結構

等級	行　政　區	數量	%	城　　市　　名
II	府級城市	2	.7	順天府、天津府
III	縣（州）級城市	24	92.3	通州、霸州、涿州、昌平州、薊州；良鄉、固安、永清、東安、香河、三河、武清、寶坻、文安、大城、保定、房山、密雲、懷柔、順義、平谷、寧河；靜海；延慶
	合計	26	100	

注：州縣建制以光緒九年爲準（公元1883年）

資料來源：《光緒順天府志》。

〔註85〕康熙《霸州志》卷1《輿地志・風俗》。
〔註86〕〔清〕方觀承：《清查葦淀立定章程》，《方恪敏公奏議》卷3。

圖6-4　清代京津地區城市體系

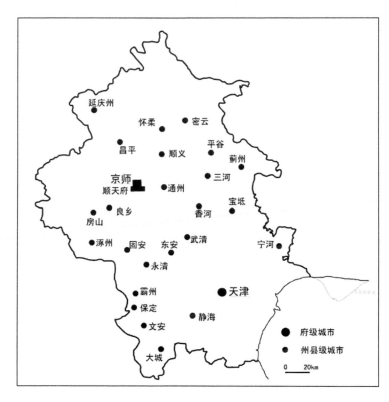

3、清代中前期京津地區鎮的發展

　　隨著農業手工業的發展，商業貿易也日趨活躍和繁榮，清代中前期，京津地區商品流通網已經形成，這是區域農業商品化發展的必然趨向。如三河縣，「三河行貨之商，惟有販繒、販粟、販木之人。販繒者至自張家灣；販粟者至自薊州，以歲之豐儉或糴之使來，或糶之使去，皆駝致之；販木者至自密雲諸塞。」〔註87〕永清縣與周邊地區農業商品交易十分密切，「永清無稻米，稻米自文安、霸州、涿州水田種植，市販至於永清。……木棉自涿州、新城販者貨之。……布則仰給於固安、雄縣。」〔註88〕靜海縣，「販粟者南至衛輝、磁州、北至京師，視年之豐歉以為糴糶。其餘貿易，東則海濱之鹽，西則獨流之葦魚席藕，北則直沽之海味魚蝦，南則臨清之百貨及運艘木竹酒米。」〔註89〕在京津地區南部低窪地帶，人們因地制宜靠種葦織席而獲利，

〔註87〕康熙《三河縣志》卷上《風土志・末俗》。
〔註88〕乾隆《永清縣志》書6《戶書第二》。
〔註89〕康熙《靜海縣志》卷1《風俗・末俗》。

「順天、河間、天津、保定等處淀池居民近在水鄉，似無所利，然可種葦、藕、菱、稗、蒲之屬，數者之中，葦利最大，今大城、文安、安州、靜海等十餘州縣織席之利通於數省。」〔註90〕農業商品化流通的加強，自然刺激了集市貿易的發展。清代中前期以來，集市貿易成爲最基本和最普遍的商品交易形式，在此基礎上催生了一批經濟型市鎮的誕生和快速發展。陳樺認爲明清時期的許多市鎮就是在農村家庭副業的進步和手工業產品數量的擴大的基礎上，從普通農村聚落或定期集市，逐漸上升爲工商市鎮的〔註91〕。自明代後期包括京津地區在內的直隸地區市鎮開始大量出現並繁榮發展，歷經明末清初的戰亂以及清初的圈地風潮，京津地區鎮的發展暫時跌入低谷階段。隨著社會環境的好轉以及經濟的逐漸恢復，京津地區小城鎮又獲得進一步的繁榮發展。清代前期社會經濟的恢復和發展，促進了城鄉貿易的繁榮。根據康熙年間京津地區各縣方志記載，集市貿易在京畿地區發展非常活躍。

表6-3　清代京津地區部分州縣的鄉鎮集市

縣屬	鄉　鎮　集　市	數目	資　料　來　源
順義	楊各莊、牛欄山、李遂店	3	康熙《順義縣志》卷下《田賦志·集市》。
密雲	石匣市	1	康熙《密雲縣志》卷5《地理志·集市》。
平谷	峨眉山營、崌山	2	康熙《平谷縣志》卷1《地理志·集市》。
薊州	倉店集、邦均店集、別山店集、馬伸橋集	4	康熙《薊州志》卷2《建置志·市》。
良鄉	舊店、琉璃河	2	康熙《良鄉縣志》卷1《輿地志·市集》。
房山	趙家莊市、長溝店市、石窩店市	3	康熙《涿州志》卷2《街市》。
通州	張家灣、西儀集、東儀集、蕭家林集、弘仁橋集、潞縣城集、永樂店集、得仁務集	8	康熙《通州志》卷1《封域志·市集》。
三河	兔東馬房集、夏店集、張家莊馬房集、兔西馬房集、皇莊集、楊家橋馬房集、官莊馬房集、霍家莊集、如口莊集、段家莊集	10	康熙《三河縣志》卷上《建置志·市集》。

〔註90〕〔清〕黃可潤：《畿輔見聞錄》。
〔註91〕陳樺著：《18世紀的中國與世界》經濟卷，遼海出版社，1999年。第30頁。

香河	安頭屯、渠口、劉宋、河北屯、梁家務	5	康熙《香河縣志》卷2《地理志‧市集》。
寶坻	林亭口、皇莊、八門城、上王各莊、大口屯、黑狼口、新開口、新集莊、潘莊、新安鎮、蘆臺	11	康熙《寶坻縣志》卷1《輿圖志‧市集》。
東安	馬頭鎮、挑河頭、舊州、南寺垈、楊稅務、古縣、葛漁城	9	康熙《東安縣志》卷2《地理志‧鄉鎮》。
武清	太子務集、東拜集、皇后店集、北旺村集、崔黃口集、楊村集、漢口集、楊柳青集、南蔡村集、北蔡村集、小營集、河西務集	12	康熙《武清縣志》卷3《地理志‧集市》。
涿州	松林店市、涿全村市、澤畔店市、柳窩營市、岐溝店市、三家店市、羊房店市	7	康熙《涿州志》卷2《街市》。
霸州	蘇家橋、煎茶鋪、南孟店、信安、堂二務、汊河、拆城、長屯、採木營	9	康熙《霸州志》卷1《輿地志‧市集》。
永清	韓村集、別古莊集、信安集、南關集、李家口、後奕	6	康熙《永清縣志》卷3《建置‧市集》。
文安	狼虎廟、柳河、圍河、蘇橋、勝芳、石溝、左各莊、堂頭、孫氏、岳村	10	康熙《文安縣志》卷1《建置‧集市》。
大城	王家口、李坦鎮、廣安店、五臺村、子牙鎮	5	康熙《大城縣志》卷1《輿地志‧市集》。
固安	韓寨、知子營、丞相莊、柳泉店、河垈、彭村、牛堝、王馬、獨流、曲溝、馬莊、禮讓	12	康熙《固安縣志》卷1《方輿志‧市集》。

　　從表中，可以看出，順義、密雲、平谷、薊州、香河、良鄉、房山等縣鄉鎮集市數目少，一般為1～4個，這是由於這些縣分佈於山前平原地區，自然經濟條件較差有關。正如清人所言：「畿輔邊山一帶，土瘠民貧，異於他方，荒多熟少，自昔而然……豐年僅可支持」〔註92〕，這在一定程度上對該區域的城鎮產生抑製作用。通州、三河、香河、東安、涿州、永清、大城等縣集市數目一般為5～10個，這些縣多位於近海平原區域，自然經濟條件要好於山前平原區，故集市數目相對較多。這一區域內，固安縣集市數目最多，為12個。而瀕海平原區的寶坻、武清、文安等縣的集市數目最多，一般為10～12個，這可能與該區域優越的水路交通網絡有一定的關係。發達的水路系統有利於交通的發展，因而能夠促進區域貿易的發展。具備這樣條件的地區往往集市數目較多。集市貿易的繁榮促進了市鎮的發展，如文安

〔註92〕陸隴其：《敬陳畿輔民情疏》，雍正《畿輔通志》卷94《疏》。

縣的蘇橋鎮，「水陸交衝，貨物雲屯」，勝芳鎮「居民萬餘，舳艫動以千計。」〔註93〕市集貿易的大量出現，正是農村經濟活躍的鮮活寫照。通州集市「州城日日為市，縣城鄉村皆有定期。」〔註94〕清代的集市數量比明代有所增加，這反映了清代京津地區集市貿易的發展和進步。如大城縣於順治六年創立五臺村集，康熙五年立子牙鎮集〔註95〕，武清縣的楊柳青集也是在康熙年間設立的〔註96〕。然而，集市也並不是十分穩定存在的，明代的一些集市到了清代因形勢的變化逐漸廢棄，如康熙時東安縣西更生集和左奕集已經廢棄〔註97〕，到了乾隆年間古縣集廢棄，與此同時東安縣增加了落垡、孫家坨、稽查王三個集市〔註98〕。康熙時永清縣有韓村、別古莊、信安、南關、李家口和後奕六個集市，隨著社會經濟的發展，集市數量增加，乾隆時永清縣則增加到 10 個集市，原來的別古莊集此時衰落，北大王莊、曹家務、大劉家莊、馬家店集興起〔註99〕。

從翰香認為，直至清代中葉之前，華北境內的鎮，絕大部分仍以關津要道和軍屯戍守之地受到矚目，其經濟意義則大都微不足道〔註100〕，這是有一定道理的。事實上，關於集市與鎮的關係，二者並不存在著必然聯繫，只是鎮一般都要設置在交通緊要之地，這當然在商業上具有非凡的意義。即便如此，也並非所有的鎮都有集市，如康熙時永清縣一共有信安鎮、永安鎮、東鎮、西鎮四個鎮，但是其中只有信安鎮有集市，其它三個鎮沒有集市〔註101〕。薊州有馬伸橋鎮、別山店鎮、上倉店鎮、下倉店鎮、侯家營鎮、邦均店鎮六個鎮，其中馬伸橋鎮、別山店鎮、上倉店鎮和邦均店鎮都有集市存在，而下倉店鎮和侯家營鎮則沒有集市〔註102〕。集市貿易的大量出現，其意義在於為鎮的功能注入新的內容，促進了鎮與市的結合，逐漸改變了鎮的單一軍事鎮戍功能，使其經濟功能不斷強化，從而為市鎮的發展奠定了堅實的物質基礎。

清代，隨著西郊園林的修建，北京西北海淀一帶的城鎮開始興起。海淀

〔註93〕康熙《文安縣志》卷1《建置・集市》。
〔註94〕康熙《通州志》卷1《封域志・市集》。
〔註95〕康熙《大城縣志》卷1《輿地志・市集》。
〔註96〕康熙《武清縣志》卷3《地理志・集市》。
〔註97〕康熙《東安縣志》卷2《地理志・集鎮》。
〔註98〕乾隆《東安縣志》卷2《建置志・鄉鎮集市》。
〔註99〕乾隆《永清縣志》書6《戶書第二》。
〔註100〕從翰香主編：《近代冀魯豫鄉村》，社會科學出版社，1995 年。第 117 頁。
〔註101〕康熙《永清縣志》卷3《建置・鄉鎮》。
〔註102〕康熙《薊州志》卷1《輿圖志》。

位於燕山腳下，地勢低窪，湖泊眾多，植被茂盛，山水相連，景色清幽。自明代起，即有一些達官顯貴在此修建園林別墅。進入清代，政府在此大規模興建皇家園林。從康熙十六年修建香山行宮開始至咸豐十年圓明園被毀爲止，皇家園林的建設歷時一百八十餘年，形成了以圓明園爲主體的「三山五園」園林景區。這裏成爲清朝皇帝重要的休閒去處和辦公地點，每年都有很長時間在此起居和辦理政事。許多王公貴族也在此修建宅第園林，以便於早朝。甚至清廷軍機處在此也別立衙門。清政府在這裏設立八旗護軍以及內務府包衣三旗駐防四周，以保衛圓明園的安全。圓明園四周的八旗駐防營在性質上屬於軍營，但在聚落形態上與一般村落無異，除此以外，圓明園附近還有許多隨著園林修建而形成包括園戶、匠役等人在內的村莊。這些村莊在清代繁盛時期，發展迅速，個別村莊甚至出現向城鎮轉變的迹象。其中海淀發展最爲突出，《天咫偶聞》寫道：「海甸，大鎮也。自康熙以後，御駕歲歲幸園，而此地益富。」〔註103〕「康乾之盛，駐蹕圓明園之時，海甸（淀）貿易早已發達。及頤和園興工以後，引見人員，或在海甸旅宿，以備早朝。是以京官多營別業於此。」〔註104〕皇家園林的修建和人口的大量聚集促進了海淀一帶村落的出現和發展，海淀先後出現了禮王園、軍機處、蘇州街、彩和坊、南大街等眾多街巷胡同。這些街巷胡同把海淀、黃莊、太平莊、辛莊等多個村莊連在一起，形成京城西北郊的一個大鎮，統稱爲海淀〔註105〕。是自咸豐末年間英法聯軍侵入北京西郊，火燒圓明園，海淀鎮遂日見衰敗，「自庚申秋御園被毀，翠輦不來。湖上諸園及甸鎮長街，日就零落。舊日士大夫居第，多在燈籠庫一帶。朱門碧瓦，累棟連甍，與城中無異。後漸見頹廢，無復舊時王謝燕矣。」〔註106〕直至清末，海淀一帶才開始出現復興景象，日漸發達。

二、清代中後期京津地區社會經濟的緩慢發展與州縣城市的相對衰落

1、清代中後期京津地區社會動亂與自然災害對區域城市體系的衝擊

〔註103〕〔清〕震均：《天咫偶聞》卷9《郊坰》。
〔註104〕〔民國〕林傳甲：《大中華京兆地理志》第二十二篇《巨鎮》，第百四十二章《海甸》。
〔註105〕尹鈞科：《北京郊區村落發展史》，北京大學出版社，2001年。第272頁。
〔註106〕〔清〕震均：《天咫偶聞》卷9《郊坰》。

　　清代後期，正值西方資本主義在全世界擴張時期，清朝政治腐敗，國力日益衰微。鴉片戰爭之後，西方列強加緊了對中國入侵和掠奪，而此時清王朝內部危機四伏，社會動蕩，天災人禍交疊，京津地區城市體系在戰爭和災害的打擊下日益衰落。咸豐三年（1853 年）太平軍北伐，直抵京畿，京津地區街市擾攘，人情洶洶，逃亡者甚眾。至咸豐四年（1854 年）春，「京官之告假出都，富民之挈家外徙，總計不下三萬家」，「各街巷十室九空，戶口日減，即如北城，向來煙戶最繁，……北城現戶僅八千有餘。一城如此，五城可知。」〔註107〕咸豐八年（1858 年），英法聯軍攻佔了大沽、天津。咸豐十年（1860年），英法聯軍先攻佔天津，然後向北京進發，沿途村鎮皆受到騷擾，楊村、蔡村、安平、河西務等富庶村鎮，都被洗劫一空，馬頭鎮整個被毀為平地。英法聯軍在張家灣和通州八里橋大敗清軍。接著英法聯軍攻佔北京，北京城中逃亡者甚多。根據記載，當時京師居民「狂奔四出，內城幾空，外城亦徙八九，物價騰湧，市無貿易者，百貨俱絕。」〔註108〕英法聯軍在北京近郊搶劫騷擾近五十天，北京附近村鎮遭到英法聯軍的搶劫和破壞，朝陽門、東直門、安定門、德勝門、西直門以及阜城門外數百村莊，都被蹂躪踐踏。10 月英法聯軍侵入圓明園，將圓明園內珍寶文物進行搶劫，隨之放火焚燒，圓明園化作焦土。圓明園附近的海淀老虎洞一帶街市，成府、掛甲屯以及德勝門關廂等處，都遭到焚燒和洗劫。光緒二十六年（1900 年）八國聯軍進攻北京，京畿人口大量流散，許多城鎮在戰爭中遭到毀滅性破壞。聯軍統帥瓦德西從大沽到北京一路上，見到的只是「一片荒涼毀壞之景而已」，沿途房屋「大都早已變成瓦礫之物。」〔註109〕十月順天府府尹王培祐上折奏稱：「近畿城邑村鎮，前多被亂兵搶掠，近中復有匪徒嘯聚，洋兵輪番出城仇殺，西路良鄉城關，南路榆垡、龐各莊等村鎮，俱焚毀殆盡。」〔註110〕義和團運動後，京畿地區許多城鎮呈現出殘破景象，其情形直隸官員劉恩溥曾描述到：「自天津失陷，（英法聯軍）直陷京師，焚殺之慘，通州、良鄉被禍尤烈。近畿州縣，到處騷然。敗兵之劫殺，土匪之焚掠，洋兵之搜刮，教民之逼勒，遂使萬眾流離，十室九空。」〔註111〕八國聯軍的入侵對京津地區城市體系的破壞相當嚴

〔註107〕《鳳保等奏陳都城軍備未嚴民生日蹙摺》，《太平天國史料叢編簡輯》第 5 冊，第 348 頁。

〔註108〕〔清〕李慈銘：《越縵堂日記補》（咸豐十年）九月初二日。

〔註109〕《瓦德西拳亂筆記》，《義和團》第 3 冊。第 29 頁。

〔註110〕《順天府尹王培祐摺》，《義和團檔案史料》下冊。第 674 頁。

〔註111〕〔清〕朱壽朋編：《光緒朝東華錄》光緒二十七年四月二十七日。

重，天津東鄉遭受破壞程度之慘，直至三十年後尙未恢復，「凡七十餘村，自庚子兵燹後，受創甚劇，至今尙未恢復原狀。」〔註112〕

在生產力低下的農業社會，人類抵禦自然災的能力有限，每一次大的地自然災害都對社會產生一定的負面影響。有清一帶，自然災害時常發作，這對京津地區的城市發展造成了一定的負面影響。就水災來說，清初政府十分重視畿輔水利工作，一直採取有力措施整治水利設施，尤其雍正、乾隆間四次大興工役，取得了顯著的成效，「自此畿內無水患者數十年」。自嘉慶之後，由於清王朝國勢日衰，對於水患的治理更是力不從心，因此清代中後期水災對區域城市體系的發展產生了顯著的負面影響。根據尹鈞科等著《北京歷史自然災害研究》的統計，清代咸豐九年至宣統三年（1859年～1911年）的53年間水災頻繁，其間有四十五年發生輕重不同的水災，差不多爲十年九災，其中有11年是嚴重水災，還有2年特大水災。光緒五年，大水，運河以東各個州縣三河、薊州、香河、武清、寶坻、寧河等地一片汪洋，禾稼被淹。光緒九年，通州、武清、三河、薊州、寶坻一帶，大水成災，大城、文安、保定堤水漫決。「順直水患，泛濫二十餘州縣之廣，詢爲數十年爲未有之奇災。」〔註113〕光緒十六年，京津地區發生特大水災，五月底至六月初，大雨連宵達旦，山水潰決，各河漲溢，「永定河兩岸並南北運河、大清河及任丘千里堤，先後漫溢多口，上下數百里間一片汪洋。」永定河南三工決口數十丈，「奔濤駭浪滾滾南趨，計沖壞看丹村、草橋村、六卷村、樊家村、紀家廟、黃村、馬駒橋、採玉（育）鎭、禮賢鎭、九（舊）州鎭、張家灣等十八村莊，淹斃人口牲畜不計其數。」〔註114〕光緒十九年大水，「永定、大清、灤河、北運、南運、豬龍等河，紛紛漫溢，洪流四注，沿河州縣猝被淹灌，廬舍民田盡成澤國，農具糧禾房屋漂沒殆盡，平地水深數尺至丈餘不等。津郡地勢極窪，諸水彙歸，幾無干土。兼以海潮頂托，宣泄尤難，上下數百里一片汪洋，彌望無際」，通州、香河、武清、東安、寶坻、寧河以及天津等處，水災較重，「通州城內外水勢更大，沖倒房屋，傷斃人口，不可勝計。」〔註115〕由於京津地區地勢西北高，東南低，東南一帶地勢窪下，河流彙集，因而水災頻頻

〔註112〕民國《天津志略》第一編《概要》。
〔註113〕〔清〕張之洞：《張文襄公公牘稿》卷2，光緒九年八月十一日。
〔註114〕《清代海河灤河洪澇檔案史料》，中華書局，1981年。第544頁。
〔註115〕《清代海河灤河洪澇檔案史料》，中華書局，1981年。第572頁。

發作。位於這裏的大興、通州、東安、武清、寧河、寶坻、三河、香河、大城、霸州、文安、保定、永清等州縣城鄉屢次遭受洪澇災害，對城鎮的發展造成一定程度的破壞作用。除了水旱肆虐之外，瘟疫也時常流行，如道光元年（1821 年），京城發生霍亂，死者不可勝計。「平谷縣霍亂時疫大作，直至八月，死者不可勝計。」〔註 116〕道光四年（1824 年），平谷大疫，「自春徂夏，瘟疫大行，又兼三年秋禾不登，人多無食，死者不可勝計，甚有全家病沒無人埋葬者，有因年荒無資棺殮而藁葬者。」〔註 117〕光緒二十一年（1895 年）七月，北京大疫；光緒二十八年，「通州霍亂流行。」〔註 118〕此外，京津地區還有饑荒、地震、風災、大雪和奇寒等自然災害，這些災害對社會經濟產生了負面影響，從而在一定程度上抑制了城市體系的正常發展。

清代中後期，由於朝政腐敗，漕運弊端愈演愈烈，致使民怨沸騰。與此同時，大運河淤塞嚴重，漕船經常受阻。道光初年開始商船海運漕糧，漕運逐漸由海運代替。隨著海上汽輪的興起，運送漕糧益加省事省力，1900 年清政府宣佈廢止漕運。漕糧海運對京津地區天津以南的御河沿岸城鎮影響很大，運河沿岸城鎮的商業活動在很大程度上依賴於漕糧運輸和私貨販運，自身缺乏穩固的物質基礎，因此隨著清代後期漕運的衰落，運河沿岸城鎮的社會經濟頓時失去了重要支柱，商業活動從此衰敗下去，一蹶不振。靜海縣城「自漕改海運，糧艘之竹木酒米無由再至，市廛較昔寥落焉。」〔註 119〕

儘管清代中後期京津地區天災人禍不斷，但是區域社會經濟依然有所發展。武清縣地近天津，「通商以來，外患交迫，天津商務驟盛，武清之民亦食其利，日形富厚。」〔註 120〕尤其瀕海一帶，隨著地域開發強度日益增加，社會經濟狀況一改過去的荒涼景象。咸豐時，僧格林沁在大沽口興水利開稻田四千二百餘畝。清代晚期，瀕海地區的自然環境也在發生變化，窪澇之地淤淺成陸，擴大了耕地的墾殖面積，這也是促進社會經濟發展的主要客觀因素之一。如瀕海寧河縣的七里海，水域面積自明以來日漸縮小，「明世宗時周圍二百五十二里，……今則南北十餘里，東西約三十里，深數尺，王家務、筐

〔註 116〕民國《平谷縣志》卷 3《社會志·災異》。
〔註 117〕《光緒順天府志·故事志五·祥異》。
〔註 118〕民國《通縣志要》卷 9《風土·災疫》。
〔註 119〕同治《靜海縣志》卷 1《地理志·集市》。
〔註 120〕〔民國〕林傳甲：《大中華京兆地理志》卷第二十一篇《縣治》，第百二十四章《武清》。

兒港是其著名者。西北三里許爲後海，南北六里許，東西十餘里。其東南十里爲曲里海，今涸」〔註121〕，湖泊的淤積也擴大了耕地的開墾面積，社會經濟面貌大爲改觀，光緒《寧河縣志》也說「蓋由沿海浦漵日就淤淺，附近居民往往報升爲業，已非復曩時之舊矣。」〔註122〕光緒《永清縣志》也在書中有「母豬泊今淤平」、「葉淀、沙淀現已淤平」〔註123〕的記載，反映了瀕海地帶一些淀泊淤淺成陸的事實。寧河縣內人口較乾隆時期也有所增長，由乾隆時期的 169375 人〔註124〕增長到光緒末年的 217497 人〔註125〕，根據光緒《寧河縣志》記載，光緒年間縣內比以前增加了 10 個村莊〔註126〕，這自然是人口增長的結果，從側面反映了社會經濟的發展。

2、清代中後期京津地區鎮的發展

清代後期，北京大部分地區還是在濃厚的封建社會統治之下，絕大多數城鎮還是處在傳統的社會形態之中。雖然清代中後期社會時局動盪，自然災害也相對較多，但是京津地區社會經濟仍然在緩慢地發展。同時，清代晚期京津地區各州縣所屬鎮也處於活躍發展時期，其數量比清前期有所增加，如薊州在康熙時期有六個鎮，分別是馬伸橋鎮、別山鎮、上倉店鎮、下倉店鎮、侯家營鎮、邦均店鎮〔註127〕；經過一百多年社會經濟的發展，到了清光緒年間，薊州又增加了兩個鎮〔註128〕。根據《光緒順天府志》、光緒《天津府志》和光緒《延慶州志》的記載，清代京津地區所轄鎮共有 169 個。

表 6-4　京津地區各州縣所屬鎮一覽表

縣	鎮	數目
大興	禮賢鎮、孫侯屯鎮、青雲店鎮、採育鎮、鳳河營鎮、黃村鎮	6
宛平縣	門頭溝鎮、王平口、盧溝橋鎮、趙村店、龐各莊、榆垡	6
良鄉縣	長陽店鎮、竇店鎮、趙村鎮、琉璃河鎮	4
固安	牛坨鎮、馬莊鎮、曲溝鎮、彭村鎮、駱駝灣鎮、官村鎮、知子營鎮	7

〔註121〕光緒《寧河縣鄉土志‧地理學》第六章《河泊》。
〔註122〕光緒《寧河縣志》卷 3《建置志‧河渠》。
〔註123〕光緒《續永清縣志》卷 4《水道圖》。
〔註124〕乾隆《寧河縣志》卷 2《職方志‧里保》。
〔註125〕光緒《寧河縣鄉土志‧歷史》第六章《戶口》。
〔註126〕光緒《寧河縣志》卷 1《職方志‧里保》。
〔註127〕康熙《薊州志》卷 2《建置志‧鎮店》。
〔註128〕《光緒順天府志‧地理志十一‧村鎮三》。

永清縣	別古莊、李家口、南關鎮、大王莊、韓村鎮、後奕鎮、信安鎮（與霸州分轄）	7
東安縣	落垡鎮、舊州鎮	2
香河縣	渠口鎮、梁家務鎮、安頭屯鎮、劉宋鎮、河北屯	5
通州	燕郊（與三河縣共轄）、張家灣、潞縣鎮、西儀集、永樂店、牛堡屯、馬駒橋汛	7
三河縣	黃莊鎮、高樓鎮、夏店鎮、大廠鎮、燕郊鎮（與通州共轄）、馬房鎮、泃口鎮、張各莊鎮	8
武清縣	大良鎮、崔黃口汛、王慶坨鎮、安平鎮、河西務鎮、南蔡村汛、淺汛、筐兒港汛、楊村務鎮、北旺鎮、黃花店汛、桐柏鎮	12
寶坻	新安鎮、黑狼口鎮、黃莊鎮、林亭口鎮、大口屯鎮、新開口鎮、新集鎮	7
寧河縣	蘆臺鎮、營城、北塘、潘莊集、新河汛、大月河鎮	6
昌平州	湯泉營、牛房汛、畜圈屯汛、白楊城、橫嶺城、黃花鎮、黃花汛、沙屯、鞏華城、高麗營汛、蘭溝汛、前營汛、前屯汛、皂角屯汛、鎮邊城、長峪城	16
順義縣	楊各莊、牛欄山鎮、李遂店	3
密雲縣	鎮羅關、石塘嶺關、石閘鎮城、楊家堡、牆子路城、黃崖口汛、大蟲峪堡、古北口城、潮河關城、司馬臺城、吉家營城、曹家路城、黑峪堡、大水峪口汛	14
懷柔縣	紅螺鎮	1
涿州	馬頭鎮、柳河營鎮、三家店、松林鎮、長溝鎮（與房山分轄）	5
房山縣	磁家務、石梯鎮、大灰廠鎮、長溝鎮（與涿州分轄）、張坊鎮	5
霸州	辛店鎮、煎茶鋪鎮、信安鎮（與永清縣分轄）、蘇橋鎮（與文安縣共轄）、策城鎮、南孟鎮	6
文安縣	孫氏鎮、南阜廟鎮、蘇橋鎮（與霸州共轄）、柳河鎮、左各莊鎮、勝芳鎮、韓村鎮、安祖店、圍河鎮	9
大城縣	南趙扶鎮、里坦鎮、王家口鎮、大廣安鎮	4
保定縣	張青口	1
薊州	馬伸橋鎮、邦均鎮、上倉河東鎮、上倉河西鎮、下倉鎮、別山鎮、狗兒窩鎮、侯家營鎮	8
平谷縣	無鎮	0
天津縣	新農、白塘口、鹹水沽、葛沽鎮、新城鎮、雙港鎮、灰堆鎮、楊柳青、西沽鎮、丁字沽鎮、北倉鎮、桃花口鎮、浦口鎮、漢溝鎮、三河鎮	15
靜海縣	四黨口、大中旺鎮、良王莊鎮、唐官屯鎮、陳官屯鎮、子牙鎮、獨流鎮、瓦子頭鎮	8

延慶州	永寧	1
合計		169

資料來源：《光緒順天府志・地理志・村鎮》，光緒《天津府志》卷23《輿地五・城鄉》，
光緒《延慶州志》卷2《輿地志・村鎮表》。

圖 6-5　清末京津地區鎮的分佈

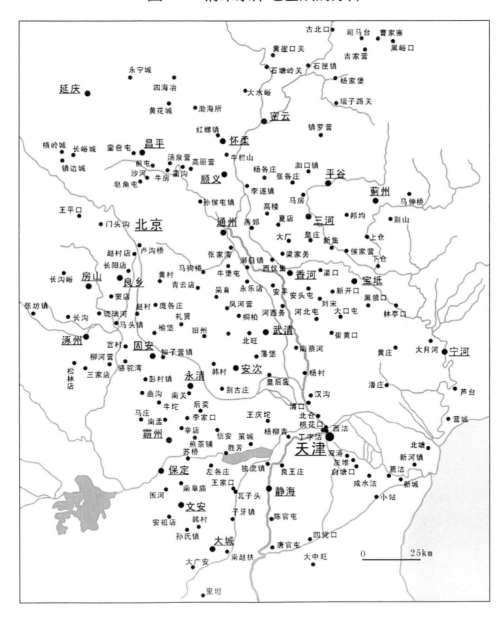

　　清代華北地區鎮的設置，大多與政府行爲有關〔註 129〕。直隸《肥鄉縣
志》曾對云：「何以名鎮也？鎮者定也，凡關隘處類稱鎮。」〔註 130〕從記載
上來看，京津地區的絕大多數鎮都有軍隊駐守，顯示其明確的社會控制功
能。京津北部山地關隘眾多，因此沿長城一帶分佈著爲數不少軍事防衛型的
鎮。如昌平州的白楊城、橫嶺城、黃花鎮、鎮邊城、長峪城，密雲縣的鎮羅
關、石塘嶺關、石閘鎮城、楊家堡、牆子路城、古北口城、潮河關城、司馬
臺城、吉家營城、曹家路城、黑峪堡等。在平原地區，許多鎮也都置兵戍守，
掌管捕盜等社會治安事宜，如涿州馬頭鎮、柳河營鎮、長溝鎮設有外委駐守，
三家店設有千總駐守，松林鎮設有把總駐守。除了軍事型鎮外，京津東部和
南部地區還有一些經濟發達的鎮，這類鎮的形成與當地水上交通運輸有著一
定的關係。在傳統的運輸方式下，發達的水運系統是作爲區域經濟中心地
「鎮」形成的一個重要前提，明清時期江南市鎮的繁興，就與發達的水運交
通網絡有關〔註 131〕。儘管華北地區地理環境不同於江南，但是也存在著水
運交通條件比較好的局部地區，這裏的鎮相對來說經濟比較發達，如大運河
沿岸的河西務，商業發達，號稱京東第一鎮〔註 132〕；文安縣蘇橋鎮「當水
陸之衝，貨物雲集。」勝芳鎮東鄰三角淀，水路運輸便利，「居民萬餘家，
貿易時舳艫千計。」〔註 133〕其次，陸路交通條件好的地區也能促進鎮的形
成與發展，如固安縣牛堝（坨）堡位於南北交通要道上，「往來者以此爲中
頓，爲縣南巨鎮。」〔註 134〕而經濟困乏、人迹罕至的偏僻地區，鎮的數量
就極爲有限，如平谷縣，由於偏處一隅，交通不便，經濟落後，故沒有鎮的
設置。

　　清代中後期，京津地區個別鎮由於發展迅速而使其規模超出了縣城的規
模。如光緒時期武清縣人口規模超過 500 戶的鎮有義光、縣城、楊村，超過 200
戶以上的有梅廠、黃花店、河西務，王慶坨人口最多達到了 2500 戶〔註 135〕。

〔註 129〕劉海岩：《近代華北交通的演變與區域城市重構（1860～1937）》，載《城市史
　　　　　研究》第 21 輯（特刊）「20 世紀華北城市近代化」。天津社會科學院出版社，
　　　　　2002 年。第 25～27 頁。
〔註 130〕雍正《肥鄉縣志》卷 5《藝文下》。
〔註 131〕劉石吉：《明清時代江南市鎮研究》，中國社會科學出版社，1987 年。第 70
　　　　　頁。
〔註 132〕《光緒順天府志·地理志十·村鎮二》。
〔註 133〕《嘉慶重修一統志》卷 9《順天府四·關隘》。
〔註 134〕《嘉慶重修一統志》卷 9《順天府四·關隘》。
〔註 135〕光緒《武清縣城鄉總冊》。

武清縣城居民有 640 戶，若按清代末期平均每戶 5 口人計算，則縣城人口當為 3200 人左右。王慶坨鎮有 2500 戶約 12500 人，義光鎮 840 戶約 4200 人，人口數均超過了縣城。在京津地區，還有人口更多的鎮存在，根據《嘉慶重修一統志》記載，文安縣勝芳鎮有「居民萬餘家。」〔註 136〕清末《勝芳商務分會陳述勝芳各業上中下三等家數請均攤錢行差絹文》記載了勝芳商業人口概況，「即以闔鎮情形而論，勝芳闔村頭等巨富現有五家，次亦三四十戶，此外家境小康者復有千餘家之多，其下等居民尚不在列。……凡不在商會而買賣股實之家，現尚五百有餘。」〔註 137〕從這一段文字可以看出，勝芳鎮商戶數至少有一千五百家以上，加上其他居民，人口規模當超過數千家，可見描述勝芳「居民萬餘家」也並非虛語。另外，京津地區還有一些鎮的人口規模比較大，如採育鎮，「採育在左安門外五十五里，居民數千家，為畿輔首鎮。」〔註 138〕採育於明代曾設上林苑監蕃育署，乾隆皇帝有「京南富庶村，厥名採育里」的詩句。《天咫偶聞》記載清末通州漷縣鎮人口，「其邑聚不及三百家」，永樂店「百貨之所駢也，戶至五六百，股實最多。」〔註 139〕永清縣共有 9 個鎮，其中人口規模超過百戶的有 6 個，占總數的 66.7%。有的鎮人口規模較多，如永清縣信安鎮人口就近 900 戶 3224 人〔註 140〕。寶坻縣「有巨鎮曰大口屯」，「其最著者為林亭口，蓋巨鎮也。」〔註 141〕

三、清末新政與京津地區城市的新發展

1、清末新政對京津地區農工商業的促進作用

甲午戰爭之後，為抵制帝國主義經濟入侵，挽救民族危亡，一些民族資本家和有識之士開始發展民族工商業。同時，為了開闢財源，堵塞漏卮，清政府也大力提倡發展實業。光緒二十九年，袁世凱在天津成立了直隸工藝總局，「以提倡、維持全省工藝為宗旨」，「以全省工業普興，人人有自立之技能為目的。」〔註 142〕為此，工藝總局先後創辦高等工業學堂、教育品製造所、

〔註 136〕《嘉慶重修一統志》卷 9《順天府四·關隘》。
〔註 137〕天津市檔案館等編：《天津商會檔案彙編（1903～1911）》，天津人民出版社，
　　　　 1989 年。第 1006 頁。
〔註 138〕《日下舊聞考》卷 90《郊坰·南》
〔註 139〕〔清〕震均：《天咫偶聞》卷 8《郊坰》。
〔註 140〕光緒《續永清縣志》卷 2《輿地圖》。
〔註 141〕乾隆《寶坻縣志》卷 6《鄉閭》。
〔註 142〕〔清〕甘厚慈輯：《北洋公牘類纂》卷 16《工藝一》。

勸工陳列所、實習工廠、勸業鐵工廠、種植園、官紙廠、勸業會場等機構，並通過勸興工藝文、獎勵模範企業、勸辦工廠、送科技文明下鄉、培養技術工人、舉辦展覽會、扶植國貨與洋貨抗衡等形式，開啓民智，倡興工藝。正是在直隸工藝總局的影響和推動下，直隸各地競相創辦工藝局，「全省府廳州縣聞風興起，次第開辦，有由官設立，有由紳創舉，有官督商辦」，到光緒三十三年（1907）直隸省已經開辦了 56 處工藝局所或工藝學堂〔註143〕，截至到宣統二年，直隸約有 77 個州縣設立的各類工藝局（場、所）進一步增加，達到 92 個〔註144〕。自倡興工藝局所以來，京津地區紛紛創立工藝局所以振興實業。根據《直隸工藝志初編》統計，光緒三十三年（1907）順天府共設立 14 個工藝局所，占直隸省總數的四分之一。

表 6-5　京津地區各地建立工藝局（廠、所）情況一覽表

工藝局（所）	創辦時間	所 在 地	項　　　目
香河縣工藝局①	1903	香河縣城	絨巾、土布
昌平州工藝局①	1904	昌平州城	設造紙、紡織、荊條、織席四科
大城縣工藝局①	1904	大城縣城東關	機器製造草帽
霸州工藝紡織所①	1905	霸州城	學織布匹
薊州工藝局①	1905	薊州城	製土布、口袋、褥面
北京北洋官立第一工廠②	1905	北京	織、染、木
北京北洋官立第二工廠②	1906	北京	織、木
東安縣習藝場①	1906	葛漁城	用日本木輪機先辦織科，後再擴充
寶坻縣習藝所①	1906	縣城	製毛衣、花帶、葦席、簾箔、麻筋
密雲縣教養局附設習藝所①	1906	縣城	用日本木機織布、編筐。
古北口蠶桑局附設習藝所①	1906	古北口	
密雲縣習藝所①	1906	密雲縣城	

資料來源：①據周爾潤：《直隸工藝志初編》志表類卷下。②據孫多森：《直隸實業彙編》
　　　　卷 6《工學》，引自彭澤益：《中國近代手工業史資料》，中華書局，1962 年。

〔註143〕周爾潤：《直隸工藝志初編》志表類卷下。
〔註144〕徐永志：《開埠通商與津冀社會變遷》中央民族大學出版社，2000 年。第 96
　　　　～97 頁。

　　隨著近代城鄉統一市場的逐漸形成，中國傳統的商業組織如會館、行會等越來越不適應社會的發展與進步。在清末新政振興工商實業政策的推動下，1905 年，直隸地區成立了第一個商業法人團體——天津商會。天津商會的成立，加強了商業行會的社會整合作用，迅速改變了天津的商業頹勢，「街市流通，成效粗著。」〔註145〕在商部倡導和天津商務總會的影響和推動下，直隸地區各州縣紛紛成立商會。京津地區的文安縣勝芳鎮、大城縣王口鎮、遵化州、豐潤縣河頭鎮等都成立了商務分會。商會的成立有利地促進了城鄉社會的近代化轉型，也促進了區域城市體系的進一步發展。各地商會在推動地方工業發展方面起到了積極的作用，如清末寶坻縣寶華公司織廠、北京北部清河鎮溥利股份公司等均由天津商會申請註冊而建立的。京津各地商會還在城鎮市政建設、舉辦慈善事業、公共事業等方面積極參與，從而有利地改變了城鎮的落後面貌，促進了城鎮社會經濟的發展。

　　1907 年，直隸農業總會在保定成立，該會以「講求農務，使農產品日形發達」〔註146〕為宗旨，創辦報紙，出版農業書籍，開辦農業試驗場和農產製造所，並派員赴各屬城鄉調查農情，宣傳農業科技文明，其內容涉及到農田、樹藝、蠶桑、紡織、森林、水利等諸方面。在直隸農業總會的倡導和推動下，直隸的一些州縣紛紛效法，成立類似分支機構，推動農業科技引進和推廣，從而促進了農業從傳統形態向近代轉變〔註147〕。

　　清末新政的實行有利地推動了農、工、商業的近代化轉型，這是符合社會發展潮流的重要舉措，不僅推動了社會的發展，而且大大加快了京津地區城市向近代化前進的腳步。

2、近代交通方式的出現對區域城鎮的影響

　　近代化帶來了交通運輸的變革，鐵路、公路等新交通方式的出現改變了沿襲已久的傳統運輸方式，大大縮短了城市與城市、城市與鄉村之間的距離，加快了區域之間物資與文化的交流與溝通，區域社會的變革也引起了京津地區城鎮體系發展的新變化。近代鐵路興起於十九世紀末，直隸地區近代鐵路

〔註145〕天津市檔案館等編：《天津商會檔案彙編》（1903～1911）上，天津人民出版社，1989 年。第 31 頁。

〔註146〕天津市檔案館等編：《天津商會檔案彙編》（1903～1911）上，天津人民出版社，1989 年。第 304 頁。

〔註147〕徐永志：《開埠通商與津冀社會變遷》，中央民族大學出版社，2000 年。第 102～103 頁。

建設一直走在全國前列。而京津地區，更是鐵路建設的主要地區，因而鐵路對區域城市的影響也最爲顯著。

1880 年，爲了降低煤炭的運輸成本，開平礦務局總辦唐廷樞在李鴻章的支持下修建了唐山至胥各莊鐵路，次年完工，全長 20 公里。儘管這條鐵路的實際價值不高，但是卻改變了傳統的運輸方式與交通格局，促進了京津地區城鎮的發展與變革。爲了進一步滿足煤炭外運的需要，光緒十二年開平礦務局經李鴻章批准成立了開平鐵路公司，並修築了自胥各莊至蘆臺的鐵路。不久，海軍衙門奏請經清政府批准，開平鐵路繼續修築大沽至天津鐵路。至光緒十四年（1888 年），天津至唐山鐵路修建完工，「自天津至唐山鐵路，……計程二百六十里，只走一個半時辰，快利爲輪船所不及。」〔註 148〕這條鐵路被稱爲唐津鐵路，唐津鐵路的修建，對於區域城鎮體系的發展格局產生了重大影響。以天津爲中心的新型城鎮開始出現並迅速發展起來。1891 年，清政府開始修築關內外鐵路，唐津鐵路向關外延展，1894 年，該鐵路東段延修至山海關外，因中日甲午戰爭而停建。甲午戰後，清政府力行實業，加快關內外鐵路建設，1897 年天津至蘆溝橋鐵路建成通車，1898 年關外鐵路開始動工建設，1907 年該鐵路由山海關修至瀋陽，京奉鐵路通車。1911 年，天津至上海的津浦鐵路建成通車。天津成爲環渤海地區重要的鐵路樞紐。這些鐵路的修建，溝通了華北、東北、東南沿海、華南以及西北地區的聯繫。同時鐵路的修建爲天津擴展了經濟腹地，這爲天津城市發展奠定了堅實的物質基礎，而天津城市的發展也帶動了腹地城鄉經濟的發展。

1895 年，清政府借款修築天津至蘆溝橋的鐵路，1897 年建成通車，最初鐵路終點設在馬家堡，1900 年英軍將鐵路延伸至正陽門，這樣北京至天津之間的經濟聯繫更加緊密了。1896 年，清政府開始籌備修建蘆溝橋至漢口鐵路，次年開始興工建設，1905 年全線貫通。1909 年，京張鐵路建成通車。此外，在北京城周圍，還修建一些城郊短程鐵路，1898 年琉璃河至周口店鐵路支線通車，1900 年東便門至通州鐵路通車，1904 年良鄉至坨里鐵路支線通車，1906 年永定門至南苑支線通車，1908 年西直門至門頭溝鐵路通車。這些鐵路的建成通車，使北京與全國各地以及周邊聯繫更加緊密，北京成爲近代化的交通樞紐城市。

〔註 148〕中國史學會：《洋務運動》（六），上海人民出版社，1961 年。第 199 頁。

　　天津至北京鐵路的開通促進了鐵路沿線一些城鎮的興起。廊坊本是東安縣北部一個小村落，「不過十餘家務農小戶」，自北京至天津鐵路修建，在此設立車站，廊坊日益發展，「昔本荒村，自鐵路交通，漸成市鎮。」〔註149〕隨著盧溝橋至武漢鐵路的修建，北京南部地區鐵路沿線一些城鎮陸續興起。自盧溝橋成為北京至武漢的起始站，迅速發展，「及以此為首站，一時地方繁盛，比於漢口。」〔註150〕涿州在修建鐵路之後，城市在前有的基礎上更加發達，「涿縣在昔為京南各省冠蓋往來之孔道，商旅輻輳，貨物雲集，已為其他各縣所未有。迨清光緒二十二年京漢鐵路成，不但交通便利，而市面之繁盛，又逾從前數倍。」〔註151〕

　　「凡最短鐵路之終點，必為最繁盛之市。」〔註152〕北京城郊短途鐵路的修建促進了北京周邊城鎮的發展。周口店支線是為了開發京西良鄉礦產資源而修築的，鐵路通車促進了周口店的崛起。周口店「為長溝峪及柴廠運煤出山之口，鐵路未修以前，不過小本營業而已」，自光緒二十二年修築鐵路，先運輸石料，接著運灰煤，「輸出日多，廠商雲集。」〔註153〕坨里鐵路，「成於清光緒二十九年，至良鄉站二十四里，前門站九十六里，自周口店護利，它（坨）里之路因之而起」〔註154〕，坨里也漸成市鎮。其它如門頭溝為西山運煤總匯之地，豐臺為京奉、京張、京漢鐵路交彙之處，京張鐵路上的清華園、清河等鎮都因鐵路修建而開始興起。

　　雖然大多數城鎮的興起與鐵路修建直接相關，但是也有個別城鎮卻因鐵路興建而走向衰落。大興縣黃村也是一個典型的例子。黃村地處山東等地通往京城的道路上，「由東南入都者每停驂投宿。人文薈萃，旅館林立」。自鐵路修建，先前的面貌迅速改觀，「自京奉鐵路成，過境客貨多不上下，繁盛之景象一衰。」〔註155〕黃村衰落的原因在於鐵路修建後，雖然交通條件改善了，

〔註149〕〔民國〕林傳甲：《大中華京兆地理志》第二十二篇《巨鎮》，第百四十一章《廊坊》。

〔註150〕〔民國〕林傳甲：《大中華京兆地理志》第二十二篇《巨鎮》，第百三十五章《盧溝橋》。

〔註151〕〔民國〕《涿縣志》第一編《地志》，卷1《位置》。

〔註152〕〔民國〕林傳甲：《大中華京兆地理志》第二十二篇《巨鎮》，第百四十六章《門頭溝鎮》。

〔註153〕〔民國〕《房山縣志》卷2《地理‧交通》。

〔註154〕〔民國〕《房山縣志》卷2《地理‧交通》。

〔註155〕〔民國〕林傳甲：《大中華京兆地理志》第二十二篇《巨鎮》，第百三十四章

但是沒有位於交通節點上，也不具備一定的經濟腹地，因此無法成爲旅客、貨物流通的集散地，走向衰落是自然的事情。

圖6-6 清末京津地區鐵路與城鎮分佈

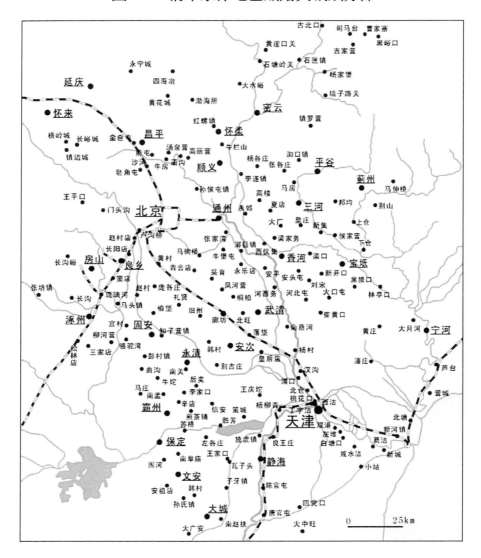

鐵路的修建對傳統城鎮形成了衝擊。首先位於傳統交通要道的一些市鎮由於遠離鐵路，就隨著新型交通線路的興起而逐漸衰落。最爲明顯的就是北運河沿岸的城鎮，由於鐵路修建和漕運停止，北運河航運規模減小，運河沿

《黃村》。

岸城鎮開始出現衰落的迹象。如通州，「及鐵路成，百貨改陸，於是縣城商務銳減。」〔註156〕但是由於最初鐵路運費昂貴，水運仍然承擔著重要作用，南北運河航運依舊存在，故沿岸城鎮還在一定程度上維持著繁榮狀態。北京至天津間鐵路建成通車對運河沿岸縣城也造成了負面影響，「鐵路不取道於武清、香河兩縣以聯於通縣，因其近於運河，防泛溢時爲鐵路害也。然鐵路一改，不經縣治，原有縣治遂不如大車站之繁盛。」〔註157〕武清縣楊村「距天津只四十里，昔火車未通之時，楊村爲京津要道，遠人所息」，自津蘆鐵路建成，「遂無遠客投宿矣」。〔註158〕良鄉縣石梯鎮，本爲河套通往北京的交通要道，「清同光前駝戶運輸不絕，商業稱繁盛焉。自坨里鐵路築成，煤上火車則駝戶無，站商日盛則交易少，雖有集市，互市日減，糧行雜貨率多歇業。」〔註159〕

近代海上輪船運輸的興起使中國傳統的帆船運輸業遭受重創，一些傳統水路樞紐城鎮因爲傳統水路交通方式的衰落而日漸凋敝。鴉片戰爭之後，帝國主義加強了對中國的原料掠奪和商品傾銷，外國輪船侵入北洋航線，「各國火輪夾板等船，日漸增添，內地海船生意，多被占奪，十年之間，拆其大半。」〔註160〕光緒時寧河蘆臺鎮的衰落就是明顯的例子，「蘆臺生意惟視河路碼頭爲盛衰，近因船戶凋零，鋪商半屬失業，現又以漢沽橋閉，糧艘不通，蘆市更覺蕭條。」〔註161〕對與此形成鮮明對照的是，寧河北塘鎮因爲鐵路的開通，距離海口近，地理位置十分優越，成爲鐵路、海運和河運的樞紐，城鎮因而發達，並對傳統的商業重鎮蘆臺形成很大的衝擊，「近自輪舟、火車盛行，海舶生意幾盡北塘，蘆臺鎮居民因而失業者亦頗重焉。」〔註162〕

3、地方自治掀開了京津地區城市近代化的序幕

地方自治是清王朝推行新政的結果。城市自治出現在近代歐洲，自天津開埠，租借地出現以來，英、法等國對租界管理大致上採取的就是這種辦法。

〔註156〕〔民國〕林傳甲：《大中華京兆地理志》第二十一篇《縣治》，第百一十九章《通縣》。

〔註157〕〔民國〕林傳甲：《大中華京兆地理志》第二十篇，第百零五章《京奉鐵路》。

〔註158〕〔民國〕林傳甲：《大中華京兆地理志》第二十一篇《縣治》，第百二十四章《武清》。

〔註159〕〔民國〕《房山縣志》卷5《實業·商業》。

〔註160〕〔清〕李鴻章：《李文忠公全集·奏稿》卷20。

〔註161〕光緒《寧河縣鄉土志·歷史》第九章《實業》。

〔註162〕光緒《寧河縣鄉土志·歷史》第六章《戶口》。

直隸因地近京畿，在直隸總督袁世凱的主持下，推行新政最爲得力。1906 年
天津府首先試辦地方自治，在天津府衙門內設立「天津府自治局」，編印《法
政官話（白話）報》，分發所屬州縣，廣爲張貼，以期家喻戶曉，振聾發聵。
不久又設立了以培訓爲目的的「地方自治研究所」和「天津縣期成自治會」，
草擬和研討地方自治章程；所屬州縣相應成立了「自治學社」。1907 年，天津
舉行了歷史上第一次投票選舉，選舉出議員 30 人，組成「天津縣議事會」，
天津成爲近代歷史上第一個自治城市。由於天津的自治試驗很成功，所以清
王朝在 1908 年頒佈了《城鎮鄉地方自治章程》，第二年又頒佈了《府廳州縣
地方自治章程》，從此地方自治開始在全國推廣。政府推行地方自治政策，按
照城鎮鄉行政區的劃分施行。根據《城鎮鄉地方自治章程」規定，凡府廳州
縣治城廂地方爲城，其餘市鎮村莊屯集等地方，人口滿五萬以上者爲鎮，人
口不滿五萬者爲鄉。首先，府廳州縣城區地方實行城市自治，自 1909 年自治
章程頒佈後即開始籌備，而鄉鎮待府廳州縣自治初具規模後即相應實行。地
方自治的推行，使許多城市的落後面貌得以改觀，對於促進工商業的發展也
起到了一定的積極作用。從此京津地區的城市開始進入近代化發展的道路上
來，出現了迥異於傳統時期的新氣象，掀開了區域城鎮發展的新篇章。

四、清代京津地區州縣城市的等級規模演變特點

　　清代，京津地區城市體系等級規模演變出現了三個重大變化。其一，區
域城市體系由單中心城市向雙中心城市發展。清代，天津城市由於發展迅速，
雍正年間先後上升爲直隸州和天津府，城市地位明顯上升。自開埠後，天津
城市政治地位進一步上升，城市職能大大擴展，逐漸發展成爲華北地區的經
濟中心，至清末京津地區已經基本上確立了雙中心城市的分佈格局。其二，
清代雖然實行省－府－縣（州）的行政體系，但是由於州不領縣，客觀上造
成了州的行政地位下降。故京津地區州級城市在等級規模上和職能上都被弱
化，徒有州城之名，實際淪爲縣級城市。其三，京津地區鎮的發展迅速，經
濟職能不斷強化，個別鎮的發展甚至超過了州縣城市。因此，清代京津地區
城市體系出現兩級分化的趨勢，一方面，中心城市增加和城市職能強化，另
一方面，州縣級城市呈現出日益衰落的趨勢。隨著口岸經濟的形成以及農業
商品化的發展，京津地區鎮的經濟職能日趨強化，成爲區域城市體系發展中
最爲活躍因素。

第三節　區域城市體系職能組合結構的演變特徵

一、清時期京津地區州縣城市經濟職能的停滯不前

1、州縣城市的經濟職能的演變

清代，京津地區州縣城市的經濟職能與明代相比，除了個別城市經濟職能發展較快之外，其它大部分城市進展的幅度不大。如大城縣在城集明代中後期有 4 個集場，每月 12 次集，清末大城縣在城集集場有 5 個，每月集 15 次〔註163〕，比明末有所增加。最爲明顯的例子莫過於薊州，康熙時薊州在城集最初設在西街、南街、南關、西關，「康熙四十一年冬，州牧陳廷柏從闔州士民公議」，增加了東街、東關兩個集市〔註164〕。顯然，集場的增加和集市次數的增多均反映了社會經濟進一步發展的客觀事實，但這種發展卻是十分緩慢的。京津地區還有相當多的州縣在城集的集場和每月集市次數長時期維持著原狀，如香河、武清等縣在城集在相當長的時期裏基本保持不變。

表6-6　清代康熙年間京津地區部分縣城的集市貿易狀況

縣	街　市　及　日　期	資　料　來　源
良鄉	城中集初一、初三、初六、初八、十一、十三、十六、十八、廿一、廿三、廿六、廿八。	康熙《良鄉縣志》卷1《輿地志·市集》。
固安	北街，初三、十三、二十三；北新街，初十；南街，初八、十八、二十八；西街，十五、二十五。	康熙《固安縣志》卷1《方輿志·集場》。
霸州	長春街，一、六；興賢街，二、七；新街，三、八；崇文街，四、九；嘉善街，五、十。	康熙《霸州志》卷1《輿地志·市集》。
武清	東街、西街、搭連街、南街每月每旬一三六八集。	康熙《武清縣志》卷3《地理志·集市》。
寶坻	東新街，每旬一日；南北街，每縣三日；東西街，每旬五日；仁賢街，每旬七日；東門街，每旬九日。	康熙《寶坻縣志》卷1《輿圖志·市集》。
薊州	在城集，一六日；南關集，三日；西關集，八日。	康熙《薊州志》卷2《建置志·市》。
平谷	在城每月五日、十日。	康熙《平谷縣志》卷1《地理志·集市》。

〔註163〕數據分別據康熙《大城縣志》卷1《輿地志·市集》和光緒《大城縣志》卷2《建置志·市集》統計。

〔註164〕道光《薊州志》卷2《建置志·市集》。

順義	城內逢二日，南北街；逢八日，東西街；餘逢雙日小市。	康熙《順義縣志》卷下《田賦志・集市》。
密雲	單日在舊城南關集；雙日在新城南關集。	康熙《密雲縣志》卷5《地理志・集市》。
文安	城市以月之二、四、六、八、十日，匝月而遍五衢。後以戒嚴，移諸東西兩關。	康熙《文安縣志》卷1《建置・集市》。
香河	南街逢一日集，東街逢三日集，北街逢五日集，西街逢七日集，西關逢九日集。	康熙《香河縣志》卷2《地理志・市集》。
大城	東街、西街、南街、北街逢單日為集，四關輪流	康熙《大城縣志》卷1《輿地志・市集》。

表6-7　清光緒年間京津地區部分縣城的集市貿易狀況

縣	街 市 及 日 期	資 料 來 源
良鄉	城內東大街，逢月之六日；西大街，逢月之一日；南大街，逢月之三日；北大街，逢月之八日。	光緒《良鄉縣志》卷1《輿地志・市集》。
昌平	州城集市，單日為集期	光緒《昌平州志》卷4《土地記第三下》。
涿州	城內官驛，城內營房，城內城隍廟，城東郊，城西郊，以上五處半月一集	同治《涿州志》卷2《輿地志下・鄉閭》。
武清	逢一，縣前街；逢三，西街；逢六，東街；逢八，大角。	光緒《武清縣志》卷1《地理志・集市日期》。
寧河	本城集期，逢四九日	光緒《寧河縣志》卷1《職方志・市集》。
密雲	舊城市，在縣舊城南關，每月以單日集；新城市，在縣新城南關，每月以雙日集。	光緒《密雲縣志》卷2之8《輿地三・市里村莊》。
大城	城內東街，逢一日；城內西街，逢七日；城內北街，逢五日；城內南街，逢三日；城隍廟，逢九日。	光緒《大城縣志》卷2《建置志・市集》。
延慶州	每月逢雙日州城集。	光緒《延慶州志》卷2《輿地志・街市》。

　　清代州縣城市在城集的集期比較密集，通常每旬四至五集，集場設於治城的四街或者四關。在比較大的州縣治所城市，往往日日有集。如通州，「州城日日為市」，城中還有一些專門化的交易市場，如布絹市、柴市、牛市、驢馬市、豬市等[註165]。光緒年間，通州城在城集依舊維持著康熙時期的規模，城內有米市、柴市、豬市、牛市、魚市、南北果市、騾馬市、錢市等交易場

〔註165〕康熙《通州志》卷1《封域志・市集》。

所〔註166〕。

二、清代京津地區鎮的經濟職能的強化

1、鎮的經濟職能日益強化

清代，隨著社會經濟的恢復，農村集市貿易日趨活躍，並在明代基礎上又取得了一定的進步。經過有清一百多年的發展，清末京津地區集市數量也比清前期有所增多。在京津地區部分方志的記載當中，我們可以一窺康熙時期和清末光緒時期集市發展狀況。在所統計的七個州縣中，清代前期集市總數為 35 個，到了清代光緒初期，集市數量增加了 19 個，集市總數達到 54 個，是清前期的 1.5 倍。集市數量的增加，反映了農村基層經濟發展日益活躍，並從根本上促進了城鎮的發展。

表6-8　清代前期與清代後期京津地區部分州縣集市增長情況表

	清代前期集市數目	清代後期集市數目	增加數量
良鄉縣	2	4	2
永清縣	6	9	3
通州	8	9	1
武清縣	12	15	3
密雲縣	1	1	0
大城縣	5	7	2
涿州	7	9	2
總計	35	54	19

注：以上數據分別自康熙和光緒年間各縣方志有關集市記載統計得出。

需要注意的一個現象是，隨著經濟的發展，鎮與集市的結合愈加緊密，顯示了鎮的經濟功能的提升。從京津地區 8 個州縣集市與所屬鎮的數量統計結果可以看出，其中 5 個州縣所屬鎮都有集市，另外 3 個州縣所屬鎮的集市數目都超過了 50%。從統計來看，約近 80%的鎮都有集市貿易存在，這也充分說明鎮的經濟職能越來越強了。如康熙時期，薊州境內的六個鎮中就有馬伸橋、別山鎮、上倉店、邦均店四個鎮設有集市〔註167〕。

〔註166〕光緒《通州志》卷 1《封域志·市集》。
〔註167〕康熙《薊州志》卷 2《建置志·市》。

表 6-9　京津地區部分州縣鎮與市關係一覽表

縣	鎮的數目	集市數目	有集市的鎮的數目	所佔比例
良鄉縣	2	4	2	100.0%
永清縣	6	9	6	100.0%
通州	7	9	6	85.7%
武清縣	13	15	10	76.9%
寧河縣	6	3	3	50.0%
涿州	5	9	5	100.0%
大城縣	4	7	4	100.0%
靜海縣	8	7	5	62.5%
合計	52	64	42	80.1%

注：表中各州縣鎮的數目據《光緒順天府志·地理志·村鎮》進行統計。集市數目分
　　別據同治、光緒年間方志有關集市記載統計得出。

圖 6-7　京津地區部分州縣鎮與集市關係圖

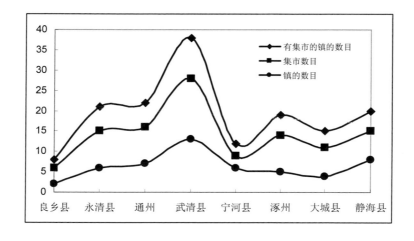

　　從圖表中可以看出，在所統計的各州縣所屬鎮的數量、集市的數量與有
集市鎮的數量三者呈現出同步關係，集市越多，鎮的數量也多，有集市的鎮
的數量也多，反之亦然。這種鎮與集市之間的共振現象決不是偶然的，而是
鎮與集市二者之間隨著社會經濟的發展日益結合反映。

　　京津地區南部各縣所屬鎮的經濟職能比較發達，這與當地便捷的航運有
一定的關係。永清、固安、霸州、文安等地位於大清河、子牙河以及永定河

流域，這裏水運條件好，通過水上運輸可以到達直隸的各個地區，因而商品流通範圍更加寬廣，這對區域城鎮的發展起到了良好的促進作用。如文安縣蘇橋鎮，「濱河爲市，五十日爲集，水路交衝，貨物雲屯，多柴艘、魚鮒、蘆葦、版片；勝芳鎮市集爲四、九日，多魚藕、席柴，不備五穀，以本地水產爲盛。」〔註168〕靜海縣商業繁華的鎮大都位於交通便利的河流兩岸，「商賈以唐官屯、獨流鎮、瓦子頭爲最。」〔註169〕根據從翰香對華北地區三十多個商業發達集鎮的研究，這些集鎮的地理位置幾乎全部分佈於河流沿岸及其近側地區〔註170〕，充分說明了水運對於商業集鎮的重要意義。

在光緒《武清縣城鄉總冊》中，詳細地記載了武清縣各市鎮的鋪戶數目，爲我們瞭解清晚期市鎮的基本情況提供了參考。在武清縣各個市鎮中都有鋪戶存在，而普通村莊則沒有鋪戶的記載，這說明鎮在農村社會中是主要的商品交易地點，因而承擔著一定的經濟職能。其中，河西務鎮的鋪戶多達 174家，遠遠多於縣城的 36 家。西楊村和崔黃口分別爲 42 家和 45 家，商業鋪戶都超過了縣城。一般來說，鎮的經濟職能僅僅限於本地的物資交流和商品流通，經濟輻射範圍較小。但是，京津地區有些鎮由於區位好，又具備良好的交通運輸條件，其經濟職能往往超越了本地或本縣的範圍，成爲區域商品集散地，如寧河蘆臺鎮，「爲京東巨鎮，人煙繁庶，貨物茂實，不獨甲於寧邑也。」〔註171〕固安縣馬莊鎮，承擔向固安、永清等縣銷售布匹的功能。乾隆《永清縣志》記載：「布則仰給於固安、雄縣，四方市易，聚處固安之馬莊，永清人仰衣被焉。」〔註172〕

表 6-10　武清縣部分市鎮戶數與鋪戶情況表

鎮	戶　數	鋪　戶　數	街　道	集　市　日　期
崔黃口	85	45	2	二四七九
義光	830	7	4	一六
本城	640	36	9	一三六八
北旺	117	23	3	二四七九

〔註168〕康熙《文安縣志》卷 1《建置・集市》。
〔註169〕光緒《天津府志》卷 26，《輿地八・風俗物產》。
〔註170〕從翰香主編：《近代冀魯豫鄉村》中國社會科學出版社，1995 年。第 121 頁。
〔註171〕光緒《寧河縣志》卷 3《建置志・附》。
〔註172〕乾隆《永清縣志》書 6《戶書第二》。

河西務	204	174	2	二四七九
安平	134	16	4	二五八
黃花店	285	18	4	二四七九
南蔡村	105	16	6	二七
大良	73	4	2	一三六八
東楊村	440	24	4	三五八十
西楊村	482	42	2	三五八十
王慶坨	2500	10	3	三八

數據來源：光緒《武清縣城鄉總冊》。

2、農業商品化的進一步加強與鎮的繁榮發展

隨著天津口岸經濟的形成，天津與周邊地區的商業聯繫日益緊密，近代城鄉統一貿易市場開始形成。國內外通商貿易的發展和先進的交通運輸體系使區域商品貿易的流通範圍更加擴展，流通速度更為快速和便利，由此催生了新的商業流通網絡，農業商品化趨勢日益加強。

表6-11　京津地區土產品產銷狀況一覽

項目	產地	產品種類	產銷量	行銷範圍
五穀雜糧	大興縣	五穀，豆、御麥、芝麻		銷本境
	良鄉縣	五穀，御麥、黑豆之類	每年收至一二萬石	
		黃豆、綠豆	歲收二千三五百石	
	東安縣	小麥、黑豆		行銷京城
	通州	高粱、蕎麥、豆類為大宗		銷本境
	寶坻縣	土產以紅、白高粱為大宗		
	寧河縣	豆、麥、芝麻、高粱		亦能行銷外屬
	密雲縣	除豆、麥外，以紅、白高粱為大宗，旱稻所種無多		
	大城縣	雜糧	歲銷十餘萬石	
蔬	大興縣	蘆菔、茄子、白菜、菠菜、芥菜、芫荽、茴香、各種瓜類		銷本境
	固安縣	白薯		
	東安縣	瓜、薯、山藥、蘿菔		銷本境
	延慶州	洋山藥（土豆）		
	寧河縣	扁豆		銷外屬
		金針菜		銷外屬

棉	霸州	北鄉沙地，多種棉花，名曰長絨花，約有一、二十村	每年出棉十餘萬斤	
	香河縣	縣境東南鄉爲多		
	通州			銷本境
	涿州			豐收之年行銷外省
	武清縣	蔡村及大良鎮附近各村居多		行銷北京
	平谷縣	歲出三四萬斤		行銷外屬
靛	薊州	西北鄉邦均鎮出藍靛	歲銷四五萬斤	
	霸州	蘇家橋產藍靛		
	三河縣及通州	產藍靛		銷本境
	密雲縣	以木藍、板藍製靛產靛		
	寧河縣	藍靛		銷外屬
海產品	寧河縣	海蜇		
		海帶		行銷京城、奉天
		蟶、蚶、鰲魚、紫蟹		行銷外屬
		銀魚		行銷北京
		金鈎蝦		行銷京城、南京
		蝦油、蝦醬		均銷往奉天
		蛤粉		行銷外屬
花生	大城縣	花生	每年約收三四萬斤	
	武清縣	花生各村皆有		行銷北京
	大興、霸州、懷柔	產花生		
樹木	大興縣	產松、柏、榆、楊、柳、桑		
	宛平縣	趙村等處產柳叉	歲銷一萬餘柄	
	永清縣	產楊、柳、棗、梨		銷本境
	東安縣	產桑、榆、槐、杜、椿、杞、楊、柳		銷本境
	昌平州	產茶葉棵子，染布用；又產橡樹，橡子可燃黑色，葉可飼山蠶。拱把伐臥於山，能生木耳。		

	涿州	產楊、柳、榆、槐、椿、柏、桑		
	霸州	產楊、柳、榆、槐、椿、柏、桑、檉、棠、杜、樗、松、棘		
	薊州	烏葉子，染黑色用。	歲銷四五萬斤	
果	大興縣	桃、杏、棗、梨、葡萄		銷本境
	宛平縣	桃、杏、柿、棗、核桃、紅果		銷本境
		桃乾、杏乾、柿乾		運京分銷
		杏仁	歲銷一萬餘斤	
	東安縣	杏、李、棗、石榴、五月光、瑪瑙紅、葡萄、紅果		均銷本境
		桃、梨、柿、西瓜		運銷京城
	寶坻縣	葡萄		
	寧河縣	小棗		行銷南省
		酸棗		行銷外屬
	延慶州	杏仁	豐年可出數千石	運至天津，轉售外洋
	昌平州	土產以果品為大宗，除尋常果品外，有沙果、香果、海棠果、山裏紅、榛子、櫻桃、桑椹、棗、栗等果		均行銷京、津、張家口一帶
	涿州	荸薺、蓮藕、核桃、葡萄、棗、梨、柿、桃		
	霸州	石榴、櫻桃、蓮藕、菱、芡、文官果		
	薊州	柿	歲銷七八萬枚	
		梨	歲銷九萬餘斤	
		核桃	歲銷二十餘萬枚	
		桃、杏	歲銷八萬餘斤	
		栗	歲銷七八千石	
		紅棗	歲銷三四萬斤	
	密雲縣	扁杏仁	行銷甚旺	
		小棗亦產大宗		

藥材	東安縣	地黃、地丁、兔絲、薄荷、益母草、車前子、地膚子、苦丁香、木賊子、蒲公英、甘草、牽牛、桑皮、蒺藜、瓦松、蒼耳、蠶沙、鳳眼		銷本境
	三河縣	知母、蒼術、紫蘇、車前子	歲銷數百斤	
	寧河縣	薏仁、槐子		銷外屬
		花椒		銷外洋
		薄荷、枸杞、兔絲、茵陳、菖蒲		均銷外屬
		蟾酥		銷京城
		苜蓿、鹿藿、蒺藜		均銷奉天
		益母草、牡蠣、蒼耳		均銷外屬
	延慶州	黨參		運至祁州發賣
	昌平州	黃芩、桔梗、知母、赤芍、瓜蔞、花椒、遠志、桑皮、防風、薄荷、五味子、牛蒡子、車前子、黃柏、荊芥、蘇葉、蒼術、黑丑、白丑、兔絲子		行銷北京、張家口一帶
	懷柔縣	蘇子		
皮	三河縣	牛皮		行銷京城百餘張
		綿羊皮		行銷京城約二千張
		山羊皮		行銷京城約三千張
		豬鬃	歲銷數百斤	洋商來境販運
	寧河縣	牛皮、豬鬃		俱行銷外洋
布	香河	織造以布為大宗		行銷西北口外
	寶坻	織布之民，倍於香河		大抵運銷西北口外
	霸州	布為出產大宗，織布者多在西南鄉，約有三、四十村。	歲銷四五萬匹	亦有外屬布商，來州收買
	三河縣	白布歲銷一二千匹		銷本境及鄰境
	延慶州	粗白布、長流水布		

草帽 辮	大城縣	執業者數十家	每年約銷一二萬兩	
	武清縣	黃花、甄營等鎮附近十數村造		行銷外屬
	寶坻縣	亦出草帽辮		行銷外屬
柳荊 筐斗	大興縣及 密雲縣	俱出柳筐		銷本境
	固安縣	出青、白柳條，所編之大小 筐、籃、笆籮、簸箕		
	永清縣	笆籮、簸箕、笆斗		行銷本境
蘆葦 席	大城縣	執業者數百家	每年約銷一百萬領	
	霸州	東鄉一二十村織葦席	歲出十餘萬領	
	大興縣	葦席		銷本境
酒	大城縣	酒業八家	每年約銷三十餘萬 斤	
	香河縣	燒酒		行銷京城
	三河縣	燒酒，大小燒鍋二十二家	歲銷一百七十餘萬 斤	銷本境
	寶坻縣	燒酒、黃酒		行銷京城
	密雲縣	以高粱、御麥釀白酒		
	延慶州	燒酒、黃酒		

資料來源：天津市檔案館等編《天津商會檔案彙編》（1903～1911），第 950～985 頁。

　　從以上資料可以看出，京津地區農業、手工業產品商品化程度達到了比較高的程度，除了大部分商品能夠在本地流通外，一些特殊的專門化產品甚至能夠跨地區流動，個別產品甚至銷售至國外。

　　十九世紀六十年代，因美國南北戰爭影響，世界對棉花的需求陡然增加。同時日本紡織企業的發展也需要大量棉花作為原料。客觀經濟形勢使中國棉花出口獲利頗豐，直隸地區的棉花種植業迅速發展。根據《直隸工藝志初編》所載《調查直隸各屬出產並報告情形》，順天府所屬大興、香河、通州、三河、武清、寶坻、寧河、昌平、涿州、保定、平谷等州縣均有棉花種植，並且清代後期棉花成為一些州縣的主要農產品之一，如「霸州出產以棉花為最著多」〔註173〕即是一例。實際上，這些州縣所在地北運河流域和薊運河流域已經形成了具有一定生產規模的棉花種植區，亦即民間所說的東北河棉產區。花生

〔註173〕周爾潤：《直隸工藝志初編》報告類卷上。

也是十九世紀中後期在直隸地區發展起來的一種經濟作物，由於花生性喜沙土，與其生長特性相適應，花生主要分佈在燕山南麓永定河泛濫區域如大城、武清、大興、霸州、懷柔等縣，其中大城縣年產花生達三四萬斤。京津地區藥材資源豐富，種類繁多，如東安縣生產藥材達 18 種，昌平州多達 20 種，寧河縣達 15 種，除了東安縣藥材在本境內銷售外，昌平州和寧河縣生產的藥材則行銷北京乃至東北和口外一帶。北京一帶果品業也十分發達，如昌平州土產即以果品為大宗，行銷北京以及張家口一帶，薊州、涿州、大興、宛平、東安、密雲等州縣果產品也十分豐富，除了大部分在本地流通外，部分產品如寧河小棗還遠銷南方。此外京津地區還生產雜糧、菜蔬、樹木、海產品等，並在一定地區範圍流通，顯示了農業商品化範圍的擴大。

　　京津地區手工業生產也顯示出地域特點。京津南部的固安縣、永清等縣地產柳木，柳編業因而發達，固安「地多沙城，稼穡不宜，惟柳樹尚見發達，土人多以柳條編製器具，販運北京，獲利尚厚。」〔註 174〕清代棉紡織手工業在直隸地區開始普及，直隸許多地方成為綿布的輸出產區。清代晚期，直隸棉紡織手工業進一步發展。京津地區棉紡織手工業在直隸地區也佔有一席之地，根據直隸工藝總局 1905 年調查，香河縣製造以布為大宗，該縣民戶約四萬家，織布者約數千戶，每年出布百餘萬匹。而寶坻縣織布之民倍於香河，故而有「寶坻大布窩、香河小布窩」之謠。所產布匹行銷西北口外，北京、天津次之。當時香河縣城工藝局可織毛巾，寶坻縣擬就城內開設織廠，仿造機器一百架，招集學生一百人，試織毛巾〔註 175〕。農村市鎮的經濟功能自十九世紀末以來在近代化的推動下顯著提高，並逐漸發展成為農村進出口和手工業產品交換的集散地，在此基礎上，部分集鎮的經濟職能出現了專業化發展的趨向，這種專業化的發展是和區域農產品結構息息相關的。

三、清代京津地區城市體系的軍事職能

1、八旗駐防與城市軍事功能

　　北京是清王朝的根本命脈和統治中心，其安危關係政權存亡，因此清政府對於北京的防衛尤為重視。正如康熙《三河縣志》所說：「京師為天下根本，

〔註174〕周爾潤：《直隸工藝志初編》報告類卷上。
〔註175〕天津市檔案館等編：《天津商會檔案彙編》（1903～1911），天津人民出版社，1989 年。第 971 頁。

畿內宜設重兵，以控扼大河南北，彈壓畿輔東西，內則藩屏都城，外則聲援諸路，遇不虞庶乎有備而無患也。」〔註176〕首先，爲了保衛都城，清王朝將一半的八旗兵駐紮於北京，稱爲禁旅，居住於北京的內城，使北京內城成爲一個大兵營，具有顯著的軍事功能。其次，清王朝爲了保衛北京的安全，又在畿輔地區設立八旗駐防，以保衛京師安全。其實，早在清朝入關之初，由於在京畿地區實行野蠻統治，引起了漢族人民的強烈反抗，這直接威脅到北京的安全。爲鎮壓人民反抗，清政府採納洪承疇提出的「應於良鄉、通州、海子、昌平四面俱選拔滿洲官兵巡輯，分汛責成」〔註177〕的建議，在北京四面的軍事要地和人民反抗激烈地區，設置軍事駐防點，以資彈壓。順治二年，清政府在採育里設置八旗駐防，順治五年至八年在順義、三河、東安、良鄉設置八旗駐防，其中昌平八旗駐防設置具體時間不詳，也當在這一時期。這一時期，清政府在北京外圍地區的滄州、德州、保定、太原等地設置八旗駐防。康熙十二年，清政府又在北京附近的寶坻、固安、玉田、霸州、灤州、雄縣設置八旗駐防。這些駐防點所在的城鎮，距離京師很近，都具有非常的軍事戰略地位，負有保衛京師的軍事職能。如良鄉，「近畿各縣號繁劇者，獨以良鄉居首，誠以密邇國門，拱衛神臬，東南十三省有事京師者無不取道於斯」〔註178〕；位於京東的三河，「環山帶水，夙稱嚴邑，而車馬往來，冠蓋相望，又爲左輔極衝之地」〔註179〕；《寶坻縣志》稱：「我國家特重邊防重關扼險，而寶邑居薊、通、天津之中，則固腹心內地矣」，「兼以旗民雜處，圈田監地，賦役懼淆，而河堤漕運利弊關矣。」〔註180〕可見在寶坻設立駐防點的意義在於即可以控制周邊城鎮，又可以維護旗人利益，控制河防漕運等涉及國家安全的經濟命脈。

表6-12　京津地區八旗駐防城鎮一覽表

駐防地	官　員	兵　數	旗　分	設　立　年　代
採育里*	防守尉1，防禦2	50	正藍	順治二年
昌平州	防守尉1，防禦2	50	正黃	
順義縣	防守尉1，防禦2	50	鑲黃	順治五年

〔註176〕康熙《三河縣志》卷下《武備志》。
〔註177〕《清世祖實錄》卷42，順治六年二月己卯。
〔註178〕光緒《良鄉縣志》序。
〔註179〕乾隆《三河縣志》卷2《形勝志》。
〔註180〕乾隆《寶坻縣志》卷8《職官》。

三河縣	防守尉 1，防禦 2	50	正白	順治六年
東安縣	防守尉 1，防禦 2	50	鑲藍	順治六年
良鄉縣	防守尉 1，防禦 2	50	正紅	順治八年
寶坻縣	防守尉 1，防禦 2	50	鑲白	康熙十二年
固安縣	防守尉 1，防禦 2	50	鑲紅	康熙十二年
玉田縣	防守尉 1，防禦每旗 1	50	鑲黃、正白	康熙十二年
霸州	防守尉 1，防禦每旗 1	50	正黃、正紅	康熙十二年

*：順治二年原設鑲白、正藍甲兵各 50，康熙十二年分去鑲白 50 名移駐寶坻。

注：本表據定宜莊《清代八旗駐防研究》，遼寧人民出版社，2003 年。第 15～21 頁。

圖 6-8　畿輔八旗駐防與京津地區部分城市的軍事職能

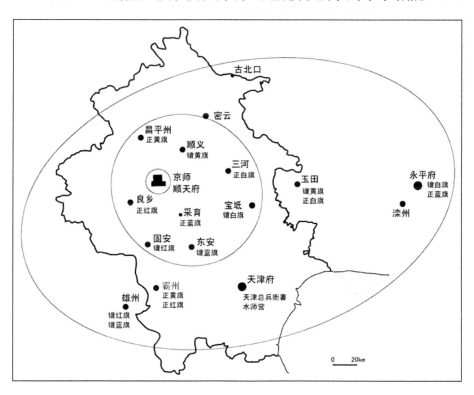

京城駐防體系在清軍入關到康熙前期 30 餘年之間逐步形成，這一體系大致有三層，第一層次為圍繞皇城的京內八旗，分別是在德勝門的正黃旗、在安定門的鑲黃旗、在東直門的正白旗、在朝陽門的鑲白旗、在崇文門的正藍旗、在宣武門的鑲藍旗、在阜城門的鑲紅旗、在西直門的正紅旗。第二層次的八旗駐防與京城內八旗所居方位對應，每一旗分駐一處，在昌平、順義、

良鄉和三河等京郊，恰是京師禁旅的外圍和延伸。第三層次在霸州、雄州、玉田、灤州，兩旗一處，與距離京師較遠的保定、滄州、太原、和德州互為表裏，構成最外一層。因此，清初八旗駐防的設置其目的是拱衛京師，並且駐防的重點在東、南、西三面，而尤重東南這是由當時鎮壓明朝殘餘勢力和農民軍反抗的形勢需要決定的。對於京城北部，由於蒙古內附成為清廷右臂，是清廷暫未設防之區〔註181〕。

自康熙平定三藩，統一中國之後，北方沙俄入侵和漠西準噶爾部崛起，京津北部的安全日益受到威脅，因此自康熙中葉開始清王朝軍事重心開始北移。與此同時，畿輔北部長城沿線的防衛也開始逐步加強。順治二年（1645），長城沿線的喜峰口、獨石口、古北口駐防兵額分別為 8 名、12 名和 4 名，自北方軍事威脅出現以後，清王朝加強了長城沿線軍事駐防的力量。康熙二十三年（1684）起，喜峰口、獨石口和古北口的兵額均增加至 80 名。冷口、羅文峪的額兵也從康熙九年（1670）初設時的 12 名、24 名增加到 50 名。康熙三十四年（1695）又於三河、玉田駐防地各增添甲兵 100 名。雍正、乾隆時期，繼續加強京師北部的駐防調整，這一時期的駐防調整不僅僅是出於軍事考慮，也是疏散當時人滿為患的京師八旗人口的重要舉措之一。雍正二年，古北口駐防添設甲兵二十名。乾隆四年（1739）增設甲兵 100 名，至此古北口駐防兵丁達 200 名。密云是乾隆四十五年（1780）設置的一個比較大的駐防點，密雲具有重要軍事地位，「拱衛京師，鎖鑰北路，誠邊防重地也。」〔註182〕乾隆時期為了解決京師八旗人口過剩問題而疏散大量官兵於密雲也是重要考慮之一。密雲駐防兵力較多，根據《欽定八旗通志》記載，密雲駐防地官兵數額達 2049 人〔註183〕。密雲駐防是一個副都統級單位，下轄昌平、玉田、三河、順義和古北口五個駐防城。京師附近的其它駐防點分為左右翼，統由在京稽查大臣管轄，左翼四城：寶坻、採育里、東安與滄州；右翼五城：固安、良鄉、霸州、雄縣和保定府城〔註184〕。其中滄州、雄縣和保定府都在京津地區之外。京津地區八旗駐防地有密雲、昌平、玉田、三河、順義、古北口、寶坻、採育里、東安、固安、良鄉和霸州 12 個城鎮，擔負著保衛京師的重要軍事職能。

〔註181〕定宜莊：《清代八旗駐防研究》，遼寧民族出版社，2003 年。第 15～21 頁。
〔註182〕光緒《密雲縣志》卷 4 之 3《兵制考》。
〔註183〕《欽定八旗通志》卷 35《兵制志四·八旗駐防兵制》。
〔註184〕定宜莊：《清代八旗駐防研究》，遼寧民族出版社，2003 年。第 104～109 頁。

　　天津為京師門戶，在軍事上具有重要戰略地位，「直隸津沽口，為南北運河，永定、大清、子牙五河入海處，北連遼東，有旅順、大連以為左翼，南走登、萊，有威海衛以為右翼，為北洋第一重鎮。」〔註185〕清政府在天津設立總兵衙署，下轄鎮標營、城守營和水師營等，天津總兵統轄順天、永平、河間、天津四府的軍務。清代中後期，面對西方列強入侵，清政府進一步加強了天津的軍事防禦功能。1900 年，八國聯軍入侵，天津陷落，天津遭受外國軍事殖民統治達兩年之久。《辛丑條約》簽定後，規定天津周圍 20 里內不許駐紮軍隊，天津的軍事防禦功能被嚴重削弱。

2、鎮的鎮戍與社會治安管理職能

　　鎮的基本職能是鎮戍，是統治階級實現社會控制的各個節點。因此，鎮在防止社會動亂和穩定社會秩序方面具有重要意義。為了維持社會秩序，康熙二十七年，在京津地區「從直隸總督于成龍之請，特設四路同知。」〔註186〕四路同知初設時專掌捕盜，乾隆十九年（公元 1754 年）以後，兼管各州縣錢糧。二十四年（公元 1759 年）以後，刑名案件也由各廳同知審轉，並定四路廳的關防為「刑錢捕盜同知」。西路同知並管稽水利，其關防加「水利」二字。四廳所領州縣如下：西路廳，同知駐盧溝橋，領琢州及大興、宛平、良鄉、房山 4 縣。東路廳領通州、薊州及三河、武清、寶坻、寧河、香河 5 縣，同知駐通州。南路廳領霸州及保定、文安、大城、固安、永清、東安 6 縣，同知駐黃村。北路廳領昌平州及順義、懷柔、密雲、平谷 4 縣，同知駐鞏華城。在一些地處關津要地的鎮，還設有巡檢司，巡檢的職責是「掌捕盜賊，詰奸宄」，主要維護社會治安。京津地區設有巡檢的鎮有禮賢鎮、採育鎮、黃村鎮、龐各莊、韓村鎮、磁家務、河西務、楊村務、信安鎮、蘆臺鎮等等。

表 6-13　四路同知駐地及管轄範圍

鎮	路　　屬	名　　　稱
盧溝橋	西路廳駐地	大興、宛平、涿州、良鄉、房山
黃村	南路廳駐地	固安、永清、東安、霸州、文安、大城、保定
通州	東路廳駐地	通州、三河、寶坻、薊州、武清、香河、寧河
鞏華城	北路廳駐地	昌平、順義、密雲、懷柔、平谷

〔註185〕《清史稿》卷 138《兵志九》。
〔註186〕《光緒順天府志‧地理志十七‧順天府沿革表》。

　　除了派駐八旗在一些軍事要地駐防外，清政府在各地的關津要隘等險要之處設立營汛，派綠營兵戍守，從而達到對地方的控制，也負責維持地方社會的穩定。綠營營制分爲標、協、營、汛四級。總督、巡撫、提督、總兵所屬爲「標」，副將所屬爲「協」，參將、守備、游擊所屬爲「營」，千總、把總所屬爲「汛」。根據記載，京津地區各州縣所屬鎮大部分都有綠營戍守，顯見其具有明顯的軍事鎮戍職能。如順天府地域舊有拱極營、良鄉營、舊州營、通州協、三河營、武清營、寶坻營、昌平營、密雲營、涿州營、房山營、霸州營、大城營、薊州營等綠營駐守〔註187〕。

　　鎮除了軍事鎮戍職能以外，有的鎮還承擔其它的功能，如瀕海地區產鹽，豐潤縣宋家營鎮駐有薊永鹽分司越支鹽場鹽大使，寧河縣蘆臺鎮也駐有鹽大使。位於永定河和北運河以及薊運河沿岸的一些城鎮，其功能又與河務有一定關係，如固安縣是永定河道駐地，「轄沿河州縣等官。」〔註188〕良鄉縣趙村鎮駐管河縣丞。北運河沿岸的通州是通永道駐地，通永道既管兵備，又管河務；通州漷縣鎮是管河州判駐地；武清縣河西務鎮駐管河同知，楊村務鎮駐管河通判。薊運河附近的豐潤縣豐臺鎮，駐有管河主簿。靜海縣「境內營汛，半隸防河。」〔註189〕

三、書院的繁榮推動了區域城市體系文化職能的進一步發展

　　清代京津地區城市體系的文化職能在明代的基礎上又進一步發展。京津地區各州縣學，均沿襲明代舊學設立，或重修或增建。由於天津在清代升爲府，因此有府學的設置。天津府學是由明代的天津衛學發展而來。《重修天津府志》記載：「（天津）府學，本天津衛學」，「雍正三年，衛升州，爲州學；九年設府，爲府學。」天津城內除了府學之外，還設有天津縣學，「縣學在城東門內府學西，雍正十二年總督李衛題建。」〔註190〕需要指出的是，清代是書院繁榮發展的時期。清初，政府對書院採取壓制政策，自康熙朝起民間書院開始興起。面對書院的蓬勃發展，清政府大力疏導，加強官辦力度，以增強思想和教育上的控制〔註191〕。雍正曾命各省將生祠和書院改爲義

〔註187〕《光緒順天府志・經政志十・營制》。
〔註188〕《光緒順天府志・經政志一・官吏》。
〔註189〕同治《靜海縣志》卷2《建置志・營汛》。
〔註190〕光緒《重修天津府志》卷35《經政五・學校》。
〔註191〕尹鈞科等：《古代北京城市管理》，同心出版社，2002年。第600～601頁。

學，延師授徒，以廣文教。「我朝定鼎，曉喻天下，各直省起立書院，各州縣起立義學。」〔註192〕此時書院實際上已成爲官學的一種形式，到乾隆二年（1737年），各省、府、州、縣廣設，成爲非常重要的教育機構。當時的諭旨說：「古者鄉學之秀，始升於國，然其諸侯之國皆有學。今府、州、縣學並建，而無遞升之法。國子監雖設於京師，而道里遼遠，四方之士不能胥會，則書院即古侯國之學也。」〔註193〕因此，清代書院官立，書院與科舉聯繫亦更加密切。多數書院重心已轉向考課。在府學、縣學以及書院之外，京津地區各州縣還廣泛設有義學和塾學等私立學校，這些學校同官辦學校一起構築了京津地區城鄉文化教育體系。

清代中後期以來，隨著西方列強的入侵，中國傳統教育體系受到前所未有的劇烈衝擊。爲了適應形勢發展的需要，清政府開始對傳統教育體系進行了調整和改良。光緒二十七年至宣統三年，先後廢除了科舉制度，實行新的學制，建立新式學校，爲近代教育體制的建立奠定了基礎，區域城市體系的文化職能也開始邁出向近代化轉型的腳步。

表 6-14　清代京津地區的書院

州　縣	書　院	地　　點	修　　建　　時　　間
良鄉	卓秀書院	良鄉縣東大街	原建東門外，道光 27 年移建於此。
固安	方城書院	固安縣西門內	咸豐 8 年
永清	益昌書院	永清縣治西南	同治 7 年
東安	安次書院	東安縣城內	明萬曆 46 年建，久廢。嘉慶 24 年重建。
香河	淑陽書院	香河縣治西	
通州	潞河書院	通州天恩胡同	康熙 59 年
三河	泃陽書院	三河縣	咸豐元年
武清	奎文書院	武清縣南大街	道光 5 年
	萃文書院	武清縣王慶坨	雍正 2 年
	白河講院	武清縣河西務	舊存，光緒 8 年重辦。
寶坻	泉州書院	寶坻縣	嘉慶元年
寧河	渠梁書院	寧河縣	乾隆 44 年
	書香文社	寧河縣北塘	光緒元年

〔註192〕《光緒順天府志・經政志九・學校下》引採訪冊王錫齡方城書院碑記。
〔註193〕光緒《大清會典事例》卷 395《禮部・學校》。

昌平	燕平書院	昌平州	元建，明廢，乾隆 23 年重建。
順義	蒙泉書院	順義縣	同治 7 年
密雲	白檀書院	密雲縣城內	明萬曆 22 年建，道光 13 年重修。
懷柔	溫陽書院	懷柔縣署前	光緒 7 年
涿州	鳴澤書院	涿州治參府胡同	乾隆間建，久廢。道光 5 年重修。
房山	雲峰書院	房山縣學宮旁	雍正 4 年建義學，後改書院。
霸州	益津書院	霸州東門外西街	元建於宮家莊，明改建城內
大城	鳳臺書院	大城縣東關	同治 5 年
保定	玉河書院	保定縣	久廢
薊州	漁陽書院	薊州慶福寺西	乾隆 57 年
	洗心書院	薊州城外東北隅	嘉慶年間
平谷	近光書院	平谷縣治東南	道光 22 年
天津	問津書院	城內鼓樓南	乾隆 16 年
	輔仁書院	城西北文昌宮旁	道光 7 年
	會文書院	城東門內	同治 13 年
	稽古書院	城西門外稽古寺	光緒 13 年改建
靜海	瀛海書院	靜海北門外	道光 26 年重修

資料來源：《光緒順天府志・經政志九・學校下》，光緒《重修天津府志》卷 35《經政
　　　　五・學校》。

四、清代京津地區城市體系的倉儲與賑濟職能

1、城市體系的倉儲職能

　　清代倉儲制度基本沿襲明代，糧倉主要分佈在北京和通州，分別稱作京倉和通倉。因此北京和通州是最重要的兩個具有倉儲功能的城市。清初，北京倉主要沿用明代的京倉，一共有八個，分別是祿米倉、南新倉、舊太倉、富新倉、海運倉、北新倉、興平倉、太平倉〔註194〕。在康熙至乾隆年間，清政府陸續修建了五個倉廒，分別是本裕倉、萬安西倉、萬安東倉、裕豐倉、豐益倉。這樣，清代新建五倉和明代沿襲下來的八倉，合稱京師十三倉。十三倉的官糧主要用來供給貴族、百官和八旗官兵。此外，皇帝和太監專有內倉，一名恩豐倉、一名內倉。因此，有時又稱京師十五倉。

〔註194〕《八旗通志》（初集）卷 25《營建志三・八旗倉廒》。

「通儲於國家爲重計」〔註195〕，通州倉在清代依然佔有非常重要的地位。通州倉在明代有大運東倉、大運西倉、大運南倉和大運中倉四座，後來歸併爲大運西倉和大運中南倉。清初，恢復了大運南倉，設有大運西、中、南三倉。乾隆年間，裁撤南倉。因此，終清通州只有大運西倉和大運中倉。清代通州倉在存儲京師糧米之外，還負責向密雲、昌平等京畿周圍駐防官兵供應俸甲糧食，分別經過昌平河運道和通往密雲的潮河川運道輸送至昌平和密雲兩處。清代後期，由於大運河年久失修，漕糧轉運困難。道光六年（1826）開始試行海運，漕糧經海運至天津，然後再沿北運河運至通州和北京。光緒二十二年（1896 年）北京至天津鐵路竣工，二十六年（1900）以後，漕糧改由火車直接運送北京，不再轉道通州〔註196〕。通州城內的大運西倉和大運中倉廢棄不用，城市倉儲職能頓時一落千丈。

薊州倉是北京東部一處重要的倉儲重地，負責向薊州和遵化東陵的駐防官兵發放俸甲米石。「薊倉座落薊州城內，康熙三十八年題建，倉廒十五座，除分給薊、豐二州縣外，分給遵化州倉六座。」運送漕糧的船從天津出發，沿明代薊運河北上到薊州。「每年於五六月間大雨時行之候，各幫糧艘乘水北上，直抵薊州五里橋水次，會同三州縣兌收。」〔註197〕

清代倉儲制度比較完備，省、府、州、縣治所城市都有倉儲職能，「其由省會至府、州、縣，俱建常平倉，或兼設裕備倉。」〔註198〕明末清初，由於戰亂，各州縣倉儲設施大多遭到毀壞或廢棄。從康熙時期開始，京津地區各州縣興起了廣泛的倉儲建設高潮，京津地區州縣城市都設有常平倉、義倉、社倉以備凶荒，「常平倉留本州縣備賑，義倉、社倉留本村鎮備賑」，「常平倉穀，春夏出糶，秋冬糴還，平價生息，凶歲則按數給散貧戶。」〔註199〕《懷柔縣志》云：「懷邑自國朝以來無倉儲，康熙二十九年，始收貯常平倉，捐納米石三千石。」〔註200〕涿州於雍正九年建常平倉，「在州治南馬神廟，有倉廒 51 間」，乾隆十二年又建常平西倉，「在州治西南館驛街，倉廒 27 間。」〔註201〕寧河常平倉，「凡四區，俱在縣署大門內。」〔註202〕

〔註195〕康熙《通州志》卷3《漕運志》。
〔註196〕于德源：《北京漕運和倉場》，同心出版社，2004 年。第 321～326 頁。
〔註197〕乾隆《直隸遵化州志》卷4《賦役志‧薊州漕糧》。
〔註198〕《清史稿》卷 121《食貨二》。
〔註199〕《清史稿》卷 121《食貨二》。
〔註200〕康熙《懷柔縣新志》卷 1《建置‧廨宇》。
〔註201〕同治《涿州志》卷 4《建置下‧倉庾》。

　　根據清代規定，「鄉村設社倉，市鎮設義倉。」〔註 203〕義倉的設置一般設在地理位置適中的地方，「就幅員之廣狹，道里之均齊，擇於人煙稠密、形勢高亢之處，酌建倉廠，逐歲勸捐，存貯穀石」〔註 204〕。但是就京津地區來說，義倉也並不是都設在各州縣所屬鎮上，如豐潤縣共有 14 個義倉，分別設在常家莊、板橋鎮、開平鎮、宋家營、小集、宣莊、王蘭莊、老莊、韓城鎮、新軍屯、豐臺、豐登務、泉河頭、左家務等地〔註 205〕。其中的常家莊義倉和泉河頭義倉就不是設在鎮上，而是一般的村落。涿州有南皋、湖梁、普利、馬頭、柳河、陶家屯六個義倉，只有兩個設在鎮上，即馬頭倉和柳河倉〔註 206〕。再如寧河縣四個義倉，只有兩個設在城鎮，一個設在縣城西關，一個設在蘆臺鎮〔註 207〕。可見，京津地區各州縣所屬鎮的倉儲職能並不是很突出。

2、清代京津地區城市體系的賑濟與慈善功能

　　在生產力低下的農業社會，人們抵抗自然災害的能力極其低下，一旦遇到自然災害，自然要產生大量的災民。由於城市是地方權力與財富中心，對資源的控制能力遠遠超過鄉村，抗災能力也比鄉村強大得多，因此災荒時期災民往往流向城市尋求救助。在發生災害出現糧食短缺情況時，清政府往往採取平糶或者發放米糧的方法來實行賑濟。清政府在這方面也有規定，「乾隆二年，戶部定議，凡遇賑濟，於城中設廠之外，再於城四面二三十里鄉村，擇廟宇閒房之高大者，預將米穀分貯，揭示放賑日期，臨時親往散給。」〔註 208〕除了規定賑濟措施之外，清政府還有臨時的賑濟措施，如嘉慶二十三年四月，「命再撥京倉麥五千石、粟米五千石、交大興、宛平二縣分廠減價平糶。」〔註 209〕清代京津地區在災荒年份，還在各級城市及其附近設立粥廠，以救濟災民。在京城，平時就有常日施粥的地方，如京師廣寧門外的普濟堂，「冬施粥，夏施冰茶」。此外還有因災荒而臨時設立的粥廠，涿州「清咸豐十一年六月，因募捐修道餘款建設南關粥廠。冬季收養貧民，死則施棺掩埋，去則給予資斧。」

〔註 202〕乾隆《寧河縣志》卷 3《建置志。倉儲》。
〔註 203〕《清史稿》卷 121《食貨二》。
〔註 204〕同治《涿州志》卷 4《建置下・倉庾》。
〔註 205〕光緒《遵化通志》卷 16《建置志・倉庫》。
〔註 206〕同治《涿州志》卷 4《建置下・倉庾》。
〔註 207〕乾隆《寧河縣志》卷 3《建置志・倉儲》。
〔註 208〕〔清〕方觀承輯：《賑紀》卷 2《霥賑》。
〔註 209〕《清仁宗實錄》卷 342，嘉慶二十三年五月丁未。

〔註 210〕通州城內外設有粥廠五處，「一在南關王恕園，乾隆三十四年創立。自光緒元年通永道英公良每年撥公項餘銀二百兩作爲王恕園及各粥廠經費之用。一在北關呂祖祠，咸豐八年設立；一在新城法華禪林，同治四年設立；一在東關慈雲寺，同治十一年設立；一在北門內西塔胡同紫清宮，光緒元年設立。以上五處先係民捐，自同治三年始行恩賞米食，每年請領粟米、秈米、秔米自二三百石至四千石不等，分給各廠煮賑施放。一在西門外天成庵，歷年冬僧人募資施粥；一在張家灣城內，通永道英公良及京都明公善捐放。」

〔註 211〕道光十三年正月，「以上年畿輔歉收，命發京倉粟米二千石於大興縣之定福莊、採育、黃村，宛平縣之盧溝橋、龐各莊、清河六處設廠煮粥。」光緒九年（1883 年），北京大雨連綿，釀成水災，順天府尹周家楣奏准在各鄉鎮及京城六門外設立粥廠。光緒十三年（1887 年）水災的情形，清末文人震鈞在《天咫偶聞》中所寫的：「京東大水，通州水幾冒城，自是無歲不水」〔註 212〕，而以光緒十六年（1890 年）最爲嚴重，造成的災害也最劇烈，其時京中「無舍不漏，無牆不傾」，「人皆張傘爲臥處」；「市中百物騰貴，且不易致，蔬菜尤艱，誠奇災也」。於是，清政府開始在玉清觀、西城臥佛寺、功德林、普濟堂設置粥廠，發京倉米二千石於大興縣之定福莊、採育、黃村，宛平縣之盧溝橋、龐各莊、清河六處設廠煮賑〔註 213〕，另外在京畿各鎮也開設粥廠。當時，京南良鄉在南關外設立棲流局，以接濟貧民，「光緒九年府尹以河間、獻縣災民赴京過多，恐至滋事，發交前縣楊濂柄經費銀一千五百兩設局，截留外來災民，煮粥散放。自光緒九年十二月起至十五年閏五月遣散。並因本邑九年被水，民情困苦，每日早在局煮粥散放，以昭衿恤。」〔註 214〕在賑災的諸種措施中，平糶、貸糧是常法，散米也較常見，而施粥則是臨時性的調劑辦法，是作爲平糶、賑貸的補充，其作用和功能也很有限〔註 215〕。

　　此外，京津地區各級城市還具有慈善功能。各州縣治所城市均設有養濟院、留養局、露澤園等慈善機構。三河縣養濟院，建於乾隆初年，「收邑之孤

〔註 210〕民國《涿縣志》第 4 編《黨政組織》第 1 卷《黨部》。
〔註 211〕光緒《通州志》卷 2《建置志‧局所粥廠》。
〔註 212〕〔清〕震均：《天咫偶聞》卷 8《郊坰》。
〔註 213〕《清宣宗實錄》卷 226，道光十三年正月。
〔註 214〕民國《良鄉縣志》卷 2《建置志‧公署》。
〔註 215〕馮爾康：《清人生活漫步》，中國社會出版社，1999 年。第 21～22 頁。

貧無告者，每月給米薪，歲給多衣、布、花、銀兩，死施棺木。」〔註216〕通州「養濟院，……額設孤貧七十七口，按口每月給米三斗，每年春季詳請倉場於西中兩倉，批倉支領，其多衣、花、布、銀共二十一兩四錢三分三釐。在缺額俸，工內赴司領回給發，按年奏銷。」〔註217〕留養局的設置是在乾隆年間開始的，《三河縣志》記載：「乾隆二十三年，奉總督部院方題請直隸各省各屬設留養局，多日留養貧民，春融遣散。其有篤疾及年過七十者常留在局。通計一百四十三州縣衛設局五百六十……處。三河設局三，一在南店，房三間，距城一里；一在夏店，房二間，城西三十里；一在段家嶺，房四間，城東二十里。」〔註218〕光緒《通州志》記載：「乾隆十九年，直隸總督方公觀承檄令直屬通籌留養孤貧之法。」〔註219〕儘管這兩條記載的時間不一致，但大體上是在乾隆二十年左右各州縣開始設立留養局。其它如大城縣城內有養濟院，漏澤園〔註220〕。清代後期，隨著城市的衰落，一些城市的慈善機構廢棄，城市體系的慈善職能大大削弱。

第四節　以瀕海地帶城市活躍發展爲主的空間演變特徵

一、交通條件與京津地區城市的空間分佈格局

　　元明清時期，北京作爲國家的政治中心，與各地聯繫十分緊密，歷朝對交通尤爲重視。元代建立以大都爲中心輻射全國的四通八達的驛路交通網絡。在京津地區，以大都爲中心的幾條驛路沿著傳統的太行山東麓大道、居庸關大道、燕山南麓大道或山海關大道呈放射狀展開。大都地區的城市依然沿著這幾條道路呈放射狀分佈。據《析津志輯佚》記載，在沿燕山南麓驛路上分佈的城市：「大都，西東四十里至通州，六十里夏店，一百（里）薊州，一百二十里至此分四路：一路正東至遵化，正北至北京（金之北京大定府）；一路東南至玉田，東北行至永平，正北至北京。」經居庸關通往草原地區的

〔註216〕乾隆《三河縣志》卷4《典禮志‧恤典》。
〔註217〕光緒《通州志》卷2《建置志‧局所粥廠》。
〔註218〕乾隆《三河縣志》卷4《典禮志‧恤典》。
〔註219〕光緒《通州志》卷2《建置志‧局所粥廠》。
〔註220〕光緒《大城縣志》卷2《建置志‧恤政》。

－225－

西北向大路分佈的城市：「大都，正北微西昌平，西北八十里榆林，西行至統幕分二路：一路北行至上都，一路西行至雷家站，九十宣德……。」大都西南沿太行山東麓驛路上分佈的城市：「西南七十良鄉，六十涿州，七十定興，六十見白塔，六十五保定。」〔註221〕大都東北通往古北口的大道也比較重要，在這條道路上分佈著順州和檀州等城市。由於山海關大道遠比古北口道路通暢，自遼金以後隨著這條道路地位的上升，導致古北口大道重要性降低。

明清時代建立以北京為中心的官馬大道交通體系，通往全國各地。以清代為例，在京津地區，自北京至開封的中路官馬大道、北京至太原的西路官馬大道以及北京至濟南的東路官馬大道都經過良鄉和涿州，過涿州後各條大道才分成三條大道分別通往開封、太原和濟南；北京至盛京東北路官馬大道上分佈著通州、三河、薊州、玉田、豐潤等城鎮；北京至熱河官馬大道上分佈有順義、密雲、石匣、古北口等城鎮；北京至寬城官馬大道經通州、三河、薊州，然後東北行經過石門、遵化前往寬城；北京至西北口外的官馬大道上分佈著沙河、昌平、居庸關等城鎮。在這四條陸路交通線上分佈的城鎮由於區位條件良好，故城鎮的商業也較為發達。此外，還有一條通往霸州、文安、大城等地的南北向大道，康熙和乾隆皇帝在位時，十分關心永定河治理工程，經常到霸州、文安、大城、武清、永清、保定、東安等州縣巡視河工水情，有時就走這條道路。在這條道路上，分佈著南苑、黃村、龐各莊、榆垡、固安、霸州、保定、文安、大城等城鎮，這條路也是通往山東的另一條大道。

元明清時代，北京一直是國家政治中心，由於政治中心與經濟中心的分離，元明清各代不得不依靠漕運來維持國家的統治。元明清三朝大力整治運河，南北運河暢通無阻，不僅促進了物資交流進一步加強，而且對於京津地區城市體系產生重大影響。從元代開始，北運河水系開始形成，元代大都至直沽沿運河東南向城市發展軸線開始形成，沿這條軸線的城鎮開始發育成長。元代、張家灣、河西務、楊村、直沽等城鎮開始出現並活躍發展。明清時期，北運河沿線城市帶形成，運河沿線的通州、張家灣、河西務、楊村、天津等城市商業繁榮，日益發展，特別是天津城市發展迅速，由元代的海津鎮發展為明代的衛城，入清以後先後成為州城，府城。自天津開埠後，北運河水上運輸更加繁忙，沿岸城鎮也進一步獲得了發展。通州作為北京輔助城

〔註221〕〔元〕熊夢祥：《析津志輯佚·大都東西館馬步站》。

市在清代進入更加繁榮發展時期，城市規模也有所擴大，乾隆時期，「通州城的範圍越來越大，已經打破了城圈，發展到郊外。」〔註 222〕並且，通州與北京城的關係十分密切，《大中華京兆地理志》說：「方其盛時，由通州西門至京師朝陽門一帶石路晝夜行人不絕，江浙貨物皆先至通州，是以風俗與京師同。」〔註 223〕歷史上有「一京二衛三通州」的說法，就是指通州城的地位和繁華程度等等僅僅排在京城、天津之後，其在京畿地區的重要性由此可見一斑。《光緒順天府志》記載了光緒初年北運河一帶的情形，「通州、武清下接津沽，近年各國通商，輪舶翔集，大艑長舸，百貨薈萃，民食其利，富厚日形。」〔註 224〕清末北京至天津鐵路的建成通車徹底結束了北運河輸送漕糧的歷史使命，但是漕運的停止並沒有導致北運河航運的終止，北運河水上運輸依然呈現出繁忙景象，因此運河沿岸城市依然保持一定程度的繁榮。

　　總體看來，京津地區城市體系依舊在傳統的陸路交通格局上進一步發展，唯一的變化是東南方向水路交通線的形成了促進了沿運河城市帶的出現，從而形成以北京為中心的放射形交通格局，並構成了京津地區城市體系空間布局的交通骨架。

二、瀕海地區城鎮活躍發展與城鎮數量的增加

　　元明清時期，隨著運河的發展和漕運功能加強，京津地區東南部地域開發程度進一步提高，由此促進了 0～5 米等高線地段內的瀕海地帶城市進入新的發展階段。元代由於漕運的發展，瀕海地帶的直沽寨由鄉村開始發展為重要的鎮城海津鎮。明代，出於漕運和海防的需要，在海津鎮設置天津衛，擔負著向北京輸送漕糧和拱衛京畿的軍事功能，明代的呂盛曾說：「天津之名，起於北都定鼎之後，前此未有也。北近京師，東連海岱，天下糧艘商舶，魚貫而進，殆無虛日。」〔註 225〕隨著漕運的發展和瀕海地區經濟開發，天津城市不斷發展，軍事功能逐漸蛻化，城市職能不斷增加，成為沿海集漕運、商業、鹽業、造船業、運輸業於一體的經濟型城市。清代前期天津城市迅速成

〔註222〕〔英〕斯當東：《英使謁見乾隆紀實》，上海書店出版社，2005 年。第 279 頁。

〔註223〕〔民國〕林傳甲：《大中華京兆地理志》第二十一篇《縣治》，第百九十一章《通縣》。

〔註224〕《光緒順天府志・地理志十三・風俗》。

〔註225〕康熙《天津衛志・跋》。

長，由軍事城堡轉變成爲地方府縣城市。清中後期隨著天津的開埠通商，城市又獲得飛速發展，清末天津代替省城保定成爲直隸總督的駐地，同時也成爲華北地區的區域經濟中心。

　　明清以來，瀕海地區農田水利事業也不斷取得進步，由此進一步夯實了區域城市體系發展的經濟基礎。明神宗萬曆年間，天津巡撫汪應蛟在天津「募民墾田五千畝，爲水田者十之四，畝收至四五石，田利大興。」〔註226〕天啓元年，左光斗等人繼汪應蛟在天津繼續開墾田畝，共墾田18萬畝，積穀無算〔註227〕。清代，瀕海地帶開發強度不斷增強，農田水利建設呈現出興盛局面。康熙年間，天津曾一度開闢水田一萬畝。雍正時，在天津設立天津局專營水利之事，在天津州推廣水稻種植達四百餘頃〔註228〕。乾隆時也在天津瀕海地帶開展農田水利建設。瀕海地區經過有清以來一百多年的修養生息和區域開發，乾隆時寧河一帶呈現出「地無曠土，閭閻擊壤，煙火萬家」〔註229〕的繁庶景象。道光時，瀕海地區社會經濟發展取得了顯著的進步，當時的直隸總督曾報告說：「天津至山海關，戶口殷繁，地無遺利」〔註230〕，一改過去煙戶稀疏的情形。咸豐時，僧格林沁在大沽口興水利開稻田四千二百餘畝。其後，崇厚於同治時期對海河兩岸進行墾殖，推廣水稻種植〔註231〕。清代晚期，瀕海地區的自然環境也在發生變化，窪潦之地淤淺成陸，擴大了耕地的墾殖面積，這也是促進社會經濟發展的主要客觀因素之一。如瀕海寧河縣的七里海，水域面積自明以來日漸縮小，「明世宗時周圍二百五十二里，……今則南北十餘里，東西約三十里，深數尺，王家務、筐兒港是其著名者。西北三里許爲後海，南北六里許，東西十餘里。其東南十里爲曲里海，今涸」〔註232〕，湖泊的淤積也擴大了耕地的開墾面積，社會經濟面貌大爲改觀，光緒《寧河縣志》也說「蓋由沿海浦漵日就淤淺，附近居民往往報升爲業，已非復囊時之舊矣。」〔註233〕寧河縣內人口較乾隆時期也有所增長，

〔註226〕《明史》卷241《汪應蛟傳》。
〔註227〕《明史》卷88《河渠六·直省水利》。
〔註228〕雍正《畿輔通志》卷47《水利營田》。
〔註229〕乾隆《寧河縣志》卷2《職方志·里保》。
〔註230〕《清史稿》卷129《河渠四·直省水利》。
〔註231〕《清史稿》卷446《崇厚傳》。
〔註232〕光緒《寧河縣鄉土志·地理學》第六章《河泊》。
〔註233〕光緒《寧河縣志》卷3《建置志·河渠》。

由乾隆時期的 169375 人〔註234〕增長到光緒末年的 217497 人〔註235〕，光緒年間縣內比以前增加了 10 個村莊〔註236〕，這自然是人口增長的結果，從側面反映了社會經濟的發展。光緒《永清縣志》也在書中有「母豬泊今淤平」、「葉淀、沙淀現已淤平」〔註237〕的記載，反映了瀕海地帶一些淀泊淤淺成陸的事實。

隨著漕運的發展和地域開發程度的提高，瀕海地帶的自然環境迅速改觀，原來低窪易澇地區都被開墾成沃野良田，人口不斷增加，社會經濟出現了繁榮景象。在天津城市發展的帶動下和瀕海地區農業生產的繁榮，區域城鎮也得到相應的發展。天津的發展推動了瀕海地區新城鎮如唐山的出現，也推動了原有開平、胥各莊等城鎮的成長和壯大。雍正九年，由於瀕海地帶生產的發展，清政府在寶坻縣東部設立了寧河縣，梁城所由鎮上升成為縣城。縣內的蘆臺鎮也在清後期成為有一定經濟輻射力的中心地之一。近代鐵路的修建改善了瀕海地區的交通條件，更進一步促進了瀕海地區城市的活躍發展。

元明清時期，瀕海地帶城市群出現和發展，使區域城市體系日益完善。在這一時段內，山前地帶和近海地帶的城市仍舊保持著穩定發展態勢。元明清時期山前地帶城市數量穩定，有 11 個；近海地帶城市數量也基本穩定，元明時期有 12 個，清代因漷縣併入通州，故城市數目減少為 11 個。其中變化最大的就是瀕海地帶，城市數量不斷增加，雖然數量不大，但是天津城市快速發展和地域開發程度的加強，足以說明這一時段是瀕海地區城市群的活躍發展期。

表6-15　明清時期京津地區三大地帶城市空間演變

	山前地帶			近海地帶			瀕海地帶		
	數量 個	面積 萬 km²	密度 個/千 km²	數量 個	面積 萬 km²	密度 個/千 km²	數量 個	面積" 萬 km²	密度 個/千 km²
元	11	0.89	1.24	12	1.37	0.88	1	0.98	0.10
明	11	0.89	1.24	12	1.37	0.88	2	0.98	0.20
清	11	0.89	1.24	11	1.37	0.80	3	0.98	0.31

〔註234〕乾隆《寧河縣志》卷 2《職方志・里保》。
〔註235〕光緒《寧河縣鄉土志・歷史》第六章《戶口》。
〔註236〕光緒《寧河縣志》卷 1《職方志・里保》。
〔註237〕光緒《續永清縣志》卷 4《水道圖》。

圖 6-9　明清時期京津地區城市體系空間演變

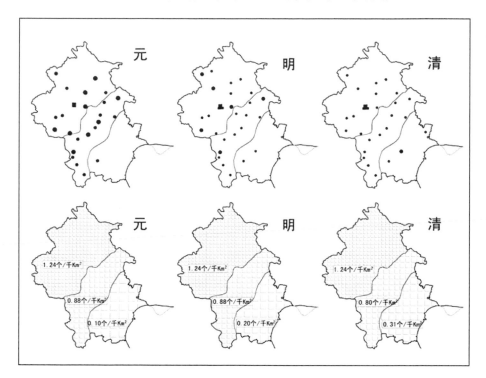

三、區域城市體系雙中心分佈格局的初步形成

在京津地區城市體系中，北京一直是區域內的中心城市，不僅僅是政治中心，還是商業、手工業中心，同時也是文化中心，這是北京作為首都這一特殊職能所決定的。元明清時期，北京一直保持著國內的商業貿易中心地位，也是華北地區的重要商品集散地。自元代國家統一局面形成以來，溝通南北的京杭大運河將政治中心北京與南方的經濟發達地區連接起來，大運河沿岸的城市開始興起。位於北京東南方的天津，由於位於大運河畔，同時也處於海口地帶，成為海運、水運交通樞紐，負責向北京轉運漕糧。天津城市雛形自元代開始形成，明代遷都北京後，在天津設立衛所，天津成為拱衛首都的門戶。為了滿足京師大量消費性人口以及北方邊境大量駐軍糧餉和物資的需要，明政府每年要從南方通過大運河把糧食運送到北方。明初漕運量每年約200 至 300 萬石之間，以後不斷增加，宣德年間竟高達 670 萬石，正統年間每年漕運量在 450 萬石上下，至弘治八年確定漕糧額數每年 400 萬石。大量漕

糧彙聚在天津，陸續運往北京、北方邊鎮以及遼東地區。河運、海運的樞紐
地位，促進了天津城市中轉、貿易等功能迅速擴展，天津成爲北方經濟巨鎮。
隨著天津的城市經濟功能的增強，以及城市人口大量聚集，明末天津城市的
規模和作用遠遠超越了軍事衛所。清代雍正初，清政府改天津衛爲天津州，
這是天津城市經濟發展的客觀結果。同年十月清政府又升天津爲直隸州。雍
正九年，清政府升天津爲府。至 1860 年天津開埠前，天津已經發展成爲一個
近 20 萬人口的傳統型城市。自天津開埠後，天津迅速轉變爲近代型城市，城
市政治經濟等各方面都迅速發展。隨著天津成爲中外交涉中心、洋務運動和
近代工業發展以及天津與華北內地的港口——腹地關係的形成，天津政治經
濟地位進一步提高，成爲華北地區的區域經濟中心，在全國的地位舉足輕重。
自甲午戰爭和庚子之變以後，清政府實行新政，鼓勵興辦實業，天津近代工
業飛速發展，城市經濟職能迅速提升，據《二十世紀初的天津概況》一書記
載，「關內外鐵路加上水運之便，使百貨集散於此，通商狀況逐年趨於繁盛。
現在，它的繁華程度已經超過了北京」。〔註 238〕清末，隨著津盧鐵路、盧漢鐵
路、京張鐵路、京奉鐵路以及津浦鐵路建成通車，北京和天津成爲華北地區
兩個重要的鐵路樞紐城市。交通條件的改善進一步促進了北京和天津成爲華
北地區的兩個重要經濟中心，根據清末光緒年間部分方志記載，北京和天津
兩個城市已經成爲區域經濟中心地。如遵化州「百貨多販自北京」，「凡土產，
炭、果、私、蜜之屬，每有津客坐收，鮮輦貨遠售者。」〔註 239〕武清縣「日
用百貨大都來自京都及津門也。」〔註 240〕

〔註 238〕〔日〕日本中國駐屯軍司令部編，侯振彤譯：《二十世紀初的天津概況》，天
　　　　津市地方史志編修委員會總編輯室，1986 年。第 1 頁。
〔註 239〕光緒《遵化通志》卷 15《輿地志・風俗》。
〔註 240〕光緒《武清縣志》卷 1《地理志・風俗》。

第七章　京津地區城市體系演變規律及特點

第一節　京津地區城市體系的發展分期及其演變規律

一、京津地區城市體系的發展分期

　　京津地區城市體系初步形成於戰國中後期，這是戰國時期社會經濟的進一步發展，經濟文化聯繫進一步加強的結果。但是由於受制於當時低下的社會生產力水平和動蕩不已的社會環境，以及城市制度體系不健全，故區域城市體系僅僅具備了初步的發展雛形。自秦統一天下，在全國推行統一的政治經濟制度，「車同軌、書同文」，統一度量衡，從而掃清了經濟文化發展的障礙。統一的政治經濟環境為城市體系發展奠定了良好的社會基礎，郡縣制的推行又為城市體系的發展和完善提供了制度保證。在此背景下，京津地區城市體系獲得了良好的內部和外部發展環境，在統一的社會經濟運行軌道中開始了曲折發展的歷程。那麼，自秦漢至清朝末年這一漫長的時期裏，京津地區城市體系經歷了怎樣的發展時序呢？在探討這個問題之前，有必要對京津地區各個時期城市數量進行統計和分析。

表 7-1　秦漢至清末京津地區城市數量變化表

朝代	秦	西漢	東漢		曹魏	西晉
時間	221-206BC	206BC-25	25-30	30-220	220-265	265-316
城市	3	26	26	20	20	18

朝代	十六國			北朝				
時間	316-350	350-370	370-385	385-399	399-534	534-550	550-577	577-581
城市	20	19	19	19	15	17	14	13
朝代	隋		唐		五代			
時間	581-605		605-618	618-757		757-907	907-936	
城市	13		14	15		16	18	
朝代	遼			金				
時間	936-9981	981-1031	1031-1125	1125-1172	1172-1187	1187-1189	1189-1234	
城市	19	21	23	22	23	24	25	
朝代	元							
時間	1234-1265	1265	1266	1267	1268-1276	1276-1368		
城市	24	22	21	22	23	24		
朝代	明			清				
時間	1368-1404	1404-1414	1414-1644	1644-1661	1661-1731	1731-1911		
城市	24	25	27	27	25	26		

注：秦代京津地區城市數量根據目前學術考證的數量計算

　　上表列舉了京津地區各個時期城市數量變化情況，據此可以作出一個區域城市數量變化曲線。這條曲線大致反映了秦漢以來京津地區城市體系發展演變的整體狀況。

圖 7-1　京津地區秦漢至清末區域城市數量變化曲線

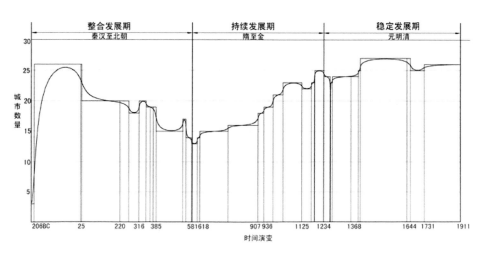

可以看出，京津地區城市體系明顯呈現出階段性發展特徵。按照區域城市發展曲線特徵並結合區域城市群的發展特點，京津地區城市體系演變自秦漢以後可以分成三個大的發展時段，即秦漢至北朝時期的整合發展期、隋至金時期的持續發展期，元明清時期的完善發展期。下面按照京津地區城市體系發展階段探討一下各時期的演變特點。

1、京津地區城市體系的整合期（秦漢至北朝）

秦統一以後，中國社會進入新的發展階段。隨著秦王朝郡縣制度的普遍設立，區域城鎮體系在制度層面被整合在一起，京津地區城市體系開始進入新的發展時期。根據這一時期的發展特點，區域城市體系的演變可以劃分為兩個階段。

第一階段自秦至西漢。在此時段內區域中心城市尚未確立，郡縣城市大量出現並活躍發展。秦代，薊城由原來的諸侯國燕國的政治中心轉變為普通的郡級城市，西漢時薊城長時期為諸侯國城邑。漢武帝時設十三州刺史部，京津地區屬於幽州刺史部管轄。這一時期，隨著郡縣的設置，山前地帶出現大量郡縣城市，這是區域城市體系的第一次發展時段。

第二階段東漢至北朝。在此時段內區域中心城市不穩定發展，郡縣城市逐漸逐漸蕭條。自西漢末到東漢時期，薊城在大部分時間裏為幽州治所，確立了區域內中心城市的地位。魏晉時期，幽州治所遷治於涿，涿取代薊城成為區域的行政中心。這一時期，由於社會處於動盪狀態，對區域內的城市體系影響頗為嚴重，城市數量與西漢時期相比大大減少，這預示著區域城市體系的衰落，自十六國至北朝末期，京津地區受戰亂影響，區域城市處於極端凋敝的狀態。十六國時期，薊城一直是幽州的治所，前燕政權曾一度建都薊城，薊城城市地位上升。北朝時期，薊城仍然為區域內的中心城市。這一時段是歷史上戰亂最多，社會最為動盪的時期，這對區域城市體系影響極大，不僅城市的發展停滯不前，而且城市數量進一步減少。

綜上，自秦漢至北朝這一時期，京津地區城市體系處於發展初期的整合階段。這在兩個方面表現出來：一方面是區域中心城市由相對中心地位逐漸走向絕對中心地位。首先是因為這一時期，區域中心城市的確立歷經了一個長期的孕育過程，而且在確立後處於不穩定發展狀態，在某些時期還有被其它城市取代的現象；其次，薊城作為區域中心城市，與周邊的郡級城市在城市規模上當不相上下，彼此間還沒有拉開距離，其作為中心城市還不具有絕

對的城市地位，因此說這是中心城市相對發展時期。自十六國至北朝，薊城作為區域中心城市的地位逐漸穩固，逐漸確立其作為區域中心城市的絕對地位。另一方面，區域內郡（州）縣城市的發展歷經繁榮、蕭條、乃至停滯不前，城市數量也從初期的 27 個減少為北朝末期的 13 個，這是區域內城市不穩定發展的反映。事實上，區域城市體系經過這一階段的整合作用，中心城市得以確立，城市體系的等級規模結構也具備了進一步發展的雛形，是這一發展階段最為顯著的特點。

2、京津地區城市體系的繼續發展期（隋至金）

隋唐以後，中國社會又進入一個現對穩定的發展階段。隋唐時期，中原王朝與東北地區各民族之間的政治經濟文化聯繫日益密切，同時衝突與矛盾也日益加深，結果導致京津地區政治軍事地位的提升，隨著遼以後北方民族的不斷南下，京津地區城市體系呈現出迥異於前的發展態勢。

首先，區域中心城市呈現極化式發展趨勢。隋唐時期，由於幽州處於中原王朝與東北民族政治軍事交往的最前沿，幽州城市的政治與軍事功能大大加強；另外，隋代大運河的開通便利了幽州與中原地區的經濟文化聯繫，也在客觀上刺激了幽州城市的發展，開啟了幽州城市迅速成長的歷程。雖然薊城在建制上仍然是郡級城市，後期道的治所也不在薊城，但事實上薊城已經是河北地區的軍事、政治中心，已經完全確立起其作為區域中心城市的絕對地位。遼金時期，燕京集地區中心，國家中心於一體，規模越來越大，等級越來越高，城市職能大大擴展。在這一時期，區域中心城市由中原王朝重要邊鎮轉變為遼朝陪都、又從陪都成為金朝的都城（中都），即由區域中心城市一路上升為國家政治中心。

其次，區域內州縣城市開始進入第二個活躍發展階段。與中心城市地位不斷提高的同時，區域州（郡）縣城市也進入新的發展時期。唐代中前期，京津地區社會穩定，經濟繁榮，人口增加，城市數量增加。隨著遼金時期區域經濟開發強度的提高，京津地區有了更多的新城市開始出現並活躍發展。唐末至金時期，區域內鎮開始出現，金代在中都路曾設有 7 個鎮，但是這一時期鎮的發展並不十分活躍。這一時期，區域城市體系的等級規模結構變化較大，處於不斷地調整之中。

3、京津地區城市體系的完善發展期（元明清）

元明清時期，中國長期處於大一統的社會局面。北京城歷經隋唐以至遼

金以來的不斷上升式發展，最終成爲全國的都城，以北京爲中心的區域城市
體系也進入了穩定發展階段。元明清時期，漕運的暢通確保了北京城的穩定
發展，北京成爲區域以及全國的政治、經濟、文化中心。此外，天津自元代
開始出現，明清時期迅速發展，天津先後由衛城上升爲州城、府城，開埠後
進一步發展成爲華北地區的經濟中心，清末天津替代直隸省城保定成爲直隸
的政治中心。元明清時期，京津地區山前地帶和近海地帶城市發展基本穩定
下來，瀕海地帶城市開始活躍發展，以天津爲代表的瀕海城市群開始出現並
迅速發展。元明清時期，京津地區城市體系的等級規模結構也出現較大變化，
表現爲州級城市在數量上不斷減少，城市地位不斷衰落並最終與縣級城市並
列，同時區域內中心城市由單中心向雙中心演化，並呈現極化式發展特點，
至清朝末年京津地區形成北京、天津兩大城市和縣級（含州）城市並列的二
元格局。值得一提的是，明末京津地區建制鎮（包括市鎮）開始大量出現並
繁榮發展，這是區域社會進步的表現。清代，區域內建制鎮的發展更加活躍，
開始了以軍事鎮戍爲主要職能的傳統形態向以經濟職能爲主的形態轉變過
程。

　　清末，隨著資本主義的入侵，中國社會開始了近代化轉型過程，京津地
區的城市體系也開始了改造與重組的過程。清末《城鎮鄉地方自治章程》的
頒佈從體制上開啓了傳統區域城市體系的近代化發展之路。

第二節　京津地區城市體系職能結構演變特點

1、區域城市體系功能演變規律

　　京津地區位於中原、蒙古與東北三大地理單元的結合部位，也是不同地
域經濟、文化的交彙點，政治、經濟、文化在這裏的碰撞與融合的過程決定
了京津地區城市體系在不同歷史階段所具有的獨特功能與地位。春期時期，
由於社會生產力低下，加之這裏邦國林立，彼此間爭戰不休，社會動蕩，因
此區域城市也處於極低的發展水平。進入戰國時期，燕國統一了燕山南北廣
大地區，京津地區的城市初步被整合成一個封閉的區域性城市體系。當時以
上都薊城爲政治中心，燕中都和下都爲輔助性政治中心城市，呈現保守的向
心型分佈格局。出於防禦北方游牧民族與南下爭霸中原的需要，燕國地區的
城市體系具有十分顯著的軍事功能，如燕國北方五郡的設置就是爲了防禦匈

奴，南部地區燕下都的建立則是服務於爭霸中原的政治目的。

自秦始皇統一中國，燕國城市體系的封閉性被打破了，並由一個諸侯國成爲統一封建國家的一部分。從秦漢至西晉，京津地區的城市體系一直在中原王朝有效管理之下。秦始皇修築馳道，拆除城堡關隘，使京津地區與華北平原連成一體，加強了京津地區與中原之間的聯繫。社會經濟形勢的改變也使幽燕地區城市體系由封閉走向開放，區域城市體系不再是保守的向心型，而變爲既是各方通往薊城的中間站，又是薊城向外連絡的門戶。這不僅改變了先秦時期以薊城爲中心的防禦性軍事城鎮爲主的狀況，使這些城市具有了更多的經濟功能〔註1〕。由於京津地區位於中原王朝的東北邊疆地帶，與北方游牧民族如匈奴、烏桓、鮮卑、高麗等接壤，民族關係錯綜複雜，不僅民族間交往頻繁，同時民族矛盾也不斷出現。這種情形決定了幽州地區的城市體系一方面具有很強的政治交往功能，另一方面爲了控制東北地區的各個民族，幽州地區常年駐紮重兵，致使區域城市體系具備強大的軍事功能。這一期間，薊城作爲區域中心城市脫穎而出，城市功能與地位逐漸提升。十六國北朝時期，北方游牧民族進入中原，紛紛建立各自政權，中原地區長期處於分裂割據的戰亂狀態，社會動蕩、百姓流離，社會經濟蕭條，區域城市體系的連續發展遭到極大的破壞，並導致城市功能的不穩定發展與弱化。這一時期是京津地區城市體系的核心生成時期，區域城市體系內部還未形成一個完整的體系，在各個地區還存在著各自發揮功能的城市組團，各城市組團之間的關係在職能組合上較爲鬆散。

隋至金時期是區域城市體系功能快速提升和全面發展期。隋唐以後，東北地區高麗、契丹、女眞等民族勢力強大，相繼崛起，這使得京津地區的政治、軍事功能開始上升。隋唐時幽州是中原王朝北方最重要的軍事巨鎮，與京津地區的檀州、昌平，薊州等城鎮作爲軍事輔助城鎮以及營州、平州一起構築了中原王朝東北邊防防禦體系。隨著隋代大運河的修建，幽州成爲大運河北部端點，南北經濟的交流使京津地區城市體系的經濟功能顯著增強。隋唐以來，隨著幽州地區重要性上升以及區域社會經濟的發展，京津地區城市體系的文化功能也大大加強了。遼代燕京成爲陪都南京，政治、經濟地位上升。金代燕京政治地位進一步上升，海陵王遷都燕京，改稱中都，成爲國家正式都城，燕京上升爲北中國的政治、經濟和文化中心。遼代南京不僅是一

〔註1〕 王玲：《北京與周圍城市關係史》，北京燕山出版社，1998年。第30～31頁。

座經濟發達的都會，也是軍事重鎮。由於南京地區毗鄰宋朝，故京津地區城市體系具有軍事防禦職能，京津地區的涿州、檀州、薊州、牛欄山等城鎮都是重要軍鎮。遼金以來，隨著京津地區中心城市的不斷發展擴大，城市對外界的糧食需求帶動了漕運的發展，區域內濱河海城市如通州、寶坻、薊州等都因漕運而迅速發展，並且漕運的發展也使運河沿線城市具備了倉儲職能，這在客觀上也提高了區域城市體系的慈善與賑濟職能。遼南京爲五都之一，經濟發達，百官聚集，城內設有各種教育機構，這自然促進了文化的繁榮。金代中都文化事業比遼代有進一步發展，中都設有爲金王朝培養人才得全國及地方各級學校。這一時期是區域中心城市地位上升期，區域內城市之間的經濟文化交流日益密切，經濟和文化職能整體上升，並且隨著中心城市上升爲國家政治中心，區域城市體系職能越來越依附於中心城市而發展。這是區域核心城市的成長壯大時期，區域城市體系內部職能組合呈現出圍繞核心城市而緊密化發展趨勢。

　　元明清時期是區域城市體系功能穩定發展和完善時期。元明清時代，北京城是統一封建王朝的都城，是全國的政治、經濟以及文化中心。元明清時期，由於政治中心與經濟中心的分離，歷代王朝不得不將南方糧食運至北京，南北大運河成爲南北經濟重要的交流通道。在京津地區，北運河沿岸的城市如通州、張家灣、河西務、天津等負擔向北京輸送糧食的漕運功能，同時漕運也促成運河沿岸城市商業功能的發展。其中，天津憑藉其優越的水運條件不斷發展壯大，城市功能不斷擴展，由元代承擔漕運功能的海津鎮發展爲明代兼漕運、海防、鹽業於一體的衛城，明末，天津發展成爲一個以經濟職能爲主的城市。清代，天津城市迅速發展，雍正時期從州城發展爲府城，成爲北京東南重要的行政中心城市。此外，天津還是渤海地區鹽業生產與集散中心。清代中後期天津開埠，近代工商業開始起步，天津迅速發展成爲區域內舉足輕重的近代工商業城市。並且，隨著社會經濟的發展，天津城市逐漸擺脫了其完全依附北京的發展態勢，在職能上出現分化趨勢，至此，區域城市體系形成雙中心城市分佈格局。自明末開始，隨著農村商品經濟的繁榮，區域小城鎮也活躍發展，預示著北京城市體系整體經濟功能的增強。總之，這一時期由於北京作爲國都地位的極端重要性，區域城市體系的功能更多地圍繞著中心城市而展開。清代中後期，世界資本主義的入侵使京津地區城市體系開始了近代化的轉型，同時也揭開了區域城市體系經濟功能全面發展的序幕。

　　從歷史發展來看，京津地區是中原王朝經略東北的基地，也是北方民族南下中原的跳板，區域城市體系就在中原漢族與北方民族的互動中不斷前進和發展。京津地區所處的特殊地理位置使區域城市體系的功能表現爲強烈的政治與軍事色彩，一直貫穿於整個歷史進程中。北京作爲京津地區的中心城市，在區域城市體系的發展一直發揮核心作用，並主導著區域城市體系的演化進程。在區域城市體系的職能組合關係上，秦至北朝時期區域城市體系職能組合較爲分散，中心城市輻射力尚未影響到整個區域，這是核心生成階段；隋至金時期，北京城市地位的迅速上升促使區域內城市在職能上越來越服務於中心城市，這是單核心緊密化發展階段；元明清時期，北京是封建統一王朝都城，作爲畿輔重地，區域城市體系在職能上完全服務於北京城，這是單核心均衡階段，清中後期天津的發展使區域內出現雙核心並列格局，區域城市體系在職能組合上開始出現分化迹象。

圖 7-2　京津地區城市職能組合關係演變階段示意圖

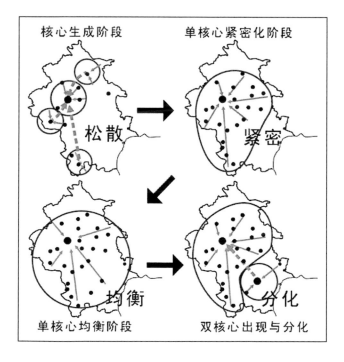

2、區域城市體系內部職能分工

　　京津地區城市體系的職能組合結構深深地植根於區域自然環境基礎之上。在漫長的農業社會，城市的職能往往受到人文地理環境和自然資源稟賦

條件的制約。

　　從人文地理方面來說，京津地區是中原王朝與北方民族的交彙地帶，因此受到民族關係影響較大。在民族矛盾上升時期，京津地區北部、西部靠近沿邊關隘的城鎮在功能上往往具有濃厚軍事色彩。另外，由於區域經濟存在互補性，北方民族與中原王朝的經濟交往也促進了邊境地區商業貿易的繁榮，因此一些軍事城堡有時也具有商業貿易功能。京津地區是聯通西北、東北、中原的交通要道，京津地區分佈在太行山東麓大道、燕山南麓大道、居庸關大道以及古北口大道上的城鎮由於交通條件優越，商業較為發達。元代以來溝通北京與江南的大運河是南北物資交流的主要通道，京津地區沿北運河一線分佈的城市承擔著向北京轉運糧食的漕運功能，同時也因城鎮商品交換發達致使運河沿岸城市具備了商業功能。自金代北京作為國都以後，金、明、清三代王朝都在北京附近建立帝王陵寢，一些州縣城市承擔起保護帝陵的職能，如金代奉先縣，明朝昌平州均是為帝陵服務而設置的。

　　從自然地埋條件來說，自古京津地區就是「有魚鹽棗栗之饒」的自然資源豐富地區。京津地區北部山區及山前平原地帶，以棗栗生產為主的林果經濟佔有重要地位，遼代曾專門設有南京栗園司這一管理機構。京津地區南部地帶，靠近冀中平原，農業比較繁榮，如涿州、固安等地以農業經濟為特色，遼代涿郡的農業經濟在南京地區最為繁榮。京津地區東部瀕臨渤海，漁鹽經濟發達。唐末五代時，瀕海地區出現了蘆臺、新倉等與鹽業產銷有關的聚落，在此基礎上，遼金時出現了香河、寶坻等州縣城市。明清時期，隨著天津城市的發展，天津成為渤海地區重要的鹽業產銷中心。京津地區西部、北部邊山一帶，礦產資源豐富，緣山地分佈的城市表現出一定的資源特色。如歷史上薊州、密雲等城市冶鐵業發達，房山、大興等城市以出產煤為特色。

第三節　京津地區城市體系的空間布局演變規律

1、京津地區城市體系在空間分佈上表現出梯度推移發展規律

　　京津地區城市體系在不同歷史發展階段呈現出階段性的空間分佈特徵。區域城市體系空間演變過程是隨著京津地區區域經濟開發程度的提高而漸次展開的。在三四千年以前，京津地區東南部平原區地勢低下，河流縱橫，以致平原上到處是水鄉澤國，自然形成南北交通障礙。只有沿太行山東麓地帶、燕山南麓邊緣地帶地勢較高，適合人類的居住和往來。因此在歷史的早期就

形成了以薊城為中心的四條放射形交通大道。早在先秦時期，京津地區城市體系首先就沿著這四條交通大道所塑造的空間骨架展開，先秦時代的城鎮聚落絕大部分分佈在華北平原西部和北部山麓及山前平原這一狹窄的地帶。

自秦漢開始，隨著平原地區的逐步開發，秦漢以來區域城市體系的空間分佈開始向近海平原和瀕海平原地帶延伸。前面說過，區域城市體系的州（郡）縣城市歷經三次活躍發展期，而這三次活躍發展期是在不同的空間上展開的。

秦漢至北朝階段是郡縣城市的第一次活躍發展期，此時間區域城市大多數都分佈在海拔 20～100 米等高線範圍內的山前平原地帶，而在 5～20 米等高線範圍內的近海平原地帶城市則分佈很少，海拔 0～5 米等高線範圍內的瀕海平原地帶幾乎沒有城市分佈。這一時期，區域城市還主要沿著傳統的四條交通大道分佈。

隋至金時期是州縣城市第二次活躍發展期，區域內先後出現了玉田、三河、永清、玉河、潞陰、香河、寶坻、奉先、平峪等州縣城市，除玉河、奉先和平峪縣之外，其它新出現的州縣城市都位於海拔 5～20 米等高線範圍內的近海平原區，因此這些城鎮的活躍發展是該地帶社會經濟繁榮發展的結果。這一時期隨著東部瀕海地區傍海道的重要性日益上升，導致燕山南麓大道沿線城市的活躍發展，三河、平峪、豐潤等城鎮都位於這條大道附近。

元明清時期是州縣城市第三次活躍發展期，天津、寧河、蘆臺、河西務、唐山等城鎮先後出現並迅速發展，而這些城鎮都位於海拔 0～5 米等高線範圍內的瀕海平原區，這是瀕海地區地域經濟開發的反映。由於這一時期運河漕運的發展，運河沿線形成商業發達的地帶，北京至天津之間的北運河沿線分佈著許多商業發達的商業城鎮，如通州、張家灣、河西務、楊村等，從而形成沿水路交通線分佈的城市密集帶。特別是清代以來，天津由於佔據了通往東北、江南、北京等地的水路交通優勢區位，城市發展迅速，逐漸成為京津地區東南方的政治、經濟中心，從而出現了與北京城並列的雙中心分佈格局。

可見，區域城市體系在空間分佈上經歷了自山前平原區向近海平原區，再由近海平原區向瀕海平原區漸次推進的梯度發展規律。經過這三次活躍發展階段，區域城市分佈由原來的西密東疏的不均勻分佈向東西均等的均勻分佈轉變。同時，運河交通線的形成彌補了影響區域城市分佈的陸路交通骨架在東南方向的缺失，從而使區域城市的空間格局在各個方向更加均勻分佈。區域城市的空間展布過程反映了自秦漢以來京津地區地域開發自山前平原向瀕海地區不斷推進的歷程。

圖 7-3 京津地區城市體系由山前地帶向瀕海地帶梯度推移的
空間演變規律

2、京津地區雙中心城市格局及城市空間分佈的雙「點－環」結構

清代，隨著區域城市體系內北京、天津雙中心城市分佈格局的形成，區域城市在空間上出現了兩個分別由中心城市和周邊城市環帶形成的雙「點－環」狀空間分佈結構。

圖 7-4 清代京津地區城市在空間呈現出雙「點－環」分佈格局

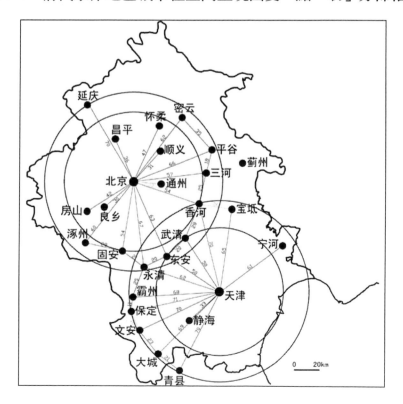

在距離北京 54～70 公里的 16 公里寬的地域範圍內，分佈著涿州、固安、永清、東安、武清、香河、三河、平谷、密雲、延慶 10 個城市，形成北京外圍城市環帶，且各個城市之間的距離在 18～35 公里範圍內。在距離天津 50～70 公里的 20 公里寬的地域範圍內，分佈著寧河、寶坻、香河、武清、東安、永清、霸州、保定、文安、大城、青縣 11 個城市，形成天津外圍城市環帶，且各城市之間的距離大多保持在 20～30 公里範圍內。在京津地區共有 15 個城市分佈在這兩個環帶內，占區域城市總數的 60%。

在北京城市環帶內，絕大多數城鎮都沿著陸路交通線分佈，北京是其總匯。在居庸關大道上分佈著昌平、南口、沙河等城鎮；在古北口大道上，分佈著孫河屯、順義、牛欄山、懷柔、密雲、石匣、古北口等城鎮；在通往山海關的燕山南麓大道上，分佈著通州、燕郊、夏店、三河、邦均、薊州、馬伸橋等城鎮；在太行山東麓大道上，分佈著盧溝橋、趙村店、長陽店、良鄉、琉璃河、寶店、涿州、松林店等城鎮；在京南通往永定河的大道上，分佈著黃村、龐各莊、榆垡、固安、牛坨、南孟、霸州、保定、圍河、韓村、大城等城鎮；這些大道以北京為中心向四外輻射，眾多城鎮分佈在這些交通大道附近，形成以陸路交通為骨架的北京城市群。

在天津城市環帶內，絕大多數城鎮沿著水路交通線分佈，天津是其總匯。在北運河沿岸，分佈著北倉、浦口、楊村、南蔡河、河西務等城鎮；在南運河沿岸，分佈著楊柳青、良王莊、獨流、靜海、陳官屯、唐官屯等城鎮；在海河沿岸分佈著雙港、灰堆、白塘口、葛沽、新城、北河等城鎮；在子牙河沿岸，分佈著王家口、瓦子頭、子牙鎮、南趙扶等城鎮；在大清河沿岸，分佈著勝芳、蘇橋、保定等城鎮；北運河、南運河、子牙河、大清河從四外彙聚於天津，形成海河水系交通網，眾多城鎮分佈在這些水路附近，形成以水路交通為骨架的天津城市群。

圖 7-5　以陸路交通為骨架的北京城市群和以水路為骨架的
天津城市群

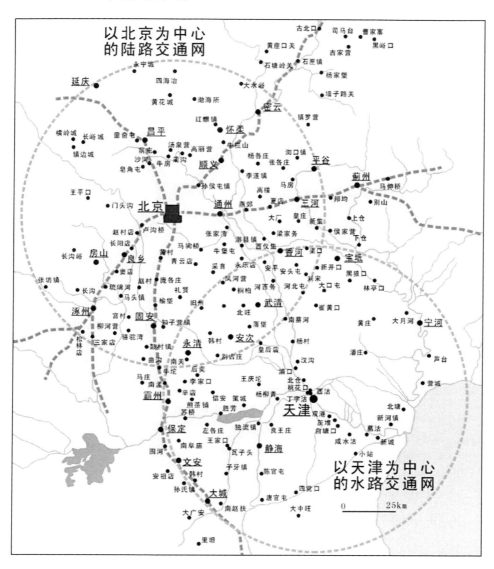

京津地區雙中心城市與其周邊城市表現出的「點－環」空間結構是在區域城市體系長期發展與演化過程中逐漸形成的，由於北京和天津兩個城市分別佔有陸路和水路樞紐，區域上的優勢促成各種要素在樞紐地帶強烈聚集，從而出現北京、天津城市規模大型化發展，並對周邊城市產生巨大的輻射作用，也正因為如此，北京、天津周邊城市規模因各種要素的缺失而無法發展，城市自身發展一直被抑制和弱化，這種影響一直延續到今天，京津地區依然

保持著大城市、小城鎮的區域城市體系格局。並且，京津地區依然保持著自清代後期所形成的區域城市體系雙「點－環」空間分佈結構。自民國以來，由於社會經濟形勢和交通條件的巨大變化引起了京津地區部分城市發展出現新的變化，如廊坊的興起，取代了原來的縣城逐漸發展成為北京和天津之間的重要城市；保定縣被撤消併入霸州，成為新鎮鎮；武清縣城遷移至楊村。因此，北京、天津外圍城市環帶也出現微小調整，在距離北京 50～70 公里的20 公里寬的北京外圍城市環帶上，分佈著廊坊、永清、固安、涿州、香河、三河、大廠、平谷、密雲、延慶 10 個中小城市；在距離天津 55～70 公里的15 公里寬的天津外圍城市環帶上，分佈著寧河、寶坻、香河、廊坊、永清、霸州、文安、大城、青縣、漢沽等 10 個中小城市。

圖 7-6　現代京津地區的城市在空間上依然呈現出雙「點－環」
　　　　分佈格局

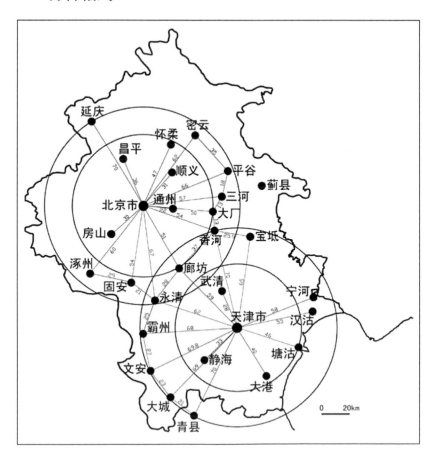

第四節　區域交通因素對京津地區城市體系的影響

1、交通因素與京津地區州（郡）縣城市行政層級

　　京津地區處於東北地區、中原地區和蒙古高原三大地帶的交彙點。溝通三大地理單元的樞紐地位決定了交通對於區域城市體系必然會產生巨大影響。確切地說，京津地區是中原地區、蒙古高原和東北地區的邊緣地帶，遠離各個大地理單元的核心部位，因此京津地區天然地承擔起溝通三大地理單元的橋梁作用。在京津地區分別有通往各個地區的四條陸路交通大道，即通往中原地區的太行山東麓大道，通往西北地區的居庸關大道，通往壩上草原的古北口大道，通往東北地區的燕山南麓大道。聯繫三大地理單元的道路在京津地區交彙，北京是這四條大道的總交彙點。在京津地區，這些大道還有一些次級交彙點存在。從北京沿太行山東麓大道西南行至涿州，分出兩條大道，一條繼續沿著太行山東麓西南行，可達中原地區；另一條自涿州南行，偏離太行山東麓大道，經新城、雄縣、河間可達山東〔註2〕。自北京出發，沿著燕山南麓大道東行至薊州，也分出兩條大道，一條繼續東北行至遵化經喜峰口到達東北大淩河一帶，這條道路就是古盧龍道；另一條則東南行，經玉田、豐潤到山海關，然後進入東北地區。自北京南行，經大興、固安、霸州、文安、大城等地可到達山東。這條路並非一開始就存在，其形成大概始於金代。遼宋時期，霸州為宋朝北境重要關隘之一，當南北衝途。金以後，霸州歸屬中都路，逐漸演變成為聯繫南北的交通大道，元人王惲曾在《論霸州道路事狀》一文中提到經過霸州的南北大道，「其驛程卻係山東正路」〔註3〕，這條路雖然不如自涿州經雄縣那條路重要，但是在南北交往中也起著一定的作用。此外，霸州有永定河、拒馬河、霸河等經過，順流可達天津。可見，霸州也是一條的重要的水陸交通節點。在通往西北的居庸關大道上和通往東北地區的古北口大道上，居庸關和古北口是控制這兩條道路的重要關口，懷來和密云是控制這兩個關口的重要節點。

　　自隋唐大運河開鑿以後，京津地區的水路交通地位日益上升。隨著北京

〔註2〕　燕國時曾發生遷都臨易事件，據推測燕國遷都與躲避山戎入侵有關。臨易位
　　　　於今雄縣附近，從臨易至琉璃河古城之間必定有道路存在，而涿應該是這條
　　　　道路與太行山東麓大道的結合點。宋遼時期開闢的經過雄州的南北大道應在
　　　　此基礎上形成。

〔註3〕　〔元〕王惲：《論霸州道路事狀》，《秋澗集》卷89。

成為封建王朝的都城,城市人口大量增加自然對糧食產生需求。在生產力低下的農業社會,相對於陸路運輸來說,水運的成本極其低廉,因此水運在糧食運輸方面承擔起重要的職能。金元明清時期,由於漕運的需要,大運河不斷整治,京津地區東南窪下地帶的水路交通系統最終形成。大運河起點為通州,東南至天津分為兩路,一路沿海河入海可達東北和東南沿海,另一路沿南運河南下直達江南。這樣,通州成為水陸樞紐,天津成為河海水路樞紐。此外,華北地區河流皆彙集天津出海,自天津溯大清河、子牙河、濾沱河、薊運河等可以伸入到華北平原各地,因此通過華北地區眾多的河流,建立了以天津為中心的水路交通網。乾隆《天津縣志》描述道:「天津一域,三面臨河,大海在其東南,三角淀繞其西北,為水路通衢」〔註4〕,可以說,天津借河海水路之便利,成為連接東北地區、東南沿海地區和華北地區的區域性交通中心。自天津開埠以後,天津又成為與世界聯繫的重要港口城市。

北京、天津是由至少四條道路(水路或陸路)交叉形成的節點,涿州、薊州、通州和霸州是由兩條或三條道路(水路或陸路)交叉形成的節點,相對於其它只有一條道路通過的低級節點城市,這些城市顯然處於更有利的地位。而對於那些沒有交通要道經過的城市,自然處於更不利的地位。另外,密雲控制著古北口,是一個關隘節點,城市地位也比較重要。

在京津地區的城市體系中,控制著這些節點的城市往往處於較高的行政層級。顯而易見,北京佔據京津地區最高的陸路節點,天津控制著最高的水路節點,因此,北京和天津逐漸演化成區域內的兩大並立的中心城市,行政層級也處於最高位置。涿州、薊州、密雲、通州、霸州等城市是次級交通節點,城市行政層級在區域城市體系中也往往處於較高位置。其它處於低級交通節點或遠離重要交通線的城市,城市的行政層級就處於低級位置。

表7-2 京津地區歷代州/郡級城市設置情況簡表

	西漢	東漢	曹魏	西晉	十六國	北魏	東魏	北齊周	隋	唐	五代	遼	金	元	明	清
涿州	郡治	郡治	郡治	郡治	郡治	郡治	郡治	郡治			州治	州治	州治	州治	州治	州治
密雲	郡治	郡治	郡治	郡治	郡治		郡治	郡治	郡治	州治	州治	州治		州治		

〔註4〕 乾隆《天津縣志》卷4《形勢疆域志》。

城市												
薊州					郡治	州治	州治	州治	州治	州治	州治	州治
霸州								州治	州治	州治	州治	州治
通州									州治	州治	州治	州治
延慶			郡治							州治	州治	州治
大城	國治	郡治	郡治	郡治	郡治							
順義								州治	州治	州治		
昌平											州治	州治
固安									州治			
安次									州治			
漷縣									州治			
武清			郡治									
保定								軍治				

　　從表 7-2 可以看出，京津地區州郡級城市設置時間最長的是涿州，自西漢時起，涿州就是京津地區西南部的重要城市，只是在隋唐唐時期一度衰落，唐後期又成為州級城市，一直延續到清末。其次是密雲，密雲秦漢時期是屏藩北京的重要軍事要地，一直到遼代仍是州郡級城市治所，金以後密雲城市地位下降，元代再度上升為州級城市，明清時成為普通縣級城市。隋唐以至遼金，薊州、霸州、通州先後崛起，分別由縣級城市上升為州級城市。這些州郡級城市延續時間都超過 750 年以上，且連續性好。這幾個州郡級城市有一個共同點，就是都位於京津地區重要交通節點上。昌平、大城和順義也曾做過較長時間的州郡級城市。昌平是因為皇家陵寢所在而升為州城，存在時間超過 500 年。順義在遼金元時期為順州治所，作為州級城市存在時間超過

了 400 年。大城作爲章武郡治所的時間超過了 300 年。此外固安、安次、潞縣、武清、保定均做過州郡級城市，但都歷時很短，其中一個重要因素就是沒有佔據重要交通節點或遠離交通要道。可見，交通條件的優劣對於區域城市行政層級有著一定的影響。

圖 7-7　京津地區郡/州級城市設置與交通節點的關係

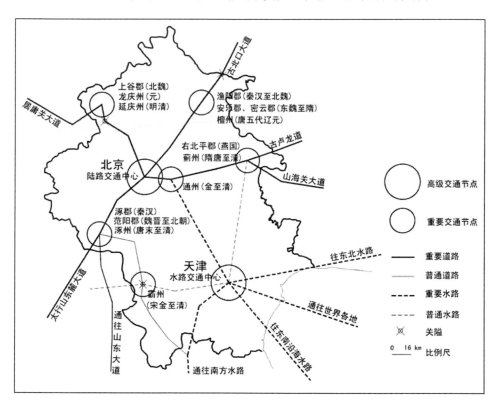

我們不妨利用清代政區分等依據爲例，來看一下京津地區城市行政層級與交通的關係。清代將「衝、繁、疲、難」四字考語作爲政區分等的正式依據，按照雍正時的解釋是：交通頻繁曰衝，行政業務多曰繁，稅糧滯納過多曰疲，風俗不純、犯罪事件多曰難。縣的等第高，字數就多，反之，字數就少。衝繁疲難四字俱全的縣稱爲「最要」或「要」缺，一字或無字的縣稱爲「簡」缺，三字（有衝繁難、衝疲難、繁疲難三種）爲「要」缺，二字（有衝繁、繁難、繁疲、疲難、衝難、衝疲六種）爲「要」缺或「中」缺〔註5〕。

〔註 5〕周振鶴：《中國歷代行政區劃的變遷》，商務印書館，1998 年，第 147 頁。

表 7-3　京津地區各州縣職守標誌表

職守標誌	州　　　　　　縣
衝繁疲難	大興、宛平、通州、天津、靜海
衝繁難	良鄉、三河、寧河、昌平、密雲、涿州
衝繁疲	武清
衝繁	薊州、懷柔、霸州
衝難	順義、延慶
繁難	固安、寶坻、房山、文安、大城
簡	永清、東安、香河、保定、平谷

資料來源：根據《清史稿・地理志》統計整理。

　　凡是帶有「衝」字職守標誌的州縣城市，基本上都位於交通大路之上。區域中心城市北京和天津都是多條道路的交匯點，佔據著最高級別的交通節點，因而城市規模增長迅速，城市等級最高；涿州、薊州、通州、霸州等州級城市，都位於交通路線的次級節點上，因而城市等級相對較低；順義、固安、寶坻、房山、文安、大城、平谷等縣級城市位於較偏僻的交通路線的低級節點上或其它交通相對閉塞的地方，因而城市等級處於最低層次。

圖 7-8　清代京津地區城市行政層級與交通的關係

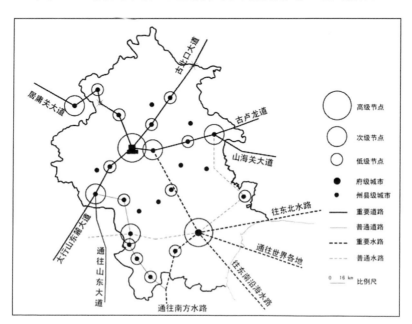

2、交通因素與京津地區州（郡）縣城市經濟層級

由於各城市所處地理區位不同，自然以及社會資源稟賦條件也不盡相同，這必然會在其政治或經濟職能有所反映，表現不同的等級差別。至於京津地區城市體系的經濟層級問題，我們不妨借鑒施堅雅在《中華帝國晚期的城市》一書中利用城市職守標記對城市的經濟層級探討的方法來進行分析。美國學者施堅雅認為，四字職守的衝繁疲難是最重要治所的標記，衝繁疲難城市本身在軍事上具有重要的意義。在京津地區，北京、天津、通州和靜海具有衝繁疲難四字職守標記，這說明這四個城市地位的重要性。衝繁難和繁疲難標記，在經濟和管理層級中的高級城市中過多地出現；衝繁標記在經濟級別高於行政級別的城市中過多地出現；繁難標記在行政級別高於經濟級別的城市中出現〔註6〕。根據這一原則，我們可以大致劃分出京津地區城市體系中城市經濟層級。

表 7-4　京津地區州縣城市的經濟層級

經濟層級	職 守 標 記	城　　市
1	衝繁疲難	北京、天津、通州、靜海
2	衝繁難、衝繁疲、衝繁、衝難	良鄉、三河、寧河、昌平、密雲、涿州、武清、薊州、懷柔、霸州、順義、延慶
3	繁難	固安、寶坻、房山、文安、大城
4	簡	永清、東安、香河、保定、平谷

資料來源：根據《清史稿·地理志》統計整理。

施堅雅認為，「衝」用來表示交通重要性，它比任何其他三個字更接近於說明治所的商業重要性。事實上也的確如此，京津地區所有帶有「衝」字職守標記的城市都分佈在大運河沿線和太行山東麓大道、燕山南麓大道、由北京通往蒙古高原的居庸關大道和由北京通往壩上地區的古北口大道上，這些城市的經濟功能相對來說要強於其它城市。帶有「衝」字職守標記的城市可以劃為兩個經濟層級。其一，由於水路的交通優勢遠遠勝過陸路，因而比陸路更有經濟意義，運河沿岸的北京、天津、通州、靜海四個城市具有衝繁疲難四字標記，經濟層級最高；其二，帶有衝字標記的（衝繁難、衝繁疲、衝

〔註6〕 〔美〕施堅雅：《城市與地方體系層級》，載施堅雅主編，葉光庭等譯，陳橋驛校《中華帝國晚期的城市》，中華書局，2000年。第368～371頁。

繁、衝難）其它城市，一般位於水路附近或陸路交通線上，因此經濟層級低於水路沿線城市。帶有繁難標記的固安、寶坻、房山、文安、大城等城市沒有位於交通要道上，但是自然經濟條件尚好，城市經濟職能相對較弱，因此將帶有這類職守標記的城市劃為一個經濟層級。帶有簡字城市如永清、東安、香河、保定、平谷等這些城市位置相對偏僻，自然經濟條件不好，因此相對來說城市的政治地位低，經濟功能差，因此將這類城市劃為一個經濟層級。如永清，「永邑僻處畿南，非通衢，無巨商往來，土產亦無奇貨可居，因亦無大賈。」〔註7〕可見，城市的經濟層級與交通條件和經濟條件有較大關係，在同等經濟條件下，交通條件越好，城市經濟層級就越高。

綜上所述，京津地區城市體系無論行政層級還是經濟層級都受到區域交通因素影響，交通路線的重要性和交通節點位置對於區域城市的行政層級和經濟層級起著關鍵的支配和塑造作用，很顯然區域城市體系的等級規模構成與區域交通體系有著密切關係，一個城市的等級規模與其所佔據的道路等級和節點位置存在著一種明顯的正相關關係。

〔註7〕　光緒《續永清縣志》卷13《風土志・商業》。

參考文獻

一、史書文集

1. 〔漢〕司馬遷撰：《史記》，中華書局點校本，1959 年。
2. 〔漢〕班固撰：《漢書》，中華書局點校本，1962 年。
3. 〔宋〕范曄撰：《後漢書》中華書局點校本，1965 年。
4. 〔晉〕陳壽撰：《三國志》中華書局點校本，1963 年。
5. 〔唐〕房玄齡等撰：《晉書》，中華書局點校本，1974 年。
6. 〔唐〕魏徵等撰：《隋書》，中華書局點校本，1973 年。
7. 〔北齊〕魏收撰：《魏書》，中華書局點校本，1974 年。
8. 〔唐〕李百藥撰：《北齊書》，中華書局點校本，1972 年。
9. 〔唐〕李延壽撰：《北史》，中華書局點校本，1974 年。
10. 〔唐〕令狐德棻撰：《周書》，中華書局點校本，1971 年。
11. 〔後晉〕劉昫等撰：《舊唐書》，中華書局點校本，1975 年。
12. 〔宋〕歐陽修、宋祁撰：《新唐書》，中華書局點校本，1975 年。
13. 〔宋〕薛居正等撰：《舊五代史》，中華書局點校本，1976 年。
14. 〔元〕脫脫等撰：《遼史》，中華書局點校本，1974 年。
15. 〔元〕脫脫等撰：《宋史》，中華書局點校本，1977 年。
16. 〔元〕脫脫等撰：《金史》，中華書局點校本，1975 年。
17. 〔明〕宋濂等撰：《元史》，中華書局點校本，1976 年。
18. 〔清〕張廷玉等撰：《明史》，中華書局點校本，1976 年。
19. 〔唐〕孔穎達撰：《尚書注疏》，清同治 13 年（1874）湖南書局刻本。
20. 〔戰國〕韓非撰：《韓非子》，中國文史出版社，2003 年。

21. 〔周〕管仲撰：《管子》，京華出版社，2002 年。

22. 〔晉〕孔晁注，〔清〕盧文弨校：《逸周書》，直隸書局民國間影印本。

23. 〔唐〕孔穎達注釋：《春秋左傳正義》，北京圖書館出版社，2003 年影印本。

24. 〔漢〕高誘注：《戰國策》，刻本，後印本年不詳。

25. 〔漢〕桓寬撰：《鹽鐵論》，北京圖書館出版社，2002 年影印本。

26. 〔北魏〕酈道元著，陳橋驛點校：《水經注》，上海古籍出版社，1990 年。

27. 〔清〕董誥等編：《全唐文》，上海古籍出版社，1990。

28. 〔唐〕杜佑著：《通典》，上海商務印書館，民國 24（1935）年。

29. 〔唐〕姚汝能，曾貽芬校點：《安祿山事迹》，上海古籍出版社，1983 年。

30. 〔唐〕皮日休撰：《皮子文藪》，上海商務印書館，民國間影印本。

31. 〔唐〕李林甫等撰，陳仲夫點校：《唐六典》，中華書局，1992 年。

32. 〔唐〕元結撰：《元次山集》，上海商務印書館民國間影印本。

33. 〔唐〕韓愈著《韓昌黎集》，商務印書館，1958 年。

34. 〔宋〕李昉等：《太平廣記》，中華書局，1961 年。

35. 〔宋〕曾公亮等撰：《武經總要前集》（四庫全書珍本初集），臺灣商務印書館，1969 年。

36. 〔宋〕司馬光：《資治通鑑》，北京古籍出版社，1957 年。

37. 〔宋〕劉摯：《忠肅集》，清抄本。

38. 〔宋〕徐夢莘撰：《三朝北盟會編》，全國圖書館文獻縮微複製中心，2003 年。

39. 〔宋〕劉時舉撰：《續資治通鑑》，清抄本。

40. 〔宋〕耐菴輯：《靖康稗史》7 種，民國 28 年（1939）鉛印本。

41. 〔宋〕許亢宗：《宣和乙巳奉使行程錄》，民國 28 年（1935）鉛印本。

42. 〔宋〕路振撰：《乘軺錄》，上虞羅氏墨緣堂民國 25 年（1936）石印本。

43. 〔宋〕李心傳撰：《建炎以來繫年要錄》，中華書局，1988 年。

44. 〔宋〕李心傳撰，徐規點校：《建炎以來朝野雜記》（唐宋史料筆記叢刊），中華書局，2000 年。

45. 〔宋〕劉敞等撰：《新喻三劉文集》，水西劉氏清乾隆 15 年（1750）刻本。

46. 〔金〕趙秉文撰：《閒閒老人滏水文集》（四部叢刊），上海涵芬樓民國影印本。

47. 〔元〕耶律楚材：《湛然居士集》上海商務印書館，民國間影印本。

48. 〔元〕《老乞大諺解》，臺北市聯經出版事業公司，1978 影印本。

49. 〔元〕熊夢祥:《析津志輯佚》,北京古籍出版社,1983 年。

50. 〔元〕程矩夫:《雪樓集》,沔陽盧氏愼如基齋民國間影印本。

51. 〔元〕蘇天爵撰,姚景安點校:《元朝名臣事略》,中華書局,1996 年。

52. 〔元〕蘇天爵撰,陳高華、孟繁清點校:《滋溪文稿》,中華書局,1997 年。

53. 〔元〕馬端臨撰:《文獻通考》,浙江古籍出版社,2000 年。

54. 〔元〕袁桷:《清容居士文集》,四庫全書本。

55. 〔元〕元好問:《遺山文集》(四部叢刊本),上海商務印書館,民國間影印本。

56. 〔元〕王惲:《秋澗集》,長洲顧氏秀野草堂,清康熙 33 年(1694)刻本。

57. 《元文類》,文淵閣四庫全書本,臺灣商務印書館,1986 年。

58. 〔元〕周伯琦:《扈從集》(文淵閣四庫全書本),臺灣商務印書館,1983 年。

59. 〔元〕姚燧:《牧庵集》,上海涵芬樓民國間影印本。

60. 〔元〕《元典章》(海王村古籍叢刊),中國書店,1990 年。

61. 〔元〕張翥:《蛻庵集》,長洲顧氏秀野草堂,清康熙 33 年(1694)刻本。

62. 〔元〕虞集:《道園學古錄》,全國圖書館文獻縮微中心,2001 年。

63. 〔明〕蔣一葵:《長安客話》,北京古籍出版社,1994 年。

64. 〔明〕葉子奇:《草木子》,中華書局,1980 年。

65. 〔明〕劉侗、於奕正:《帝京景物略》,北京古籍出版社,1983 年。

66. 〔明〕解縉等纂:《永樂大典》,民國 30 年(1941)北平圖書館影印本。

67. 〔明〕《明實錄》,臺灣中央研究院史語所校印本。

68. 〔明〕萬曆《明會典》,商務印書館,國學基本叢書本。

69. 〔明〕王在晉:《通漕類編》,明萬曆刻本。

70. 〔明〕沈榜:《宛署雜記》,北京古籍出版社,1983 年。

71. 〔明〕馬從聘:《蘭臺奏疏》(四庫存目叢書),清光緒五年定州王氏謙德堂刻畿輔叢書本。

72. 〔明〕楊士奇:《楊文貞公文集》,畿輔叢書。

73. 〔明〕吳寬:《瓠翁家藏集》,明正德 3 年(1508)刊本。

74. 〔明〕孫承澤:《春明夢餘錄》,江蘇廣陵古籍刻印社影印本,1990 年。

75. 〔明〕陳子龍:《明經世文編》,中華書局影印本,1962 年。

76. 〔明〕張瀚:《松窗夢語》,上海古籍出版社,1986 年點校本。

77. 〔明〕謝肇淛:《五雜組》,上海古籍出版社,1962 年。

78. 〔明〕李邦華:《文水李忠肅先生集》(四庫禁燬書叢刊),北京出版社,2000 年影印本。

79. 〔明〕徐學聚:《國朝典彙》,書目文獻出版社影印,1996 年。

80. 〔明〕鄭曉:《今言》,明萬曆 42 年(1614)刻本。

81. 〔明〕王圻撰:《續文獻通考》,清抄本。

82. 〔明〕朱國楨:《湧幢小品》,全國圖書館文獻縮微中心,2001 年。

83. 〔明〕畢自嚴:《督餉疏草》,民國 24 年(1935)北平燕京大大學圖書館抄本。

84. 〔明〕席書編,朱家相增修:《漕船志》江蘇廣陵古籍刻印社,1986 影印本。

85. 〔明〕畢自嚴:《撫津疏草》,民國 29 年(1940)北平燕京大學圖書館曬藍本。

86. 〔明〕謝純撰:《海運紀事》(北京圖書館古籍珍本叢刊),書目文獻出版社,1998 年影印本。

87. 〔明〕馮琦編,陳邦瞻增訂,張溥論正:《宋史紀事本末》,江西書局清同治 13 年(1874)刻本,清光緒間重印本。

88. 〔清〕于敏中等編纂:《日下舊聞考》,北京古籍出版社,1983 年。

89. 〔清〕阮葵生:《茶餘客話》,江蘇廣陵古籍刻印社,1995 影印本。

90. 〔清〕陳夢雷、蔣廷錫等編:《古今圖書集成》,上海中華書局,民國 23 年(1934)影印本。

91. 〔清〕顧炎武:《昌平山水記》,吳江潘氏遂初堂刻亭林遺書本。

92. 〔清〕孫承澤:《天府廣記》,北京古籍出版社,1984 年。

93. 〔清〕李兆洛撰:《歷代地理志韻編今釋》,江蘇廣陵古籍刻印社,1992 年。

94. 〔清〕顧祖禹:《讀史方輿紀要》,中華書局影印本,1955 年。

95. 〔清〕厲鶚:《遼史拾遺》,全國圖書館文獻縮微中心,2003 年。

96. 〔清〕周爾潤:《直隸工藝志初編》,清光緒 33 年〔1907〕工藝總局刻本

97. 〔清〕黃可潤撰:《畿輔見聞錄》,清乾隆 19 年(1754)刻本。

98. 〔清〕吳長元輯:《宸垣識略》,北京古籍出版社,1983 年。

99. 〔清〕乾隆《大清會典》,清乾隆 29 年(1764)武英殿刻本。

100. 〔清〕嵇璜纂:《皇朝通典》,清光緒 27 年(1901)上海圖書集成局鉛印本。

101. 〔清〕乾隆官修:《清朝文獻通考》,浙江古籍出版社,2000 年第 2 版。

102. 〔清〕賈楨等編:《籌辦夷務始末》(咸豐朝),民國 19 年(1930)北平

故宮博物院石印本。

103. 〔清〕蔣良騏撰，林樹惠、傅貴九校點：《東華錄》中華書局，1980 年。

104. 〔清〕宋犖撰：《西陂類稿》，清光緒間鉛印本。

105. 〔清〕孫家淦：《孫文定公奏疏》，清刻本。

106. 〔清〕龔鼎孳撰：《定山堂文集》，龔氏瞻麓齋民國 13 年（1924）刻本。

107. 〔清〕董含撰，致之校點：《三岡識略》，遼寧教育出版社，2000 年。

108. 〔清〕劉獻廷：《廣陽雜記》，中華書局，1985 年。

109. 〔清〕李士模纂修，衛立鼎續纂修：《增補盧龍縣志》，清康熙 19 年（1680）刻本。

110. 〔清〕談遷：《北遊錄》（清代史料筆記），中華書局，1997 年。

111. 〔清〕賀長齡輯：《皇朝經世文編》，中華書局，1992 影印本。

112. 〔清〕高宗敕撰：《清朝文獻通考》，上海商務印書館，1936 年。

113. 〔清〕王慶云：《石渠餘紀》，臺北文海出版社，民國 56 年（1967）。

114. 〔清〕震鈞：《天咫偶聞》，北京古籍出版社，1982 年。

115. 〔清〕朱壽朋編：《光緒朝東華錄》，中華書局，1958 年。

116. 〔清〕張之洞撰：《張文襄公公牘稿》，民國 9 年（1920）鉛印本。

117. 〔清〕朱濤：《北窗囈語》（碧自得齋叢書），清光緒 19 年（1893）刊本。

118. 〔清〕查慎行：《人海記》，北京古籍出版社，1989 年。

119. 〔清〕清高宗敕選：《明臣奏議》（叢書集成初編），中華書局，1985 年。

120. 〔清〕李慈銘：《越縵堂日記補》，民國 25 年（1936）上海商務印書館影印本。

121. 〔清〕鄧文濱纂輯：《醒睡錄初集》，上海申報館民國間鉛印本。

122. 〔清〕王建中修，宋錦、程囊錦纂：《肥鄉縣志》，清雍正 10 年（1732）刻本。

123. 〔清〕李鴻章撰，吳汝綸編：《李文忠公全集》，清光緒 34 年（1908）金陵刻本。

124. 〔清〕高宗敕撰：《清朝通典》，上海商務印書館，民國 24 年（1935）。

125. 〔清〕（清仁宗）顒琰撰：《欽定八旗通志》，清嘉慶元年（1796）武英殿刻本。

126. 〔清〕（清世宗）胤禛撰：《八旗通志初集》，清乾隆 4 年（1739）內府刻本。

127. 〔清〕谷應泰編輯：《明史紀事本末》，清同治 13 年（1874）江西書局刻本，清光緒間重印本。

128. 〔清〕張金吾輯：《金文最》，清抄本。

129. 〔清〕全祖望:《漢書地理志稽疑》,廣東集古書屋,清光緒 24 年（1898）刻本。

130. 〔清〕洪亮吉著:《十六國疆域志》,商務印書館,1958 年。

131. 〔清〕方觀承輯:《賑紀》,清乾隆間刻本。

132. 〔清〕崑岡等修,劉啓瑞等纂:《欽定大清會典事例》,清光緒石印本。

133. 〔清〕琴川居士輯:《皇清奏議》民國 25 年（1936）石印本。

134. 〔清〕葛士濬輯:《皇朝經世文續編》,臺北文海出版社有限公司,民國 61 年（1972）。

135. 〔清〕甘厚慈輯:《北洋公牘類纂》,清光緒 33 年（1907）北京益森公司鉛印本。

136. 〔民國〕王國維:《觀堂集林》,中華書局,2004 年重印本。

二、地方志書

1. 〔唐〕李泰等著,賀次君輯較:《括地志輯校》,中華書局,1980 年。

2. 〔唐〕李吉甫著,賀次君點校:《元和郡縣志》,中華書局,1983 年。

3. 〔宋〕樂史:《太平寰宇記》,清光緒 8 年（1882）金陵書局刻本。

4. 〔宋〕葉隆禮:《契丹國志》,上海古籍出版社,1985 年。

5. 〔宋〕宇文懋昭撰:《大金國志》,清抄本。

6. 〔明〕《順天府志》,北京大學出版社,1983 年影印本。

7. 〔明〕沈應文、張元芳攥修:《萬曆順天府志》,北京圖書館藏明萬曆刻本。

8. 〔明〕李賢纂修:《大明一統志》,明天順 5 年（1461）刻本。

9. 〔明〕楊行中撰:《通州志略》（北京舊志彙刊）,中國書店,2007 年。

10. 〔明〕史秉直撰:《涿州志》,明嘉靖間刻本。

11. 〔明〕熊相撰:《薊州志》,明嘉靖刻本。

12. 〔明〕劉效祖:《四鎮三關志》,中國文獻珍本叢書影印明萬曆 4 年刻本。

13. 〔明〕張爵:《京師五城坊巷胡同集》,北京古籍出版社,1982 年。

14. 〔明〕褚宦修,李希程纂:《蘭陽縣志》,寧波天一閣藏明嘉靖 24 年（1545）刻本影印本。《天一閣明代方志選刊》,上海古籍書店輯,1982 年重印本。

15. 〔明〕杜應芳、陳士彥纂修:《河間府志》,明萬曆（1573～1620）刻本。

16. 〔明〕郜相修,樊深纂:《河間府志》,上海古籍書店,1964 年影印本。

17. 〔明〕唐交等修,高濬等纂:《霸州志》,寧波天一閣明嘉靖 27 年（1548）刻本影印本。《天一閣明代方志選刊》,上海古籍書店輯,1981 年。

18. 〔明〕熊相撰:《薊州志》,明嘉靖刻本。

19. 〔明〕蘇志皋纂修:《固安縣志》,明嘉靖 44 年(1565)刻本。

20. 〔明〕秦士奇修,侯奉職纂:《固安縣志》,據明崇禎 5 年(1632)刻本拍攝,全國圖書館縮微文獻複製中心,1992 年。

21. 〔明〕史秉直撰:《涿州志》,據明嘉靖 26 年(1547)刻本拍攝,全國圖書館縮微文獻複製中心,1992 年。

22. 〔明〕王納言、石邦政纂修:《豐潤縣志》,明隆慶 4 年(1570)刻本。

23. 〔明〕崔學履纂修:《昌平州志》,明隆慶(1566～1567)刻本,萬曆增修本。

24. 〔明〕周仲士纂修:《懷柔縣志》,據明萬曆 32 年(1604)刻本拍攝,全國圖書館縮微文獻複製中心,1992 年。

25. 〔明〕沈惟炳纂修:《香河縣志》,據明萬曆 48 年(1620)刻本拍攝,全國圖書館縮微文獻複製中心,1992 年。

26. 〔明〕田龍、龔逢泰纂修:《保定縣志》明萬曆(1573～1620)刻本。

27. 〔明〕狄同煒修,張弘文纂:《大城縣志》,明萬曆崇禎間刻本。

28. 〔明〕紀大綱撰:《文安縣志》,明崇禎間刻本。

29. 〔明〕王崇獻纂修:正德《宣府鎮志》,北京線裝書局影印本,2003 年。

30. 〔清〕周家楣、繆荃孫等編纂:《光緒順天府志》,北京古籍出版社,1987 年 12 月第一版。

31. 〔清〕唐執玉、陳儀纂修:《畿輔通志》,清雍正 13 年(1735)刻本。

32. 〔清〕李鴻章修,黃彭年纂:《畿輔通志》,清光緒十年(1884)刻本。

33. 〔清〕嘉慶敕撰:《嘉慶重修一統志》,中華書局,1986 年。

34. 〔清〕沈家本修,徐宗亮纂:《重修天津府志》,清光緒 25 年(1899)刻本。

35. 〔清〕鄧欽禎、耿錫胤纂修:《永清縣志》,清康熙 14 年(1675)刻本。

36. 〔清〕劉德弘修,楊如樟纂:《涿州志》,清康熙 16 年(1677)牧愛堂刻本。

37. 〔清〕張茂節修,李開泰等纂:《大興縣志》,抄本。

38. 〔清〕王養濂修,李開泰、張採纂:《宛平縣志》,清康熙 23 年(1684)刻本。

39. 〔清〕吳都梁修,潘問奇等纂:《昌平州志》,清康熙 12 年(1673)刻本。

40. 〔清〕吳景果纂修:《懷柔縣新志》,清康熙 60 年(1721)刻本。

41. 〔清〕趙弘化纂修:《密雲縣志》,清康熙 12 年(1673)刻本。

42. 〔清〕韓淑文纂修:《順義縣志》,清康熙 13 年(1674)刻本。

43. 〔清〕任在陛修,李柱明纂:《平谷縣志》,清康熙 6 年(1667)刻本。

44. 〔清〕吳存禮修，陸茂騰纂：《通州志》，清康熙 36 年（1697）刻本。

45. 〔清〕佟有年修，齊推纂：《房山縣志》，清康熙 3 年（1664）刻本。

46. 〔清〕楊嗣奇、見聖等纂修：《良鄉縣志》，清康熙（1662～1722）刻本。

47. 〔清〕薛柱斗修，高必大纂：《康熙新校天津衛志》，易社，民國 23 年（1934）鉛印本。

48. 〔清〕朱奎揚、張志奇修，吳廷華纂：《天津縣志》，清乾隆 4 年（1739）刻本。

49. 〔清〕成其範修、柴經國纂：《保定縣志》，清康熙 12 年（1673）刻本。

50. 〔清〕陳伯嘉纂修：《三河縣志》，清康熙（1662～1722）抄本。

51. 〔清〕陳昶修，王大信等纂：《三河縣志》，清乾隆 25 年（1760）刻本。

52. 〔清〕楊朝麟修，胡泹等纂：《文安縣志》，清康熙 42 年（1703）刻本。

53. 〔清〕張象燦、馬恂等纂修：《大城縣志》，清康熙（1662～1722）刻本。

54. 〔清〕牛一象修，范育蕃纂：《寶坻縣志》，清康熙 12 年（1673）刻本。

55. 〔清〕洪肇懋修，蔡寅斗纂：《寶坻縣志》，清乾隆 10 年（1745）刻本。

56. 〔清〕任在陛修，李柱明纂，項景倩續纂修：《平谷縣志》，清雍正 6 年（1728）增修刻本。

57. 〔清〕李光照纂修：《東安縣志》，清乾隆 14 年（1749）刻本，臺灣成文出版社，據民國 24 年（1935）重印本影印，1968 年。

58. 〔清〕吳山鳳纂修：《涿州志》，清乾隆 30 年（1765）刻本。

59. 〔清〕朱奎揚、張志奇修，吳廷華纂：《天津縣志》，民國 17 年（1928）刻本。

60. 〔清〕周震榮修、章學誠纂：《永清縣志》，清乾隆 44 年（1779）刻本。

61. 〔清〕章學誠纂、宋齊連續纂修：《永清縣志》，清嘉慶 18 年（1813）刊本。

62. 〔清〕管庭芬纂修：《潞陰志略》，清道光年修，民國抄本。

63. 〔清〕沈鋭修，章過等纂：《薊州志》，清道光 11 年（1831）刻本。

64. 〔清〕佚名撰：《津門保甲圖說》，清道光 26 年（1846 年）刻本。

65. 〔清〕陳崇砥修，陳福嘉等纂：《固安縣志》，清咸豐 9 年（1859）刻本。

66. 〔清〕石衡修，盧端衡纂：《涿州續志》，清同治 11 年（1872）修，清光緒元年（1875）刻本。

67. 〔清〕丁符九修，談松林纂：《寧河縣志》，清光緒 6 年（1880）刻本。

68. 〔清〕趙國文、徐國楨、劉鍾英、鄧毓怡纂：《大城縣志》，清光緒 23 年（1897）刻本。

69. 〔清〕吳履福、繆荃孫纂：《昌平州志》，清光緒 12 年（1886）刻本。

70. 〔清〕丁符九、趙文粹修,張鼎華、周林纂:《密雲縣志》,清光緒 7 年 (1881)刻本。

71. 〔清〕高建勳等修,王維珍等纂:《通州志》,清光緒 9 年(1883),15 年(1889)遞增刻本。

72. 〔清〕陳嵋、范履福修,黃儒全纂:《良鄉縣志》,清光緒 15 年(1889)刻本。

73. 〔清〕李秉鈞、吳欽修,魏邦翰纂:《續永清縣志》,清光緒元年(1875)刻本。

74. 〔清〕蔡壽臻修,錢錫采纂:《武清縣志》,清光緒 7 年(1881)修,抄本。

75. 〔清〕趙炳文、徐國楨、劉鍾英、鄧毓怡纂:《大城縣志》,清光緒元年(1875)刻本。

76. 〔清〕蔡壽臻纂修:《武清縣城鄉總冊》,清光緒 7 年(1881)稿本。

77. 〔清〕周登皞纂修:《寧河縣鄉土志》,清光緒抄本。

78. 〔清〕佚名編繪:《畿輔輿地全圖》,清刻本。

79. 〔清〕閻家胤修,馬方伸纂:《靜海縣志》,清康熙抄本。

80. 〔清〕鄭士蕙纂修:《靜海縣志》,清同治 12 年(1873)刻本。

81. 〔清〕鄭僑生修,葉向升纂:《遵化州志》,清康熙(1662～1722)抄本。

82. 〔清〕劉墫修,邊中寶纂:《直隸遵化州志》,清乾隆 20 年(1755)刻本。

83. 〔清〕何崧泰修,史樸纂:《遵化通志》,清光緒 12 年(1886)刻本。

84. 〔民國〕臧理臣修,宗慶煦纂:《密雲縣志》,民國 3 年(1914)鉛印本。

85. 〔民國〕林傳甲:《大中華京兆地理志》,民國 8 年(1919)武學書館鉛印本。

86. 〔民國〕高彤皆纂修:《天津縣新志》,民國 20 年(1931)金鉞刻本。

87. 〔民國〕宋蘊璞:《天津志略》,民國 20 年(1931)鉛印本。

88. 〔民國〕王文琳等輯:《安次縣舊志四種合刊》,民國 24-25 年(1935-1936)鉛印本。

89. 〔民國〕陳楨修,李蘭增纂:《文安縣志》,民國 11 年(1922)鉛印本。

90. 〔民國〕禮闓泉等修,楊德馨等纂:《順義縣志》,民國 22 年(1933)鉛印本。

91. 〔民國〕錢仲仁等修,王尚義等纂:《固安縣志》,民國 31 年(1942)鉛印本。

92. 〔民國〕王沛修,王兆元纂:《平谷縣志》,民國 15 年(1926)鉛印本。

93. 〔民國〕金士堅修,徐白纂:《通縣志要》,民國 30 年(1941)鉛印本。

94. 〔民國〕廖飛鵬、馬慶瀾修，高書官等纂：《房山縣志》，民國 17 年（1928）鉛印本。

95. 〔民國〕宋大章等修，周存培、張星樓纂：《涿縣志》，民國 25 年（1936）鉛印本。

96. 〔民國〕周志中修，呂植纂：《良鄉縣志》，民國 13 年（1924）鉛印本。

三、現當代著作

1. 白壽彝總主編：《中國通史》第三卷，徐喜辰主編，上海人民出版社，1994 年。

2. 北京市文物研究所編：《北京文物與考古》第一輯，1983 年。

3. 北京市文物研究所編：《北京考古四十年》，北京燕山出版社，1990 年。

4. 曹子西主編：《北京通史》，中國書店，1994 年。

5. 北京史研究會編：《北京史論文集》第 1 輯，1980 年。

6. 北京大學歷史系《北京史》編寫組：《北京史》〔增訂版〕，北京出版社，1999 年。

7. 陳光彙編：《燕文化研究論文集》，中國社會科學出版社，1995 年。

8. 陳樺：《清代區域社會經濟研究》，中國人民大學出版社，1996 年。

9. 陳樺：《18 世紀的中國與世界》經濟卷，遼海出版社，1999 年。

10. 陳平：《燕史紀事編年會按》，北京大學出版社，1995 年 7 月。

11. 陳述輯校：《全遼文》，中華書局，1982 年。

12. 程存潔：《唐代城市史研究初篇》，中華書局，2002。

13. 程民生：《中國北方經濟史》，人民出版社，2004 年。

14. 從翰香主編：《近代冀魯豫鄉村》，社會科學出版社，1995 年。

15. 定宜莊著：《清代八旗駐防研究》，遼寧民族出版社，2003 年。

16. 馮承鈞譯，黨寶海新注：《馬可波羅行紀》，河北人民出版社，1999 年。

17. 馮爾康：《清人生活漫步》，中國社會出版社，1999 年。

18. 方爾莊：《河北通史》清朝下卷，河北人民出版社，2000 年。

19. 傅崇蘭：《中國運河城市發展史》，四川人民出版社，1985 年。

20. 復旦大學中國歷史地理研究所編：《歷史地理研究》第一輯，復旦大學出版社，1986 年。

21. 高豔林：《天津人口研究（1404～1949）》，天津人民出版社，2002 年。

22. 葛劍雄：《中國人口發展史》，福建人民出版社，1991 年。

23. 顧朝林：《中國城鎮體系——歷史、現狀、展望》，商務印書館，1992 年。

24. 故宮博物院明清檔案部編：《清代檔案史料叢編》第 4 輯，中華書局，1979

年。

25. 國家檔案局，明清檔案館編：《義和團檔案史料》，中華書局，1959 年。

26. 韓大城著：《明代城市研究》，中國人民大學出版社，1991 年。

27. 韓光輝：《幽燕都會》（北京歷史叢書），北京出版社，2000 年。

28. 韓光輝：《北京歷史人口地理》，北京大學出版社，1996 年。

29. 韓茂莉：《遼金農業地理》，社會科學文獻出版社，1999 年。

30. 侯仁之主編：《北京城市歷史地理》，北京燕山出版社，2000 年。

31. 侯仁之：《歷史地理學四論》，中國科學技術出版社，1994 年。

32. 侯仁之著：《侯仁之文集》（北京大學院士文庫），北京大學出版社，1998 年。

33. 江沛、王先明主編：《近代華北區域社會史研究》，天津古籍出版社，2005 年。

34. 李洛之、聶湯谷編著：《天津的經濟地位》，經濟部冀熱察綏區特派員辦公處，1948 年。

35. 李國祥、楊昶主編：《明實錄類纂》北京卷，武漢出版社，1992 年。

36. 李國祥、楊昶主編：《明實錄類纂》河北天津卷，武漢出版社，1995 年。

37. 梁方仲：《中國歷代戶口、田地、田賦統計》，上海人民出版社，1980 年。

38. 劉統：《唐代羈縻府州研究》，西北大學出版社，1998 年。

39. 劉石吉：《明清時代江南市鎮研究》，中國社會科學出版社，1987 年。

40. 呂蘇生：《河北通史》秦漢卷，河北人民出版社，2000 年。

41. 馬正林：《中國城市歷史地理》，山東教育出版社，1998 年。

42. 孟繁清等著：《蒙元時期環渤海地區社會經濟發展研究》，天津教育出版社，2003 年。

43. 孟繁清主編：《河北經濟史》第二卷，人民出版社，2003 年。

44. 《清代全史》（清史研究叢書），遼寧人民出版社，1991 年。

45. 《清末籌備立憲檔案史料》，臺北文海出版社，民國 70 年（1981）。

46. 任重、陳儀：《魏晉南北朝城市管理研究》，中國社會科學出版社，2003 年。

47. 史念海《唐代歷史地理研究》，中國社會科學出版社，1998 年。

48. 蘇天鈞主編：《北京考古集成》，北京出版社，2000 年。

49. 孫健主編：《北京古代經濟史》，北京燕山出版社，1996 年。

50. 孫繼民主編：《河北經濟史》第一卷，人民出版社，2003 年。

51. 水利水電科學研究院編：《清代海河灤河洪澇檔案史料》，中華書局，1981

年。

52. 太平天國歷史博物館編：《太平天國史料叢編簡輯》，中華書局，1994年。

53. 天津社會科學院歷史研究所、天津城市科學研究會編：《城市史研究》第 21輯（特刊）「20世紀華北城市近代化」，天津社會科學院出版社，2002 年。

54. 天津社會科學院歷史研究所、天津城市科學研究會編：《城市史研究》第 22輯，天津社會科學院出版社，2004年。

55. 天津市檔案館等編：《天津商會檔案彙編（1903～1911）》，天津人民出版 社，1989年。

56. 《王北辰西北歷史地理論文集》編輯組編：《王北辰西北歷史地理論文 集》，學苑出版社，2000年。

57. 王玲：《北京與周圍城市關係史》，北京燕山出版社，1988年。

58. 王培華：《元明北京建都與糧食供應──略論元明人們的認識和實踐》， 文津出版社，2005年。

59. 王採梅：《燕國簡史》，紫禁城出版社，2001年。

60. 王育民：《中國歷史地理概論》（上冊），人民教育出版社，1987年。

61. 武宏麟：《北京文明的曙光》（北京歷史叢書），北京出版社，2000年。

62. 文物編輯委員會編：《文物考古工作三十年》（1949～1979），文物出版社， 1979年。

63. 文物編輯委員會編：《文物考古工作十年》（1979～1989），文物出版社， 1991年。

64. 翁俊雄：《唐代區域經濟研究》，首都師範大學出版社，2001年。

65. 翁俊雄：《唐後期政區與人口》，首都師範大學出版社，1999年。

66. 謝志誠：《河北通史》宋遼金元卷，河北人民出版社，2000年。

67. 謝國楨：《明代社會經濟史料選編》（校勘本），福建人民出版社，2004 年。

68. 辛德勇：《古代交通與地理文獻研究》，中華書局，1996年。

69. 刑煥林：《近代直隸與現代河北》，河北人民出版社，2002年。

70. 許宏：《先秦城市考古學研究》，北京燕山出版社，2000年。

71. 徐永志：《開埠通商與津冀社會變遷》，中央民族大學出版社，2000年。

72. 嚴耕望：《魏晉南北朝地方行政制度》（史語所專刊四十五），臺灣，1963 年。

73. 嚴耕望：《唐代交通圖考》第5卷，臺灣中央研究院歷史語言研究所專刊， 1985年。

74. 楊樹森：《遼史簡編》，遼寧人民出版社，1984 年。

75. 尹鈞科：《北京古代交通》（北京歷史叢書），北京出版社，2000 年。

76. 尹鈞科：《北京郊區村落發展史》，北京大學出版社，2001 年。

77. 尹均科：《北京建置沿革史》，人民出版社，2008 年。

78. 尹鈞科等著：《古代北京城市管理》，同心出版社，2002 年。

79. 尹鈞科、于德源、吳文濤：《北京歷史自然災害研究》，中國環境科學出版社，1997 年。

80. 于德源：《北京漕運和倉場》，同心出版社，2004 年。

81. 于德源：《北京歷史災荒災荒紀年：公元前 80 年～公元 1948 年》，學苑出版社，2004 年。

82. 袁森坡、吳雲廷：《河北通史》清朝上卷，河北人民出版社，2000 年。

83. 張崗：《河北通史》明朝卷，河北人民出版社，2000 年。

84. 張利民等著：《近代環渤海地區經濟與社會研究》，天津社會科學院出版社，2003 年。

85. 張利民：《華北城市經濟近代化研究》，天津社會科學院出版社，2004 年。

86. 張利民主編：《解讀天津六百年》，天津社會科學院出版社，2003 年。

87. 張正明：《契丹史略》，北京中華書局，1979 年。

88. 趙其昌主編：《明實錄北京史料》，北京出版社，1995 年。

89. 中國考古學會編輯：《中國考古學會第三次年會論文集》，文物出版社，1984 年。

90. 中國科學院地理研究所經濟地理部：《京津唐區域經濟地理》，天津人民出版社，1988 年。

91. 中國社會科學院近代史研究所近代史資料編輯室編：《庚子紀事》，中華書局，1978 年。

92. 中國社會科學院近代史所、《近代史資料》編輯組編：《義和團史料》，中國社會科學出版社，1982 年。

93. 中國史學會：《洋務運動》，上海人民出版社，1961 年。

94. 周紹良主編：《唐代墓誌彙編》，上海古籍出版社，1992 年。

95. 周一星：《城市地理學》，商務印書館，1999 年。

96. 周振鶴：《中國歷代行政區劃的變遷》，商務印書館，1998 年。

四、翻譯著作

1. 〔蘇〕熱庫林著，韓光輝譯：《歷史地理學：對象和方法》，北京大學出版社，1992 年。

2. 〔英〕斯當東著，葉篤義譯：《英使謁見乾隆紀實》，上海書店出版社，2005 年。

3. 〔美〕何炳棣著，葛劍雄譯：《明初以降人口及其相關問題 1368～1953》，三聯書店，2000 年。

4. 〔美〕芒福德‧劉易斯：《城市發展史——起源、演變與背景》，中國建築工業出版社，1989 年。

5. 〔美〕施堅雅主編，葉光庭等譯，陳橋驛校：《中華帝國晚期的城市》，中華書局，2000 年。

6. 〔日〕日本中國駐屯軍司令部編，侯振彤譯：《二十世紀初的天津概況》，天津市地方史志編修委員會總編輯室，1986 年。

五、外文著作

1. David H. Kaplan, James O. Wheeler, Steven R. Holloway; Thomas W. Holder, Cartographer. *Urban Geography*, Hoboken, NJ: Wiley, 2004.

六、地　　圖

1. 譚其驤主編：《中國歷史地圖集》，中國地圖出版社，1987 年。

2. 侯仁之主編：《北京歷史地圖集》，北京出版社，1997 年。

3. 河北省製圖院編製：《新河北地圖冊》，湖南地圖出版社，2006 年。

4. 河北省測繪局繪：《河北省地圖集》，1981 年。

5. 杜懷靜主編：《天津市地圖冊》（中國分省系列地圖冊），中國地圖出版社，2006 年。

6. 北京市測繪設計研究院編製：《北京市地圖冊》（內部用圖），2000 年。

7. 李誠主編：《北京歷史輿圖集》，外文出版社，2005 年。

8. 天津市規劃和國土資源局編著：《天津城市歷史地圖集》，天津古籍出版社，2004 年。